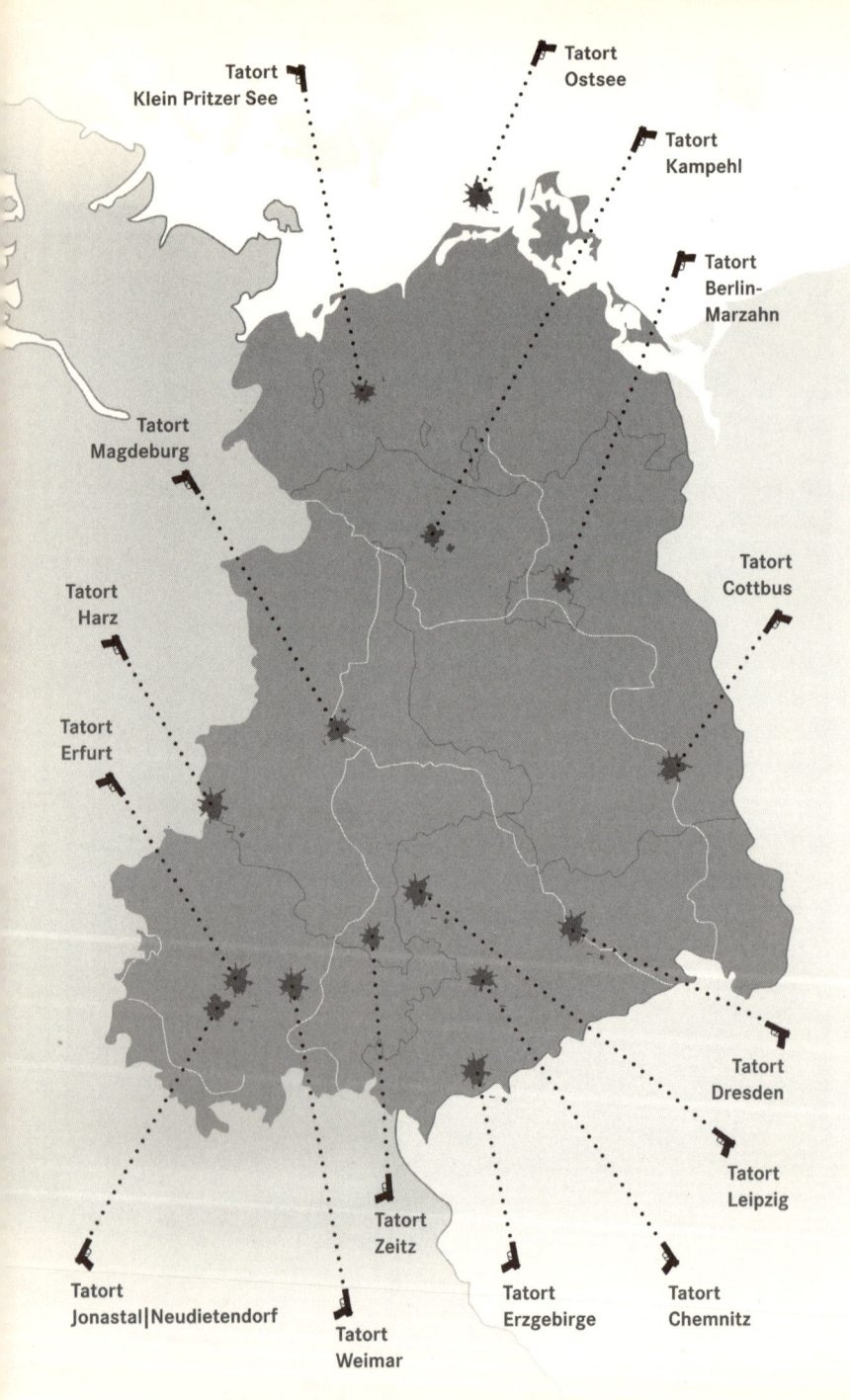

Ruth Borcherding-Witzke & Christine Sylvester (Hg.)

Mörderische Landschaften

KRiMINELLES AUS DEM OSTEN

SUTTON KRiMI

DIE HERAUSGEBERINNEN

Die Herausgeberinnen Ruth Borcherding-Witzke und Christine Sylvester, beide aktiv bei den »Mörderischen Schwestern«, haben sich in den vergangenen Jahren nicht nur als Autorinnen von Kurzkrimis einen Namen gemacht. Ruth Borcherding-Witzke hat große Erfahrung in der Zusammenstellung von Krimianthologien, während Christine Sylvester den Leser auch gerne etwas länger rätseln lässt, zuletzt mit »Der Verlobte« im Sutton Verlag.

Sutton Verlag GmbH
Hochheimer Straße 59
99094 Erfurt
www.sutton-belletristik.de
Copyright © Sutton Verlag, 2011

ISBN: 3-978-86680-872-0

Druck: Aalexx Buchproduktion GmbH, Großburgwedel

Inhalt

Vorwort	7
Ulf Annel: Born to be Senf	9
Jutta Maria Herrmann: Knock-out	26
Simone Trieder: Die ist gestern gestorben	36
Henner Kotte: Leipziger Markttag	54
Dorle Gelbhaar: Alle Ossis sächseln	58
Ruth Borcherding-Witzke: Nie wieder mit Silvio!	72
Matthias Biskupek: Die Toten im Kalender	83
Birgit Herkula: Ans Herz gefasst!	94
Thomas Nommensen: Poker für die Mumie	105
Uwe Schimunek: Der Schatz im Jonastal	119
Ethel Scheffler: Ein Ata-Girl räumt auf	134
Christine Sylvester: Eins, zwei, drei, Spitzel	151
Mario Ulbrich: Schwarzer Rauch	166
Amrei Thieß: Zum Kukuk mit der Freundschaft!	176
Franziska Steinhauer: Heimaterde	187
Ulrich Völkel: Schiller ist tot	203
Die Autoren	212

Liebe Krimifreunde,

Folgen Sie uns auf einer mörderischen Reise durch die neuen Bundesländer auf der Suche nach einer einfachen Krimiweisheit, die wir hier im Text versteckt haben. Mit Pfeife und Lupe kommen Sie uns sicher auf die Schliche …

Beginnen wir mit Erfurt, der heimlichen Hauptstadt des Senfs. **Nichts** ist hier manchem Einheimischen heiliger, und es gilt, einen Aufruhr zu stoppen. Weiter geht es nach Berlin-Marzahn zu einem Knock-out mit weit reichenden Folgen. Die nächste Station **ist** Chemnitz, wo es einen geradezu theatralischen Mord aufzuklären gibt. Lassen wir uns dann an der Ostsee frischen Wind um die Nase wehen. Doch diese Idylle ist **trügerischer**, als sie aussieht. Zurück nach Sachsen. In Leipzig will ein älteres Ehepaar einkaufen, **als** die beiden plötzlich Zeugen einer spektakulären Polizeiaktion werden. Folgen Sie dann zwei Halunken in den Harz zu einer lustigen Ostalgieparty. Im Thüringischen Zeitz beginnt anschließend eine kriminelle Kalendergeschichte, die bis in die Zukunft reicht. Wir besuchen außerdem Magdeburg, wo zwei Frauen beweisen, dass sie durchaus Ahnung von Technik besitzen. Der nächste Ausgangspunkt einer Geschichte ist ein kleiner Ort in Brandenburg. Hier gerät ausgerechnet die örtliche Sehenswürdigkeit in den kriminellen Mittelpunkt. Unsere Reise führt uns dann wieder nach Thüringen, ins Jonastal, wo genau dort eine Leiche gefunden wird, wo eigentlich das Bernsteinzimmer sein sollte. Danach besuchen wir erneut Leipzig und zwar diesmal **eine** Putzfrau, die in einem Bordell mal ordentlich aufräumt. Von hier aus ist nicht weit nach Johanngeorgenstadt, wo ein Polizist seinen ganz großen Fall wittert. Und wir machen eine Wende nach Dresden. Man erinnert sich an 1989 – und entdeckt dabei ganz **offenkundige** Heimlichkeiten.

Im Anschluss daran werden auf einem Camping-Platz in Mecklenburg alte Freundschaften aufgewärmt, und nicht nur die. Darauf folgend kommen wir noch ins Umland von Cottbus, zum Tagebau. Seine **Sache** ist es eigentlich, Kohle zu fördern, und hier auch kriminelle Machenschaften. Zum Schluss unserer Reise kehren wir zurück ins schöne Thüringen, nach Weimar, wo ausgerechnet Geheimrat von Goethe mörderische Intrigen unterstellt werden.

Nichts ist trügerischer als eine offenkundige Sache.
             (SHERLOCK HOLMES)

Die Herausgeberinnen wünschen ein mörderisches Lesevergnügen.

Ruth Borcherding-Witzke und Christine Sylvester

Born to be Senf

VON ULF ANNEL

Der kleine, dicke Mann schämte sich in Grund und Boden.

Der kleine, dicke Mann liebte seine Arbeit als Privatdetektiv, aber mindestens genauso sehr liebte er seine Muttersprache. Wie genau diese Sprache sein konnte und wie schön. Die sprachlichen Bilder, der Klang, der Rhythmus! In Grund und Boden schämen. Oh, wenn sich doch Grund und Boden öffnen und ihn klaftertief verschlingen würden. Klaftertief? Wie tief ist das eigentlich, dachte der kleine, dicke Mann.

Schamröte stand ihm im Gesicht wegen des Fotos auf Seite eins der »Thüringer Allgemeinen«. Er in der ersten Reihe bei der Anti-Senf-Demonstration! Nur Sekunden war er dort mitgelaufen, gezwungenermaßen eingereiht. Er hatte wegen plötzlichen Hungergefühls eine Bratwurst essen müssen, übrigens die zweite an diesem Tag, und schon an die dritte gedacht, da kamen diese Senf-Demonstranten vorbei. Einer skandierte »Wir wollen unsern guten, alten Born-Senf wiederhabn!«, und die Menge sang vielstimmig nach. Er geriet zwischen die Demonstranten, die hakten ihn für ein paar Schritte unter und zogen ihn mit. Der Fotograf war in Sekundenschnelle zu seinem Schnappschuss gekommen. Blitz – Klatsch! Foto – Klick!

Jetzt verfluchte der kleine, dicke Mann seine Fresssucht. Und er verfluchte gleich noch die Rechtschreibreform, die so viele neue Wörter mit drei »s« hintereinander hervorgebracht hatte. Und als dann seine langjährige Freundin Heidi prustend fragte, ob sie da jetzt noch ihren Senf dazugeben könne, da lief der kleine, dicke Mann noch röter an und dann ins Bad, um sich kaltes Wasser ins Gesicht zu spritzen.

Manchmal war der kleine, dicke Mann nur eingeschränkt ironiefähig.

Was für ein rundum verkorkster Tagesbeginn.

Dabei hatte alles so harmonisch, so warm und wohlig begonnen. Erst eine wunderbare Nacht mit Heidi, mit ihr geschlafen, dann mit ihr zusammen eingeschlafen, dann mit eingeschlafenem linken Arm aufgewacht, weil Heidi darauf schlief, dann deren Schlafratzigkeit mit einem wohligen Räkeln beendet, was Heidis Aufstehen zur Folge hatte, was wiederum dazu führte, dass ein bestimmtes Körperteil des kleinen, dicken Mannes aufstand, weil Heidi ihm beim Aufstehen lächelnd all ihre aufreizenden Rundungen darbot, was wiederum dazu führte, dass der kleine, dicke Mann nach vollzogener Verschmelzung dachte, weder er noch Heidi seien bisher zu dick, dass sie nicht doch zusammen kommen könnten. Und er grinste, weil er dachte, man müsse erst einmal zusammenkommen, um dann zusammen kommen zu können. Nach der Morgendusche hatte der kleine, dicke Mann dann das Geschirr auf den Tisch, Besteck und Zeitung dazu gelegt. Und dann schlug das zu, was Heidi das unbarmherzige Schicksal zu bezeichnen pflegte. Gleichzeitig schlugen die Uhr und der kleine, dicke Mann. Letzterer die Zeitung auf.

Und da dachte der kleine, dicke Mann, die Zeitung schlägt zurück.

Er auf Seite eins. Brezelbreit! Der verdeckte Ermittler aufgedeckt. In der Bildunterschrift, wie das neuerdings üblich war, Vorname und Zuname. Glücklicherweise noch nicht seine Tätigkeit, noch nicht.

Aber vor allem der Vorname – wie schrecklich!! Wer hatte den Zeitungsfritzen seine Namen verraten? Er schrie »Nein!« und setzte die Kaffeetasse hart ab.

Heidis Kaffeetasse stand glücklicherweise auf dem Tisch, sonst wäre die wohl in hohem Bogen ins Zimmer geflogen. So ein Geräusch hatte noch nie die Ruhe des Frühstücks gestört. Und Heidi zuckte gleich noch einmal zusammen, weil der kleine, dicke Mann erneut »Nein!« rief. Und dann sagte er nicht ganz so laut, aber sehr vernehmlich: »Scheiße!«

»Also bitte!? Rudolf!«

Der kleine, dicke Mann zuckte nun seinerseits arg zusammen, denn seit Beginn ihres Verhältnisses galt ein ehernes Gesetz: Du sollst diesen Namen nicht benutzen! Rotnasig wie er war, hasste der kleine, dicke Mann seinen Vornamen. Er war auch auf ein ganz bestimmtes Rentier nicht gut zu sprechen. Und nun stand sein Name auch noch in der Zeitung.

Heidi bat nachdrücklich um Erklärung für die Fäkalie am Frühstückstisch. Der kleine, dicke Mann schob ihr die Zeitung hinüber. Hinüber, dachte er, ich bin ziemlich sicher hinüber. Ich muss Rührnig anrufen. Wenn nur einer von den Senf-Aktivisten Eins und Eins zusammenzählt, bin ich enttarnt, und das könnte gefährlich werden.

Heidi schaute erst auf die Zeitung, dann auf den kleinen, dicken Mann, dann wieder auf die Zeitung, und dann fragte sie, die Fäkalie vergessend, prustend, ob sie zu diesem sehr schönen Foto und seiner Teilnahme an der Senf-Demo jetzt noch ihren Senf dazugeben könne. Da floh der kleine, dicke Mann ins Bad, um sich kaltes Wasser ins Gesicht zu spritzen.

Was für ein Morgen! Und alles nur wegen Senf.

Der kleine, dicke Mann saß auf der geschlossenen Klobrille und versuchte, die ganze Angelegenheit von vorn zu durchdenken. Vor vierzehn Tagen, am Montag, war er durch Telefonklingeln aus dem Schlaf geschreckt worden. Der kleine, dicke Mann stand eigentlich jeden Tag um 7 Uhr auf, aber es klingelte am Montag um 6.58 Uhr.

»Rühr nich'!«, sagte eine tiefe, grollende Stimme. »Ich entschuldige mich für die frühe Störung, aber ich brauche Ihre Hilfe. Es ist dringend. Können Sie sofort kommen?«

Der kleine, dicke Mann versuchte, gleichzeitig aufzuwachen und darüber nachzudenken, was es mit der Aufforderung auf sich habe, nicht zu rühren. Wen oder was? Er massierte kurz sein Gesicht, einhändig erst links, dann rechts, ließ dabei das Telefon in die jeweils andere Hand wandern, sagte dann »Moment«, legte den Hörer ab, schüttelte sich kurz, und geradeso, als ob durch das Schütteln alle gespeicherten Informationen im Hirn wieder an den richtigen Platz gerutscht wären, dachte er: Rührnig, der Chef von der Erfurter Senfbude.

Der Rührnig hatte ihn mal angesprochen, als der kleine, dicke Mann genüsslich eine Thüringer Rostbratwurst mit viel Senf aß. Erfurter Born-Senf natürlich. Kein anderer kam auf die Bratwürste des kleinen, dicken Mannes. Gab es keinen Born-Senf, aß er keine Bratwurst. Rührnig wollte damals den kleinen, dicken Mann für eine Werbe-Kampagne gewinnen.

»Born to be Senf?«, hatte der kleine, dicke Mann gefragt.

Den Spruch hatte mal ein Motorradrocker abgelassen, hinter dem der kleine, dicke Mann stand, wartend, dass er endlich die Born-Senf-Flasche bekäme, die leerzuquetschen sich der Rocker gerade anschickte. »Bandidos« las der kleine, dicke Mann von schräg unten auf dem breiten Lederjackenrücken. »Born to be Senf!«, hatte der Rocker gesagt und die Flasche dem kleinen, dicken Mann in die Hand gedrückt. Verkehrt herum, so dass der Senf auf Hose und Schuhe spritzte.

»Born to be Senf!?!« Rührnigs Augen waren ganz groß geworden. »Darf ich den Slogan kaufen, den Spruch?« Der kleine, dicke Mann hatte damals nicht abgesahnt, sondern abgewinkt und dem Rührnig eine Visitenkarte überreicht.

Am Montagmorgen vor vierzehn Tagen zeigte ihm Rührnig dann die aufgebrochene Tür und die teilweise verwüstete Fertigungshalle. Der kleine, dicke Mann sagte, dies sei Sache der Polizei. Rührnig winkte ab und sagte: »Die ruft ein Kollege gerade an. Schnell!« Er eilte voraus, öffnete eine Tür, die in ein Büro führte, trat zur Seite, so dass der kleine, dicke Mann die

Inschrift an der Wand lesen konnte. Dort stand: Keine Experimente – Bornsenf original!

Der kleine, dicke Mann roch an der Inschrift. Sie war mit Senf geschrieben.

»Das waren diese Chaoten!«, sagte Rührnig. »Die terrorisieren uns seit Wochen. Erst kamen ein paar einzelne Anrufe. Leute beschwerten sich, der Born-Senf würde, seitdem die Firma neue Eigentümer aus dem Westen hätte, nicht mehr so wie früher schmecken. Dann kamen immer mehr Briefe und Anrufe und Mails.«

»Demonstrationen«, warf der kleine, dicke Mann ein.

Rührnig echauffierte sich: »Ich begreife das alles nicht. Mails, Anrufe, Briefe säckeweise, und dann auch noch Demonstrationen – und alles nur wegen Senf?!«

»Born-Senf«, sagte der kleine, dicke Mann. Es klang irgendwie, als wäre er Edelsteinliebhaber und hätte »Kohinor« gesagt. »Sie würden sich wundern, was Thüringer noch alles tun würden, wenn es um den Schutz ihrer Heiligtümer geht.«

Rührnig schüttelte den Kopf: »Vorige Woche war unsere Internet-Seite blockiert. Ihre Thüringer haben uns mit blödsinnigen Mails überschwemmt. Und dann das anonyme Zeugs hier.« Rührnig und zog aus dem Schreibtischschubfach mehrere Blatt Papier heraus.

»Friss deinen West-Senf allein!«, las der kleine, dicke Mann. »Tod den Senfpanschern!« und »Wer Bornsenf verfälscht oder verfälschten Bornsenf in den Nahrungskreislauf einspeist, wird zu Thüringer Klößen, nicht unter zwanzig Stück am Tag, verurteilt.« Und alles aus Zeitungsbuchstaben zusammengesetzt. Da hat sich aber einer sehr viel Mühe gegeben, dachte der kleine, dicke Mann.

»Gelb oder Leben!«, las er laut vom nächsten Blatt vor. »Was bedeutet das?«

»Diese Chaoten behaupten, der Senf würde nicht nur nicht mehr wie früher schmecken, auch die Farbe wäre anders. Hier: ›Weg mit Giftgelb!‹«

Auf dem letzten Blatt, das Rührnig an den kleinen, dicken Mann weiterreichte, stand: »Wessi, verpiss dich!«

»Und?« Der kleine, dicke Mann sah Rührnig direkt ins Gesicht. »Ist was dran an den Vorwürfen?«

»Nichts!«, dann eine fast unmerkliche Pause, ein Stolperer. »Ich schwöre es bei Bismarck.«

Auf dem Gesicht des kleinen, dicken Mannes breitete sich Ratlosigkeit aus.

»Ich war schon immer ein Bewunderer des eisernen Kanzlers«, sagte Rührnig, »und bevor ich hierher nach Erfurt kam, als neuer Born-Geschäftsführer, habe ich mich mit der Geschichte der Firma beschäftigt. Bismarck war ein Fan von Born-Senf. Also jedenfalls hat er in einem Brief aus Versailles an die damaligen Firmeneigner, die Brüder Born, seinen Dank für das Geschmackserlebnis ausrichten lassen. Ich könnte auch beim Papst schwören, dass wir an der Rezeptur nichts verändert haben. Bei Papst Johannes dem Zweiundzwanzigsten, der war von dreizehnhundertsechzehn bis vierunddreißig Papst in Avignon, hat einen seiner Neffen zum ›Großen päpstlichen Senfbewahrer‹ ernannt.«

»Sind Sie Christ?«

»Ja, wieso?«

»Würden Sie auch auf die Bibel schwören?«, fragte der kleine, dicke Mann.

»Werden Sie nicht komisch!«, raunzte Rührnig. Der kleine, dicke Mann hatte kurzzeitig den Eindruck, als wäre ein Schatten auf Rührnigs Gesicht gefallen. Aber dann hellte sich das Gesicht wieder auf und Rührnig sagte: »In der Bibel steht auch vom Senf geschrieben: Matthäus dreizehn.«

Der kleine, dicke Mann verkniff sich die Frage: Lothar Matthäus?

»Bei Luther könnte ich noch schwören«, sagte Rührnig, »der meinte, der Mann sei der Braten und die Frau der Senf dazu. Und, fällt mir gerade noch ein, bei dem Römer Columella wäre noch ein Eid möglich, der hat kurz nach Beginn der Zeitrechnung das erste Senfrezept aufgeschrieben.«

Der kleine, dicke Mann schwieg. Er hätte auch etwas schwören können, nämlich dass Rührnig diesen Wortschwall produziert hatte, um etwas zu verbergen.

»Was soll ich nun tun?«

»Undercover ermitteln.«

Es klang wie »Ander Kaffer«.

»Die Chaoten infiltrieren«, flüsterte Rührnig.

»Einsickern in die Senf-RAF?«, flüsterte der kleine, dicke Mann verschwörerisch zurück. Beinahe hätte er mit einem Auge gezwinkert. Und genauso beinahe wäre ihm noch herausgerutscht: »Parole Lebens-Born«, aber er wusste nicht, ob Rührnig diesen politisch inkorrekten Witz vertragen würde, schwieg lieber und behielt die Augen offen. Dann nannte er laut seinen Tagessatz und bestand auf Spesen extra. Man wurde sich rasch einig. Ein Scheck wurde ausgeschrieben. Rührnig forderte, sofort anzufangen. Der kleine, dicke Mann nickte, fuhr zunächst zur Bank, um den Scheck einzuzahlen. Zu Hause löste er ein Sudoku. Eines für Fortgeschrittene. Er musste überlegen, das tat er parallel zum Sudoku.

In den folgenden Tagen hatte der kleine, dicke Mann Kontakt aufgenommen, war zu einer Demonstration gegangen, hatte sich tunlichst in den hinteren Reihen gehalten, die Ohren aufgespannt, kleine Gespräche geführt, in Biertischrunden gelauscht, war dabei, als in einer Gruppe ein Senf-Anschlag auf den Oberbürgermeister geplant wurde, der sich bisher nicht klar zu »Kost the Ost« bekannt hatte.

Die Leute waren erregt. Alle wollten, dass die guten Ostprodukte nicht westlichen Glücksrittern in die Hände fielen, und wenn sich schon die Eigentumsverhältnisse zugunsten der ehemaligen Brüder und Schwestern aus dem Westen veränderten, dann sollten wenigstens die Produkte weiterhin lupenreine Ostprodukte sein.

Einerseits verstand der kleine, dicke Mann diese Wünsche. Wenn man ihm seine Thüringer Bratwurst vom Ernährungsplan streichen und durch Nürnberger oder gar Weißwurst ersetzen würde, da würde er auch auf die Barrikaden gehen. Also bildlich gesprochen. Bei aller Liebe zur Rostbratwurst, er hatte nicht vor, sich dafür auf einer Barrikade erschießen zu lassen. Obwohl: Was für ein Bild! Die Freiheit führt das Volk – er als Freiheit, mit einer Bratwurst im Brötchen in der einen und einer Born-Senf-Fahne in der anderen Hand, das Kleid weit über die Schultern gerutscht, als Brüste zwei gute, alte Plastemilchbeutel.

Und dann trat sie vor ihn. Der kleine, dicke Mann glaubte zu träumen: Eine Zweitausgabe der Dame, die Delacroix Modell gestanden hatte für das heroische Freiheitskampfgemälde. Sie kam von links in das Blickfeld des kleinen, dicken Mannes, beugte sich etwas zu ihm herunter, und sagte: »Huhu!«

Sie wedelte dem kleinen, dicken Mann vor dem Gesicht herum, was ihm einen räucherstäbchenrauchgeschwängerten Geruch in die Nase steigen ließ, den seine Freundin Heidi meist als alternativ und die von dermaßen riechenden Leuten vertretenen Gedanken als »Esothermik« bezeichnete. Die Huhu-Delacroix-Dame pustete dem kleinen, dicken Mann etwas warmen, nicht unsympathischen Atem ins Gesicht und sagte: »Ich bin Elisabeth. Also Lisa!«

Der kleine, dicke Mann blinzelte. »Mein Name ist so schrecklich, dass ich ihn lieber für mich behalten möchte.«

Lisa-Elisabeth guckte erstaunt, musterte den kleinen, dicken Mann dann in einer Art, die er als Abscannen bezeichnete, und entschied dann, dass er ihr nicht unsympathisch sei. Lisa entpuppte sich als Fundgrube für den kleinen, dicken Mann. Sie hatte, ganz unpassend zu ihrer etwas ausufernden Weiblichkeit, die Stimme eines minderjährigen Blondchens, und der Mund, aus dem diese Stimme erschallte, stand so gut wie nie still. Zunächst erfuhr der kleine, dicke Mann, dass Vegetarier die natürlichen Verbündeten der Bratwurstesser in diesen Erfurter

Senf-Unruhen seien. Senf wäre nämlich ein natürliches Heilmittel. Und gerade mittels Born-Senf hätten die Thüringer Heilerinnen immer die besten Erfolge erzielt. Und sie müsse es schließlich genau wissen, denn sie habe das Wissen darüber von ihrer Großmutter geerbt, die auch schon eine Hexe gewesen sei. Und nur, wenn die Herstellung des Senfes weiter nach der originalen Rezeptur und in altbewährter Weise erfolge, könnten sich auch die Erfolge wieder einstellen. Im Moment würde zuviel schlechtes Karma alles verderben.

Die Melodie von »My sweet lord« erklang, Lisa wühlte etwas hektisch in den Weiten ihres Kleides, holte ein ganz unesoterisches Gerät hervor, drückte auf den Verbindungsknopf und sagte: »Ja? – Ja. – Ja, natürlich – Ja, eine wunderbare Idee – Ja, gebe ich weiter – Ja, der Senf sei mit dir, Bruder!«

Dann trennte Lisa die Verbindung.

»Freiheit für den Senf«, sagte der kleine, dicke Mann mit einem Augenzwinkern und ballte die rechte Faust. Lisa lachte. Dann schöpfte der kleine, dicke Mann die Fundgrube aus.

Innerhalb einer Stunde konnte er sich einen Überblick über die Protestbewegung verschaffen. Anführer hatten die Aufrührer nicht, allerdings gab es einen harten Kern, Leute, die immer dabei waren und auch immer mit neuen Protestideen aufwarteten. Aber wer die Senfbude auf den Kopf gestellt hatte, das wusste Lisa auch nicht.

Der kleine, dicke Mann hatte am folgenden Tag die Runde im harten Kern gemacht. Bei allen stellte er sich als Neuzugang vor und fragte, was er wem an Arbeit abnehmen könne. So lernte er Horst, den Fleischermeister, kennen, der so dünn war, dass der kleine, dicke Mann ihn verdächtigte, heimlicher Vegetarier zu sein, vielleicht gar Veganer. Horst sagte, dass er ein brennender Verfechter des kulinarischen Zentrums sei, und er meinte damit Thüringen. Horst war zu allem bereit, zu wirklich allem, sagte er jedenfalls und schwenkte dabei ein Fleischerbeil. Dann klingelte sein Handy. Horst entschuldigte sich, sprach eine Weile mit dem

Anrufer. Nachdem er das Gespräch beendet hatte, sagte er laut zu sich: »Gute Idee.«

Horst machte ihn mit Leo bekannt, dem studentischen Computergenie, der gerade dabei war, einen Flashmob zu organisieren. Eine Stunde später lagen auf dem Bahnhofsvorplatz Hunderte junge Frauen und Männer, alle mit verzerrten Gesichtern, und stellten sich tot. Durch ein Megaphon klärte Leo die Passanten auf, böser, nichtoriginaler Born-Senf hätte dieses Thüringer Massensterben ausgelöst. Nur der echte Erfurter könnte die Körper und Seelen der Einheimischen wieder heilen. Er brüllte dreimal: »Guter Senf! Guter Senf! Guter Senf!«, da sprangen alle auf und vollführten einen Freudentanz.

Der kleine, dicke Mann entdeckte Lisa unter den Freudentänzern und winkte.

Lisa winkte zurück und den kleinen, dicken Mann zu sich heran. Neben ihr tanzte Herbert, der Kamikaze-Rentner, wie sie ihn vorstellte. Herbert war ein sehniges, schlankes, altes Leder mit leuchtenden Augen. Wandern ist des Müllers Lust, sagte Herbert, und er heiße Müller. Er sei schon über achtzig, fit wie ein Turnschuh. »Und weil diese faulenden, stinkenden Imperialisten ihr Sterben in den Osten verlegt haben und mit ihrem geistigen Pesthauch und der Macht des Geldes alles zerstören, da muss ich einfach trotz meines Alters mit raus auf die Straße.« Schließlich wolle er bei seinen Wanderungen durch den Thüringer Wald weiterhin beim Rasten eine ordentliche Rostbratwurst mit gutem, reinem Senf genießen und nicht mit übersäuertem Senf westlicher Herkunft vergiftet werden.

Am Nachmittag verspürte der kleine, dicke Mann überfallartig einen solchen Hunger, dass er der Bratwurst nicht ausweichen konnte, der zweiten an diesem Tag, und er dachte gleich an die dritte. Und dann kamen diese Demonstranten, und der kleine, dicke Mann blieb plötzlich zwischen zwei nahezu identischen Fleischbergen stecken. Aha, dachte der kleine, dicke Mann: Karl-Heinz. Leo hatte ihm anvertraut, das er über kurz oder lang auf die personelle Spitze der Protestbewegung stoßen würde, auf die Zwillinge Karl und Heinz. Der kleine dicke Mann steckte zwischen zweimal gutem Thüringer Bauchfett, das zu Schwimmringen ausgeufert war, die den kleinen dicken Mann an Sommertage und Jugend und Baden im Baggersee mit großen, schwarzen LKW-Pneus erinnerten.

»Da ist er«, sagte Heinz. Mit Betonung auf dem zweiten Wort.

»Da ist er«, sagte Karl, die Betonung auf dem zweiten Wort verstärkend.

Der kleine, dicke Mann lächelte erwartungsvoll.

Karl sagte: »Wir sind die Wildecker Herzbuben.«

»Die beste Parodie weit und breit. Kein Fasching ohne Karl und Heinz.«

Die Zwillinge redeten und telefonierten gleichzeitig. Das heißt Karl telefonierte und Heinz redete auf den kleinen, dicken Mann ein. »Tolle Idee, das wird der Knaller!«, sagte Karl. Heinz sang: »Reih dich ein in die Thüringer Bornsenffront.« Und aus der Menge erklang: »Wir wollen unsern guten, alten Bornsenf wiederhahm!«

Als Karl und Heinz kurz nach links und rechts beiseite traten, stolperte der kleine, dicke Mann in die nun geöffnete Lücke. Als er sich gefangen hatte und aufschaute, sah er weiter hinten im Demonstrationszug einen telefonierenden Mann, der wild gestikulierte und gerade den freien Arm anwinkelte, als würde er jemanden unterhaken. Die Lücke schloss sich wieder. In dem Moment hakte ihn links Karl unter, dann schnappte sich Heinz die Bratwurst, hakte ihn rechts unter und gab die Bratwurst zurück.

Der kleine, dicke Mann wehrte sich, aber er konnte gar nicht anders, als ein paar Schritte in der ersten Reihe des Demonstrationszuges mitzulaufen. Und in dem Moment: Blitz – Klatsch! Foto – Klick!

Der kleine, dicke Mann riss sich los, ließ den Protestmarsch an sich vorbei, aß die mittlerweile kalt gewordene Bratwurst auf, warf das Brötchen in einen Papierkorb und ging nach Hause, ließ den Stress von sich abtropfen, verbrachte mit Heidi die aufreibende Nacht, schlug die Bettdecke beiseite und später die Zeitung auf und raste noch später ins Bad.

Nun saß er also auf dem geschlossenen Klodeckel. Er dachte nach. Ein Gedanke setzte sich fest. Der Blick durch die Lücke zwischen Karl und Heinz! Wenn dieser Senf-Aufruhr doch von jemandem gesteuert wurde und keine zufällige Aneinanderreihung von Protest-Happenings war, dann wüsste er gern, wer hinter all dem steckte und warum.

Er musste Rührnig anrufen. Er ließ es lange klingeln, doch Rührnig nahm nicht ab. Der kleine, dicke Mann spritzte sich noch einmal kaltes Wasser ins Gesicht. Er kehrte zum Frühstückstisch zurück und sagte: »Entschuldige bitte!«

Er hätte gern noch »Liebes« drangehängt, aber er war schon wieder mit den Gedanken woanders.

Das Telefon klingelte. »Sie hatten angerufen«, grollte Rührnigs tiefe Stimme. »Ich konnte nicht rangehen, die Polizei war hier.«

»Schon wieder eingebrochen worden?«

»Nein, schlimmer. Man hat heute Nacht den Bratwurstbrater auf dem Domplatz umgebracht. Der, der fast Tag und Nacht die Holzkohle glühen lässt. Äh, man muss ja jetzt sagen: ließ. Auf seinen Bratwurstrost geschnallt und –«

»Ihn gegrillt!?«, entfuhr es dem kleinen, dicken Mann.

»Nein, er war wohl schon tot. Ringsherum hat der Mörder auf den Boden geschrieben: Falscher Senf!«

»Ich wette, mit Senf«, sagte der kleine, dicke Mann. »Ich rufe in ein paar Minuten noch einmal an.«

Zuerst der Fotograf, dachte der kleine, dicke Mann. In der Lokalredaktion der »Thüringer Allgemeinen« erhielt er die Auskunft, dass der Fotograf nicht zu den fest Angestellten gehörte, erbettelte sich die Telefonnummer, rief den Fotografen an und bat, sich sofort mit ihm treffen zu können. Ob er noch die Fotos von der gestrigen Demonstration habe. Der Fotograf sagte, er habe fast alles vom Kamera-Chip gelöscht. Der kleine, dicke Mann stöhnte und fragte, was »fast« bedeute.

»Ich lass doch nicht den ganzen Mist im Speicher, nur die guten hebe ich auf. Schon alles auf Festplatte im Computer daheim.«

Auf die Frage, wie viele Fotos vor seinem prüfenden Auge bestanden hätten und erhalten geblieben wären, sagte der Fotograf: »Fünf!« Das sei alles.

Auf den fünf Fotos war der Telefonierer, den der kleine, dicke Mann suchte, nicht zu sehen. Der kleine, dicke Mann sah etwas deprimiert aus, aber nur solange, bis ihm Lisa einfiel. Als der kleine, dicke Mann »Demofotos« in sein Telefon sagte, kicherte Lisa und sagte: »Massenweise im Internet!«

Da schlug sich der kleine, dicke Mann zum wiederholten Mal an diesem Tag vor die Stirn und bereute das sofort. Es würde wohl eine Beule werden. Er warf den Computer an, surfte und krähte schon innerhalb der ersten Minute vor Vergnügen. In einem Fall etwas weiterzukommen, war immer ein gutes Gefühl, und manchmal ließ der kleine, dicke Mann seinen Gefühlen auch ganz freien Lauf.

Er rief wieder Lisa an und bat sie, sich das Foto, das er gefunden hatte, auch anzusehen, ob sie darauf jemanden erkennen würde. Der kleine, dicke Mann hatte die Zwillinge Karl und Heinz entdeckt, die große Teile des Bildes ausfüllten. Auch Lisa war drauf. Und Horst marschierte mit Fleischerbeil mit. Neben ihm der Kamikaze-Rentner. Und ziemlich weit hinten, in einem Pulk von Demonstranten, dort hatte der kleine, dicke Mann das Gesicht entdeckt, das er suchte.

Lisa sagte: »Den kenn ich. Der ist immer mal dabei, aber nicht oft. Bei der Demo vor der Firma, da war der, glaube ich, auch mit.«

Ob sie wisse, wie das Gesicht heiße.

»Nein«, sagte Lisa.

Der kleine, dicke Mann fragte Lisa, ob sie Karl und Heinz und Horst und den Kamikaze-Rentner anphonen könnten. Im gleichen Augenblick dachte er mit verzerrtem Gesicht: Habe ich wirklich »anphonen« gesagt? Er hasste sich für dieses anglisierte Neudeutsch. Aber nun war es einmal raus und Lisa konnte helfen. Der kleine, dicke Mann bat, sie möge auch Leo mit ranorganisieren. Lisa versprach, sich schnell zu kümmern.

Als zwei Stunden später alle versammelt waren, guckten sie auf das Foto.

»Nie gesehen«, sagte Horst und ließ sein Fleischerbeil kreisen.

Herbert, der Kamikaze-Rentner sagte: »Das ist doch der Jürgen.«

»Jürgen, genau«, echoten die Zwillinge.

Leo sagte erstaunt: »Das ist Jürgen?«

Horst wunderte sich: »So sieht der also aus.«

Die Versammelten tauschten auf Bitten des kleinen, dicken Mannes ihre Erfahrungen aus, die sie mit ebenjenem Jürgen gemacht hatten. Je mehr die einzelnen erzählten, was sie Jürgen verdankten, vor allem an Ideen, umso mehr wusste der kleine, dicke Mann, dass er auf der richtigen Spur war.

»Und Jürgen hat auch vorgeschlagen, mich unterzuhaken und in der ersten Reihe mitdemonstrieren zu lassen?«

Karl bejahte.

»Jürgen ist Sache der Polizei«, sagte der kleine, dicke Mann.

»Keine Bullen!«, schrie Horst und stellte sich mit erhobenem Fleischerbeil vor die Tür.

»Und ob«, sagte der kleine, dicke Mann. »Habt ihr nicht gehört, dass heute Nacht der Bratwurstbrater vom Domplatz ermordet wurde?«

Lisa wurde bleich. Horst ließ das Beil sinken. Dem Kamikaze-Rentner klappte die Kinnlade runter, so dass fast das Gebiss herausfiel. Karl und Heinz guckten sich erschrocken an und machten sofort gegenseitig Handzeichen, die wohl bedeuten sollten: Ich war's nicht!

Ja, man habe schon mal gerufen »Tod den Senfpanschern!« und »Gelb oder Leben!«, aber das wäre doch symbolisch gemeint gewesen.

Diese Sprüche kannte er doch, dachte der kleine, dicke Mann. Die anonymen Briefe an Rührnig. Natürlich! Als er es den dicken Zwillingen aufs Gesicht zu sagte, brachen die wie kleine Schulmädchen in Tränen aus und gaben alles zu.

»Ihr Blödmänner«, sagte Horst.

»Ich fand's gut«, sagte Leo.

»Und du hast die Internet-Seite von Born-Senf lahmgelegt«, sagte der kleine, dicke Mann zu Leo. Der grinste nur.

Gut, dann wäre das auch geklärt.

»Die Briefe habe ich mit Lisa geschrieben und organisiert, dass noch mehr geschrieben wurden«, sagte Herbert, der Kamikaze-Rentner. Lisa lächelte entschuldigend.

»Noch weitere Beichten?«, fragte der kleine, dicke Mann.

Horst holte tief Luft, setzte an, machte eine bedeutungsschwangere Pause und sagte dann: »Nee.«

Alle bestritten, irgendetwas mit der Verwüstung der Produktionshalle von Born-Senf zu tun gehabt zu haben. Und mit dem Mord sowieso.

Aber welche Rolle spielte Jürgen in dieser Angelegenheit?

Der kleine, dicke Mann erstattete Rührnig Bericht.

»Die lügen doch«, sagte Rührnig, »wer soll denn sonst hier gewütet haben?«

»Jürgen«, sagte der kleine, dicke Mann. Es war ein Versuchsballon. Und er hatte nicht erwartet, dass gleich der erste Versuch zu so einem Ergebnis führen würde.

Rührnig brach heulend zusammen. Und es floss alles aus ihm heraus, was der kleine, dicke Mann an Information brauchte. Jürgen mit dem etwas komplizierten Nachnamen Zwarczyk, geschickt von Tiger-Senf Dusselstadt, der schier übermächtigen Konkurrenz aus dem Westen. Der kleine Ost-Konkurrent sollte vernichtet und Thüringen mit Tiger-Senf überschwemmt werden. LKW-Ladungen wurden nach Thüringen geschickt. Der Tiger-Senf sollte kostenlos verteilt werden. Fast alle LKW mussten unentladen wieder umdrehen. Die Thüringer wollten Tiger-Senf nicht. Nicht mal geschenkt.

Als er versucht hatte, Tiger-Senf in Born-Senf-Becher abfüllen zu lassen, streikte die Belegschaft. Er versuchte, sie zu erpressen, drohte mit Entlassung, nichts half. Im Gegenteil, trotz auferlegter Infosperre musste etwas durchgesickert sein, denn dann begannen die Proteste und Aktionen. Und dann kam Jürgen, der die Idee hatte, diese Proteste auszunutzen, sie ausufern und in Gewalt umkippen zu lassen. Der Motorradrocker von den »Bandidos« hätte zweimal Geld bekommen, einmal für den Werbeslogan und einmal für den Zerstörungseinsatz. Bargeld. Das erste hätte er, Rührnig, ausgezahlt, das zweite Jürgen Zwarczyk aus der, wie er sich ausdrückte, Kampfkasse. Aber mit dem toten Bratwurstbrater habe er nichts zu tun, heulte Rührnig.

»Wieso haben Sie dann mich engagiert?«, fragte der kleine, dicke Mann wütend. »Dachten Sie, ich sei zu blöd, hinter all das zu kommen?«

Rührnig schüttelte den Kopf, stammelte etwas von wachsendem schlechtem Gewissen. Als alles eskalierte, wollte er irgendwie raus aus der Nummer. Aber selber zur Polizei? Niemals.

Der kleine, dicke Mann telefonierte nach derselben.

Es war fast schon Mittag. Der kleine, dicke Mann saß mit Heidi am Frühstückstisch. Auf die Paarungsspiele der letzten Nacht würde wohl ein Muskelkater folgen. Die »Thüringer Allgemeine« war voll mit Berichten von den aktuellen Ereignissen um Born-Senf. Der Mörder des Bratwurstbraters sei ein Motorradrocker. Nach der Verhaftung des Geschäftsführers R. und eines gewissen Jürgen Z. sei von den Protestierern ein Gremium bestimmt worden, das übergangsweise die Senf-Produktion und die Geschäfte der Firma überwachen solle. Mitglied des Gremiums seien die Erfurter Bürgerinnen und Bürger Elisabeth Wickler-Knirschler, Karl Breithaupt, Leonid Müller und Horst Bäcker. Der kleine, dicke Mann kicherte. Horst, der Fleischer, hieß also Bäcker. Wie passend.

Auch bei nochmaligem aufmerksamem Durchforsten der Zeitung fand der kleine, dicke Mann nirgendwo seinen Namen. Die Polizei erntete allen Ruhm.

Der kleine, dicke Mann war zufrieden. Er lächelte Heidi zu, küsste sie und sagte: »Ich muss noch mal weg.«

Auf dem Domplatz legte er eine Rose zu den anderen Blumen, die schon am verwaisten Bratstand lagen. Die Schweigeminute legte er aber erst ein, als er am nächstgelegenen Stand seine Bratwurst bekommen, diese dick mit Born-Senf versehen und hineingebissen hatte.

Knock-out

VON JUTTA MARIA HERRMANN

Kowalski steht auf dem Fahrdamm, mitten in Berlin. Die breit ausgebaute Straße ist wie leergefegt – und das am helllichten Tag. Über dem Asphalt flimmert die Luft. Kowalski schwitzt. Der Schweiß rinnt ihm in Bächen den Rücken hinunter. Hinter sich hört er plötzlich einen Motor aufheulen. Er wirbelt herum. Aus Richtung Landsberger Allee rast ein Auto auf ihn zu. Ein knallroter Ferrari. Wow! Obwohl ...

Kowalski kneift die Augen zusammen. Das ist ja ein Trabbi, so 'ne alte Kugelpappe mit Rallyestreifen und drinnen – meine Fresse – unser Erich. Mit einem dämonischen Grinsen auf dem Gesicht hält der olle Honecker direkt auf ihn zu. »Nein«, schreit Kowalski und hebt die Hände, die – wie er erst jetzt bemerkt – in Boxhandschuhen stecken.

Mit einem Ruck fährt Kowalski hoch und blinzelt gegen das Licht. Die Nachmittagssonne scheint ihm durchs Fenster direkt ins Gesicht. Im Hintergrund lärmt der Fernseher. Rennwagen drehen mit kreischenden Motoren ihre Runden. Formel 1. Kowalski gähnt bis sein Kiefer knackt und greift nach der Fernbedienung auf seinem Schoß. Er schaltet den Fernseher aus und hebt die Beine vom Sofa. Was schabt denn da an seiner Wohnungstür? Kowalski verharrt mitten in der Bewegung. Da! Wieder! Jemand macht sich am Türschloss zu schaffen. Er stemmt sich vom Sofa hoch. Die Sprungfedern quietschen. Die Jogginghose rutscht. Eine Hand am ausgeleierten Bund sprintet Kowalski zur Tür und reißt sie auf.

»Ja?«

Draußen steht Frau Barginski. Ein penetranter Haarsprayduft weht Kowalski in die Nase. Frau Barginski stößt einen spitzen Schrei aus, der Schlüsselbund fällt scheppernd zu Boden.

»Herr Kowalski«, keucht sie, das Gesicht so aschgrau wie die frisch dauergewellten Haare auf dem Kopf. »Herrje, haben Sie mich erschreckt. Was haben Sie denn in meiner Wohnung zu schaffen?« Sie fuchtelt drohend mit ihrem Stock.

Kowalski bückt sich nach dem Schlüsselbund und drückt ihn der alten Frau in die zitternde Hand. »Frau Barginski. Das hier ist meine Wohnung. Ihre ist ein Stockwerk höher. In der zweiten Etage.«

Verwirrt blinzelt Frau Barginski ihn durch die dicken Brillengläser an. »Ja, bin ich denn nicht im zweiten Stock?«

»Nein«, sagt Kowalski. »Im Ersten.«

»Mhm«, murmelt Frau Barginski und schaut skeptisch.

Kowalski zeigt auf das Klingelschild: »Hier steht's! KOWALSKI. Sehen Sie's?«

Frau Barginski bringt ihr Gesicht ganz nah an das Schild. »Tatsächlich«, murmelt sie und sieht beschämt zu Kowalski hoch. »Das ist mir jetzt aber sehr peinlich. Entschuldigen Sie vielmals.«

»Kein Problem. Kann ja mal vorkommen.« Kowalski winkt großmütig ab, obwohl es nicht zum ersten Mal passiert, dass die Alte sich im Stockwerk irrt.

»Das ist mir ja noch nie passiert«, grummelt Frau Barginski und tippelt, auf den Stock gestützt, zum Treppenabsatz. »Ach, bevor ich es wieder vergesse, Herr äh …« Sie bleibt stehen und dreht sich um.

Kowalski streckt den Kopf wieder zur Tür hinaus: »Ja?«

»Meine Toilette ist schon wieder verstopft.«

»Gebongt«, sagt Kowalski und hebt den Daumen. »Ich komme nach dem Abendessen zu Ihnen hoch. Das kriegen wir wieder hin.«

Frau Barginski nickt, verzieht das runzelige Gesicht zu einem Lächeln und schleppt sich die Treppenstufen hoch.

Gegenüber von Kowalskis Wohnung öffnet sich eine Tür. »Na, verdienen Sie sich wieder ein paar Scheinchen dazu? Schwarz und an der Steuer vorbei?« Rüdiger Grieme schlendert über den Treppenflur auf Kowalski zu. Im Gesicht ein höhnisches Grinsen. Im Mund der obligatorische Kaugummi.

Kowalski ballt die Rechte zur Faust. Der Typ geht ihm so was von auf die Eier. »Schon mal was von Nachbarschaftshilfe gehört?«, quetscht er zwischen zusammengebissenen Zähnen hervor.

»Nachbarschaftshilfe?«, höhnt sein Gegenüber und fährt sich mit gespreizten Fingern durch das fettige Haar. »Verarschen kann ich mich selber.«

Kowalski spürt, wie die Wut in ihm brodelt. Grieme schlägt die Arme übereinander, bleibt dicht vor ihm stehen und bläst Kowalski seinen Atem ins Gesicht. Ein Gemisch aus Kaugummi, Knoblauch und Bier. Viel Bier. Kowalskis Magen hebt sich. Er weicht einen Schritt zurück und atmet durch den Mund weiter.

»Der Genossenschaft habe ich auch schon gesteckt, dass Sie sich hier nach wie vor als Hausmeister aufspielen und sich das mit barer Münze bezahlen lassen. Ich schätze, da kommt bald mächtig Ärger auf Sie zu.« Das Grinsen in Griemes Gesicht wird noch eine Spur breiter.

Hinter Kowalskis Schläfen beginnt es pochen. Er schnauft und zischt: »Denunziant.«

Grieme glotzt ihn aus wässrigen, rot geäderten Augen an. Das Grinsen ist wie weggewischt. »Was haben Sie da gesagt?«

»Denunziant!«, wiederholt Kowalski und hebt herausfordernd das Kinn.

»Das muss ich mir von einem wie Ihnen nicht gefallen lassen! Sie ... Sie ... Sie Stasischwein«, faucht Grieme und spuckt kleine Speichelfäden.

In Kowalskis Kopf macht es Klick. Sein Kampfgeist erwacht. Er reißt die Fäuste hoch, und während er ausholt, fühlt er sich wie damals im Boxring, hört sogar die Stimme des Kommenta-

tors in seinem Kopf: *Kowalskis Haken kommt ansatzlos und wie aus dem Nichts. Grieme versucht die Deckung hochzureißen, aber Kowalski ist schneller, seine Faust kracht auf die linke Schläfe des Gegners. Treffer!!!*
Über Griemes Gesicht huscht ein Ausdruck des Erstaunens. Er schwankt, verdreht die Augen und kippt um. Wie ein gefällter Baum. Sein Hinterkopf knallt auf die Steinfliesen. So laut, dass es durchs ganze Treppenhaus hallt.

K.o. in der ersten Runde. Kowalski grinst und reibt sich die schmerzenden Fingerknöchel.

Grieme rührt sich nicht. Liegt da wie tot. In Kowalskis Magen breitet sich ein mulmiges Gefühl aus. Als ehemaliger, wenn auch nur mäßig erfolgreicher Amateur-Boxer beim SC-Dynamo Berlin weiß er, das ist kein gutes Zeichen. Überhaupt kein gutes Zeichen.

Ächzend geht er neben Grieme in die Knie und verpasst ihm ein paar leichte Backpfeifen rechts und links auf die unrasierten Wangen. »Komm schon«, fleht er. »Mach keinen Scheiß!«

Unten im Haus knallt die Eingangstür ins Schloss. Kowalski hört schwere Schritte näher kommen. Er richtet sich ruckartig auf, packt Grieme an den Füßen und zerrt ihn über die Schwelle in seine Wohnung. Schnell drückt er die Tür ins Schloss und lehnt sich mit dem Rücken dagegen. Sein Atem geht schwer. Die Schritte verharren kurz vor seiner Tür. Kowalski hält vor Schreck den Atem an. Die Schritte entfernen sich wieder. Kowalski stöhnt und wischt sich die Schweißtropfen von der Stirn. Ratlos starrt er ins das bleiche Gesicht auf dem Boden vor seinen Füßen. Grieme starrt zurück – mit ausdruckslosen Augen.

»Scheiße«, jammert Kowalski. »Was soll ich denn jetzt machen?« Die Bullen rufen? Die werden ihm im Leben nicht glauben, dass es ein Unfall war. Nicht bei seinem Vorstrafenregister. Zwar nix Schlimmes und alles längst verjährt, aber das Risiko kann er nicht eingehen.

Kowalski fühlt sich elend, ganz elend. Er könnte heulen. Aber es hilft ja nichts. Die Leiche muss verschwinden. *Zerstückeln und einfrieren,* schießt ihm durch den Kopf. Das geht. Hat er in der »Superillu« gelesen. Da hat ein Typ einen Bekannten aus dem Internet in seine Einzelteile zerlegt und eingefroren, wollte ihn wohl häppchenweise verspeisen. Kowalski schüttelt sich. So was Perverses hat es früher in der DDR nicht gegeben.

Er braucht jetzt dringend einen Schnaps. Kowalski stapft an der Leiche vorbei ins Wohnzimmer. Der Barschrank ist rappelvoll mit seinem Lieblingsschnaps: *Blauer Würger.* Im Keller lagern nochmal an die zweihundert Flaschen. Hat er direkt nach der Wende für *nen Appel und en Ei* abgeschossen. Das reicht bis an sein Lebensende. Kowalski nimmt einen kräftigen Schluck direkt aus der Pulle. »Hach«, sagt er mit einem tiefen Seufzer. »Da geht's einem doch gleich viel besser.« Er setzt die Flasche noch ein zweites Mal an und lässt sich zum Nachdenken auf dem Sofa nieder.

Neulich auf RTL, in dieser Sendung, die immer spätabends läuft – er kommt nicht drauf, wie die heißt –, da ging es doch um den perfekten Mord. Und der Kommissar hat gesagt, die beste Methode, eine Leiche auf Nimmerwiedersehen verschwinden zu lassen, ist … Kowalski legt die Stirn in Falten. … ab in den Restmüll damit. Nur – Kowalski zieht seine Unterlippe zwischen die Zähne – er kann sich ja schlecht den toten Grieme über die Schulter werfen und durchs Treppenhaus runter zum Müll spazieren. Leichen rollt man in Teppiche, fällt ihm ein. Kowalski begutachtet den schmutzig grauen, vollgekrümelten Flokati unter seinen Füßen. »Nee.« Er schüttelt den Kopf. Zu klein. Da guckt der Grieme ja hinten und vorne raus. Aber die Abdeckplane für seine Schwalbe, die ist groß genug. Das müsste gehen. Die Plane ist unten im Keller. Kowalski springt vom Sofa hoch.

In der Diele stoppt er abrupt. Erst muss die Leiche hier weg. Die liegt ja rum wie auf einem Servierteller. Wenn er die Tür aufmacht, sieht die doch jeder. Kowalski atmet tief durch, packt den Toten unter den Achseln, zerrt ihn über den Boden in die Küche und lehnt Grieme an die Wand neben dem Mülleimer. Dann nimmt er den Kellerschlüssel vom Haken, die Taschenlampe aus der Schublade und hastet in Pantoffeln die Stufen zum Keller hinunter. Feuchter Modergeruch schlägt ihm entgegen. Er tastet nach dem Schalter und knipst das Licht an. Ein Rascheln. Zwei dunkle Schatten flitzen um die Ecke. Ratten! Kowalski schüttelt es. Widerliches Viehzeug. Vor der Maueröffnung gab es die nicht in Marzahn. Zumindest nicht in diesen Mengen. Die Wiedervereinigung hat nichts als Ärger gebracht. Er hat das von Anfang an gesagt. Aber auf ihn hört ja keiner.

Kowalski lässt den Lichtkegel der Taschenlampe über die vollgestopften Regale in seinem Kellerraum wandern. Unmengen an Halberstädter Gulaschsuppe, Halberstädter Wurstsoljanka, Spreewälder Gurken hat seine Hilde – Gott hab sie selig – hier gebunkert. Für den Fall eines dritten Weltkrieges. Und dass der so gewiss kommt wie das Amen in der Kirche, davon konnte sie nichts und niemand abbringen.

Kowalski schnappt sich die zu einem unhandlichen Paket gefaltete Abdeckplane und eilt damit die Treppe hoch. Er fummelt den Schlüssel aus der Hosentasche und steckt ihn ins Schloss.

»Guten Tag«, sagt eine Stimme hinter seinem Rücken.

Kowalski zuckt wie ertappt zusammen, dreht sich zögernd um und reißt vor Staunen die Augen auf. Vor ihm steht – leibhaftig – Mario Barth. Die Plastikplane rutscht ihm aus den Händen und fällt zu Boden. Er kann es nicht fassen. Sein Held. Sein Idol. Der einzige Mann, der weiß, wie Frauen ticken – zum Anfassen nah direkt vor ihm.

»Kann ich ein Autogramm haben, Herr Barth«, flüstert er ergriffen.

Der Mann verdreht in gespielter Verzweiflung die Augen. »Nee, könnense nich. Ich sehe vielleicht aus wie dieser Barth, aber ich bin's nicht.« Er streckt Kowalski seine Hand entgegen. »Gestatten, Lothar Berger.«

Kowalski ergreift die Hand und schüttelt sie. Er kann seinen Blick nicht vom Gesicht des Mannes lösen. Diese Ähnlichkeit. Der helle Wahnsinn.

Lothar Berger befreit seine Hand gewaltsam aus Kowalskis festem Griff. »Wissen Sie zufällig, wo Rüdiger steckt?«, fragt er und dehnt vorsichtig seine Finger.

Mit einem Schlag ist Kowalski ernüchtert. Er spürt, wie ihm die Hitze ins Gesicht steigt. »Rüdiger?«, wiederholt er dümmlich.

»Ja, Rüdiger Grieme, Ihr Nachbar.« Berger deutet mit dem Kopf auf die Wohnung gegenüber. »Seine Tür ist nur angelehnt, aber er ist nicht da.«

»Ach«, krächzt Kowalski und bückt sich mit hochrotem Kopf nach der Plastikplane.

»Weit kann er ja nicht sein«, sagt Berger und zückt sein Handy. »Ich ruf ihn einfach mal an.«

»Äh ... ja«, sagt Kowalski und dreht den Schlüssel im Schloss. Die Tür springt mit einem leisen Klacken auf und aus seiner Wohnung tönt ihm laut und fröhlich ein Wiehern entgegen. Er erstarrt. Was ist das denn?

»Na, so was«, sagt Berger. »Rüdiger ist bei Ihnen. Warum sagen Sie das denn nicht gleich?«

»Häh?« Kowalski versteht gar nichts mehr.

»Das Wiehern«, lacht Berger und drängt sich an ihm vorbei in die Wohnung, »kommt von Rüdigers Handy. Er ist und bleibt ein Kindskopf.«

»Was fällt Ihnen ein?«, protestiert Kowalski. »Raus aus meiner Wohnung!«

Aber Berger marschiert bereits geradewegs Richtung Küche, aus der er das Wiehern hört. Kowalski stolpert hinterher. Sein Blick fällt auf den Baseballschläger, der im Schirmständer der Garderobe steckt. Den hat er gestern von dem Dreikäsehoch aus dem fünften Stock einkassiert. Hat damit wie ein Bescheuerter auf die Mülltonnen im Hinterhof eingedroschen. Kowalski lässt die Plane fallen, schnappt sich den Schläger und stürzt in die Küche.

Berger beugt sich gerade über Grieme, der zur Seite gekippt ist und dabei den Mülleimer umgerissen hat. »Rüdiger«, sagt er mit fassungsloser Stimme.

Kowalski denkt nicht lange nach. Er umfasst den Schläger mit beiden Händen und lässt ihn auf Bergers Hinterkopf krachen. Es gibt ein hässlich knackendes Geräusch, Blut spritzt, und Berger bricht über der Leiche von Grieme zusammen.

Kowalski zittert am ganzen Körper und keucht wie ein Walross. Der Baseballschläger gleitet ihm aus den Händen und poltert zu Boden. Kowalski sinkt auf einen Küchenstuhl.

Scheiße, denkt er. *So eine verdammtverfluchte Scheiße.* Vor einer Stunde war sein Leben noch in Ordnung. Und jetzt? Er heult auf wie ein geprügelter Hund. Jetzt hat er zwei Leichen am Hals. Er wischt sich die Tränen von den Wangen. So beschissen hat er sich das letzte Mal gefühlt, als er seine Hilde in ihrem Fernsehsessel gefunden hatte. Tot. Herzinfarkt am Samstagabend bei Thomas Gottschalk und *Wetten dass*. Hätte sie sich *Ein Kessel Buntes* angeschaut, wäre ihr das sicher nicht passiert. Kowalski reibt sich über die Augen und zieht die Nase hoch. Er schielt zu den toten Männern rüber. Und schaut schnell wieder weg. Der Anblick macht ihn ganz kirre. Die müssen weg. Und zwar so schnell wie möglich. Aber er kann ja nicht beide in die Mülltonne werfen. Das würde doch auffallen.

Kowalski kratzt sich hinterm Ohr und denkt nach. Es dauert ein paar Minuten, dann huscht ein Leuchten über sein Gesicht. »Bingo!« Er haut sich mit der flachen Hand gegen die Stirn. »Ja, klar!« Dass er darauf nicht schon früher gekommen ist.

Er springt vom Stuhl auf, stolpert fast über die Plane auf dem Boden in der Diele und öffnet seine Wohnungstür. In der gleichen Sekunde flammt Licht auf. Durchs Treppenhaus hallt ein energisches Klacken. Frau Barginski ist im Anmarsch! Schnell drückt Kowalski die Tür wieder zu und linst durch den Spion. Die alte Frau humpelt vorbei, eine Mülltüte in der Hand.

Kowalski zählt bis zehn, dann schleicht er über den Flur zu Griemes Wohnung. Er drückt die angelehnte Tür auf und ruft leise »Hallo?« Man weiß ja nie. Aber alles bleibt still. Kowalski zieht die Tür hinter sich zu und knipst das Licht an. Wohl fühlt er sich nicht in seiner Haut. »Hallo? Ist da wer?«, ruft er noch mal. Erst jetzt bemerkt er den muffigen Geruch. Es stinkt nach Käsesocken, wie zwei Wochen nicht gelüftet. Kowalski atmet so flach wie möglich und marschiert in die Küche. Der Kühlschrank ist, das hat er auch nicht anders erwartet, bis oben hin gefüllt mit Bierflaschen. Becks Bier. West-Plörre. Kowalski schüttelt angewidert den Kopf und greift sich den Öffner, der griffbereit an einem Haken an der Wand neben dem Kühlschrank hängt. Er nimmt eine Flasche nach der anderen heraus und schüttet sie über der Spüle aus. Die leeren Flaschen verteilt er wahllos auf dem Küchentisch. In der Tür des Kühlschranks entdeckt er neben der Milchpackung eine halb volle Schnapsflasche. Auch die kommt auf den Tisch. Die passenden Gläser dazu – fertig ist die Laube. Kowalski reibt sich die Hände und begutachtet sein Werk. Also, für die Polizei wird es wohl so aussehen: Grieme hat mit seinem Kumpel gesoffen, die beiden bekamen Zoff, ein Wort gab das andere. Und dann hat der Grieme diesem Mario-Barth-Verschnitt mit dem Baseballschläger eins übergebraten. Nachdem der ihm mit der Faust ...

Kowalski kratzt sich hinterm Ohr. Mhm, ist ja schon etwas durcheinander. Aber so genau nimmt es die Polizei bei Säufern ja nie. Das wird schon hinhauen.

Kowalski wirft einen Blick auf seine Armbanduhr. Gleich viertel nach acht. Das passt wie die Faust aufs Auge. Da sitzen alle vorm Fernseher und glotzen Tatort. Mit ein bisschen Glück dauert es keine fünf Minuten, bis er die Leichen aus seiner in Griemes Küche verfrachtet hat. Vom Baseballschläger muss er seine Fingerabdrücke noch abwischen. Das darf er auf keinen Fall vergessen.

Kowalski huscht über den Flur zurück. Die Tür zu seiner Wohnung ist angelehnt. Hat er sie vorhin nicht zugemacht? Kowalski fährt der Schreck in die Magengrube. Das hätte aber böse in die Hose gehen können. Er drückt die Tür auf und bleibt wie festgenagelt stehen. Wie stinkt es denn hier? Kowalski hebt die Nase in die Luft und schnüffelt. Es riecht nach – ihm wird siedend heiß – Haarspray.

Und da hört er auch schon die Stimme aus dem Wohnzimmer. Hell und schrill vor Aufregung. »Hallo ... Polizei ... schnell ... zwei tote Männer ... kommen Sie.«

Kowalski spurtet los, die Plane vor ihm auf den Boden übersieht er. Sein linker Fuß verfängt sich einer Falte des Plastiks. Er verliert das Gleichgewicht und knallt mit dem Gesicht auf den Boden. Sein Nasenbein bricht mit einem lauten Knacken. Sekunden später überrollt ihn der Schmerz. Er spürt, wie tief in seinem Kopf etwas bricht, etwas Lebenswichtiges, und er ahnt: Jetzt hamse mir wohl die Lampe ausgeknipst.

Wie aus weiter Ferne dringt die sich überschlagende Stimme von Frau Barginski an sein Ohr: »Was heißt hier: Immer mit der Ruhe? Junger Mann, in meiner Wohnung liegen zwei tote Männer. Wie kann ich da ruhig bleiben?«

Es ist doch meine Wohnung, will Kowalski protestieren, aber kein Laut kommt mehr über seine Lippen.

Die ist gestern gestorben
VON SIMONE TRIEDER

»Das ist doch nicht das erste Mal, dass wir mit einer Versenkung arbeiten.« Der Theaterdirektor wirkte mehr verärgert als betroffen. Vor einer Stunde war die Souffleuse tot in der Unterbühne hängend aufgefunden worden.

»Können Sie mir sagen«, fragte Kommissarin Mosine Klipp, »wozu eine solche Versenkung gut ist?«

»Das ist eine technische Vorrichtung im Bühnenboden, womit ein Teil des Bodens entweder meterhoch heraufgehoben oder hinuntergelassen werden kann. Wir hatten schon einen Fall, da ist der Regisseur selbst hineingefallen. Den haben aber Techniker, die grade unten standen, aufgefangen. Achtung, haben die gesagt, der X kommt – sie kannten ihn schon, das war ein verrückter Hund –, dann haben sie die Arme ausgebreitet und ihn einfach aufgefangen. Eine Regisseurin ist sogar rückwärts von der Bühne gefallen und hat sich ein Bein gebrochen, wir mussten die Premiere verschieben. Aber Tote hatten wir noch nie.« Der Theaterdirektor war sichtlich in Verlegenheit.

In ihren Stücken gibt's doch auch andauernd Leichen, dachte Kommissarin Klipp böse, aber wenn die Realität sie einholt, zucken sie die Schultern. Er hatte noch nicht mal sein Bedauern ausgedrückt. Als hätte er ihre Gedanken erraten, sagte er nun: »Die arme Ilona.«

Sie saßen im Arbeitszimmer des Direktors, der Blick aus dem Fenster ging ins Grüne.

»Erzählen Sie mir von ihr«, hakte die Kommissarin nach.

»Ilona Schulz, ist, Entschuldigung, war 26 Jahre alt. Sie hat Germanistik studiert, ihr Studium aber nicht beendet. Sie ist seit zwei Jahren bei uns Souffleuse, sie arbeitete zuverlässig. Tja, was soll man noch sagen – ein ruhiges Mädchen.«

»Hatte sie einen Freund?«

Der Mann wusste nicht viel. »Ich glaub eher nicht, sie wirkte so'n bisschen wie ein Mauerblümchen.«

Die Kommissarin erbat sich ein Zimmer, in dem sie Zeugen befragen konnte. Man wies ihr das sogenannte Konversationszimmer zu, eine bessere Raucherinsel. Während sie sich dem künstlerischen Personal widmete, forschte ihr Kollege Matthias Walter im technischen Bereich des Theaters.

Danach warteten sie gemeinsam auf das Ergebnis der Spurensicherung.

»Mann, stinkt's hier«, stöhnte Walter.

»Wo gehobelt wird, da fallen Späne«, antwortete Mosine Klipp. »Jetzt möchten Sie wissen, was gehobelt wurde. Es lässt sich auf einen Satz reduzieren: Wer guckt schon nach einer Souffleuse? Die Probe dauerte bereits eine Stunde, da wurde sie erst vermisst. Sie war nicht auf ihrem Platz. Man suchte sie. Und fand sie da unten. Kommen Sie, wir gehen raus.«

Die frische Luft tat gut. Das Theater war von einem Park umgeben. Die Sonne blinzelte durch das Blätterdach und Mosine Klipp sah, dass es ihrem Kollegen besser ging. »Und Sie? Was haben Sie herausgefunden?«

Walter hatte weiter drin im Theaterbauch bei den technischen Mitarbeitern geforscht. »Die Versenkung war wie immer mit Absperrband kenntlich gemacht«, erklärte Walter. »Der Weg zu ihrem Platz geht nicht an der Versenkung vorbei. Theoretisch kann ein Unfall ausgeschlossen werden.«

»Deorettisch«, wiederholte Kommissarin Klipp spöttisch im Dialekt der Gegend. Polizeiinspektor Walter hatte sich unlängst in den Osten versetzen lassen. Und er fand die Idee, in die Stadt zu gehen, die eine Zeit lang Karl-Marx-Stadt geheißen hatte, sehr reizvoll, fast witzig. Matthias Walter war jung und anpassungsfähig, nur an eines konnte er sich einfach nicht gewöhnen, an das Sächsische. Seine Kollegin sprach normalerweise eine Art Ost-Hochdeutsch, besaß aber die Angewohnheit, in bestimmten Situationen – wenn sie mit Ur-Chemnitzern sprach beispielsweise oder um etwas zu persiflieren – in dieses schiefmäulige Sächsisch zu verfallen. »Deorettisch.«

Am Bühneneingang des Theaters sahen sie die Leute von der Spurensicherung winken. Sie waren zu einem ersten Ergebnis gekommen. Und das erst rechtfertigte ihr Hiersein als Mitarbeiter der Mordkommission.

»Selbstmord kann ausgeschlossen werden. Entweder ein Unfall, oder es hat sie jemand in den Graben gestoßen. Ihr Seidenschal wurde ihr zum Verhängnis. Er ist an einer Versatzklappe hängengeblieben und hat sie stranguliert.«

Die andere Welt

Es waren genau 25 Minuten zu Fuß von ihrer Wohnung auf dem Kaßberg bis zum Theater. So lange hatte Mosine Klipp am Mittag gebraucht. Zwar musste sie wieder Walters traurigen Hundeblick ertragen, er hätte sie so gern mit seinem neuen Cabriolet durch die Stadt chauffiert. Doch es war nicht mal seine Gegenwart, die sie beim Nachdenken störte. Nein, sie brauchte die Bewegung, um das Wirrwarr in ihrem Kopf durchsieben zu können. Auch jetzt am frühen Abend ging sie mit schnellen Schritten unter den Kastanien entlang.

Oberhalb der Schleife, mit der die Kaßbergstraße die Markthallen umarmte, blieb sie stehen: Der gelbe Seidenschal und Beziehungen der Souffleuse im Ensemble – das waren die beiden Punkte, die sie im Auge behalten musste. Wenn man in den ersten Einzelheiten steckte, verlor man schnell den Überblick.

Im Park am Theater kam ihr Walter mit Neuigkeiten entgegen: Die Tote war nicht schwanger gewesen und hatte auch keine Medikamente genommen.

»Komische Zusammenstellung von Nichtvorhandenem«, antwortete die Kommissarin. »Kümmern wir uns um das Vorhandene.«

Walter verschwand in einem Gang, sein Gebiet war auch heute Abend wieder die Technik.

Mosine Klipp folgte der Einladung des Regisseurs in die Probe.

Hajo Blatzeck entschuldigte sich, dass weiterprobiert wurde, als sei nichts geschehen: »Es ist bald Premiere und eine Souffleuse ist leichter ersetzt als ein Hauptdarsteller.«

Auf der Bühne war eine Art Café zu sehen: Eine Frau in einem eleganten Morgenrock und ein Mann in Arbeitskluft standen da und warteten. Ihre Gesichter waren noch privat und passten nicht zu den Kostümen.

»Deswegen probe ich nur mit Frau Bernstein und Herrn Ponto. Die beiden Hauptpersonen Pierre und Eve begegnen sich im Totenreich. Sie stellen dort fest, dass sie sich lieben. Aber sie sind körperlos.«

Mosine Klipp saß im Zuschauerraum in derselben Reihe wie Blatzeck, drei Sitze hatte er zwischen sich und ihr freigelassen. Er war Mitte Dreißig wie sie, schlank und wirkte nervös. Auf seiner Stirn hatten sich etliche waagerechte Falten gebildet, als er ihr das Stück erklärte. Nun wandte er sich der Bühne zu. »Wir beginnen mit dem Tanz.«

Der Schauspieler legte die Hände auf die Taille seiner Partnerin und ohne Musik bewegten sich die beiden mit kleinen Schritten. Die Kommissarin war fasziniert von der Veränderung in den Gesichtern der beiden. Sahen sie vorher noch mürrisch oder müde aus, schienen sie jetzt auf eine Musik zu hören, die nur sie selbst vernahmen.

Da unterbrach der Schauspieler brutal die Situation. »Ist doch alles nur Theater. Ich habe Ihre Taille nicht einmal berührt.«

Die Sätze schienen zum Stück zu gehören, denn Blatzeck rief: »Zarter, Nico, zarter, das ist eine der wenigen Liebesszenen.«

Nico blieb unzufrieden stehen. »Wieso, der ist doch völlig sauer. Ich habe Ihre Taille nicht einmal berührt. Das heißt doch auf deutsch, er kann sie nicht bumsen.«

»Nein, Nico!« Blatzeck sprang auf und ging auf die Kommissarin zu. »Die Figur ist sensibler. Darf ich mal?«, fragte er Mosine Klipp, nahm ihre Hand und zog sie hoch. »Pierre ist wie sein Autor Philosoph, er weiß von der Unabänderlichkeit seiner Situation.« Der Regisseur umfasste die Kommissarin ganz zart, er berührte sie kaum. »Es ist eine tiefe Traurigkeit.«

Mosine suchte seinen Blick, aber Blatzek schaute ins Dunkel des Zuschauerraums.

»Es ist doch alles nur Theater. Ich habe Ihre Taille nicht einmal berührt.«

Mosine Klipp war keine eifrige Theatergängerin, sie ging hin und wieder mit Freunden mit, um einen geselligen Abend zu verbringen. Doch was eben mit ihr geschehen war, hatte nichts mit dem zu tun, was sie bisher auf der Bühne gesehen hatte. Es war, als würden die beiden Welten, die wirkliche und die ausgedachte, sich gegenseitig durchdringen. Und ihr war, als begriffe sie den Schmerz des Pierre besser als der Schauspieler Nico, der schon wieder diskutierte.

»Es kotzt mich an, dass ich ständig gegen mein Naturell spielen muss.« Er nahm das Gesicht der Schauspielerin in seine Hände und flüsterte: »Ich möchte so gern Ihren Atem spüren.«

»Ja, gut so Nico«, murmelte Blatzeck.

Die Schauspielerin hatte wieder diesen konzentrierten Blick und sprach: »Ich gäbe meine Seele dafür hin, einen Augenblick lang wieder zu leben.« Dann löste sie sich abrupt von Nico und schüttelte den Kopf. »Nee, Kinders entschuldigt, ich muss dauernd an die Kleine da unten denken.«

Blatzek sah das ein. Er nahm sein Buch und rief auf die Bühne hinauf: »Ich muss mich entschuldigen, dass ich euch an einem solchen Tag …« Er brach ab und wandte sich der Kommissarin zu. »Wen wollen Sie eigentlich sprechen?«

»Sie«, gab sie zur Antwort.

»Bitte.« Er setzte sich ein paar Sitze weiter.

Sie musste sich darauf konzentrieren, nach dem Theaterstück zu dem Fall zurückzukehren. »Die Untersuchung der Toten hat bisher keine neuen Erkenntnisse ergeben. Kein Gift oder ähnliche Einwirkungen. Das Urteil des Sachverständigen lautet: Unfall oder Mord.«

Sein Mund verhärtete sich bei ihren letzten Worten. »Unmöglich, wer sollte so etwas tun?«

Mosine Klipp holte tief Luft. »Das wollte ich Sie fragen.«

Blatzeck wirkte ungehalten. »Niemand.«

So richtig haben die noch nicht begriffen, um was es hier geht, dachte die Kommissarin. »Erzählen Sie, wer war Ilona Schulz?«

»Eine Souffleuse. Eine gute Souffleuse. Und das Besondere an einer guten Souffleuse ist, dass man aus ihrem Mund zur rechten Zeit den rechten Text hört. Nix weiter.« Seine Falten auf der Stirn hatten sich vermehrt.

»Die Schlinge, die ihr das Genick gebrochen hat, war ein Seidenschal, ein gelber. Kennen Sie den?«

Blatzeck nickte. »Jetzt wollen Sie wissen, wo sie den her hatte. Von mir. Aber das hat keine Bedeutung für Ihre Ermittlungen. Es war ein Wichtelgeschenk. Und beim Wichtelgeschenk weiß der Schenker, wer es bekommt, aber der Beschenkte nicht, von wem es kommt.«

Mosine lächelte. »Aber wenn man will, kann man es rauskriegen.«

Blatzeck blieb faltenreich: »Wozu?«

Schwul ist er jedenfalls nicht, das spürte Mosine Klipp so sehr, dass es ihre Arbeit behinderte. »Eine letzte Frage, vorläufig. Die Versenkung, was stellt die im Stück dar?«

Der Regisseur nahm die Hände vor den Mund und schüttelte den Kopf. »Mein Gott, wissen Sie, was das ist? Die Tür vom Reich der Toten zum Reich der Lebenden. Die ist gestern gestorben.«

»Was?«, fragte die Kommissarin.

»Pardon, ich habe die Versenkung gestern gestrichen, weil ich sie nicht mehr brauche. Die Anweisung war offensichtlich noch nicht bis zur Technik vorgedrungen.«

»Oder jemand brauchte die Versenkung heute noch«, stellte Mosine Klipp fest. »Hatte sie einen Freund?«

»So was weiß ich nicht«, antwortete er.

»So was ist gut, was heißt – so was? Klatsch?«

Er nickte ihr zu und verschwand treppauf.

Mosine Klipp verließ den Saal und wartete am Bühnenausgang auf ihren Kollegen. Eine Pinnwand erregte ihr Interesse. Da hing ein Speiseplan. Mittwoch, also morgen, sollte es Hühnerfrikassee geben. »Geplatztes Huhn«, hatte ein Scherzkeks danebengekritzelt.

Ein weiterer Zettel besagte, welcher Schauspieler in welchem Stück welche Rolle spielte. »Das Spiel ist aus« hieß das Stück, aus dem sie eben die Szene gesehen hatte. Nach einem Roman von Jean Paul Sartre. Pierre – Nico Ponto und Eve – Susanne Bernstein. Regie – Hajo Blatzeck. Hajo also. Sie war froh, Matthias Walter zu sehen.

»Gehen wir«, rief er fröhlich.

»Bis zu der Bank«, stoppte sie seinen Drang in Richtung Cabriolet. »Die Versenkung, in der Ilona Schulz starb, gibt es eigentlich seit gestern nicht mehr. Das hat mir Blatzeck eben erzählt. Ist es Schlamperei oder hat der Mörder bewusst dafür gesorgt, dass die Versenkung auch heute unten war, weil er sie für seinen Plan benötigte? Finden Sie es heraus!«

Walter hatte erfahren, dass einer der »Kulissenschieber« ein Techtelmechtel mit der Toten gehabt haben soll. »Sein Spitzname ist Auster, weil er gern Paul Auster liest. Kennen Sie den?«

In diesem Moment kam Nico Ponto vorbei. Obwohl es nicht mehr heiß war, trug er ein T-Shirt mit kurzen Ärmeln, die den

Blick auf muskulöse, gebräunte Oberarme lenkten. Er grüßte: »Na, Feierabend?«

Mosine Klipp überlegte, ob sie sich diesen Menschen heute Abend noch antun wollte. »Jein, so richtig Feierabend wird erst sein, wenn wir den Fall aufgeklärt haben.«

Er war neugierig geworden und lud sie zu einem Bier ein.

»Wenn, dann ein Glas Wein. Ich muss aber meinen Kollegen mitnehmen, ich bin auf ihn angewiesen.«

Matthias Walter war glücklich. Endlich kam sein Cabriolet ins Spiel. »Wo geht's denn hin?«, fragte Walter.

»In die ›Puppenstube‹«, rief Nico.

Wahrnehmungsstörungen

Ponto hob sein Glas und ließ es an das der Kommissarin klirren.

»Kannten Sie die Souffleuse näher?«, fasste sie die Gelegenheit beim Schopfe.

Er beugte sich zu ihr hinüber: »Ich dachte, wir reden jetzt über Sie. Und es stellt sich heraus, Sie sind immer noch im Dienst. Ich hab mit ihr geschlafen. Das interessiert Sie doch am meisten.« Seine direkte Art war fürchterlich. In Mosine Klipp regte sich unsinnigerweise die Angst, ihn zu langweilen. Ihr war, als gleite sie in irgendetwas Unübersichtliches. Sie stellte das Weinglas beiseite. Wie anders war doch der Regisseur mit seinen Falten. Die beiden konnten sich doch gar nicht verstehen. »Und Hajo Blatzeck?«, fragte sie und bereute es sofort.

»Das müssen Sie ihn schon selbst fragen.«

Sie unterbrach ihn: »Ich meine Sie, verstehen Sie sich?«

»Er ist mein Freund und manchmal auch mein Feind.« Ponto lachte selbstgefällig.

Ein Mann wie er braucht Feinde für sein Selbstbewusstsein, dachte Mosine Klipp. »Wann manchmal?«, hakte die Kommissarin nach.

»Wenn er wie eben gegen mein Naturell arbeitet: Ich habe Ihre Taille nicht einmal berührt.« Er sprach den Satz zu ihr nieder, als mache er ihr einen Antrag.

Der Mann ist gefährlich, dachte Mosine Klipp. Ihn jetzt nach seinem Naturell zu fragen, ist völlig überflüssig. Sie fragte sich nur, war das alles echt? Vielleicht spielte ihr die Fantasie einen Streich und es war alles gar nicht so, wie sie es fühlte. Ich bin einfach nur versaut. Durch Einsamkeit versaut. Sie sah sich nach Walter um und dachte gerührt, wie schön harmlos er doch ist.

Matthias Walter hatte Auster in der »Puppenstube« gefunden.

»Wir sind sehr geschockt, was da passiert ist«, sagte der Techniker, offensichtlich im Namen der ganzen Tischrunde. »Wir können uns weder Selbstmord noch einen Mord vorstellen.«

Was mit der Versenkung war, wieso sie heute unten war, wollte Walter wissen.

Die Tischrunde wunderte sich über die Frage. Die gehörte doch zur Bühneneinrichtung dieses Stückes.

»Wer gibt die Anweisungen des Regisseurs an die Technik weiter«, wollte Walter wissen.

»Der Assistent«, wurde ihm gesagt.

Walter bat Auster um ein Gespräch zu zweit. Sie setzten sich an einen Nebentisch. Der Techniker war Ende 20, er trug ein schwarzes, verwaschenes Turnhemd, offensichtlich noch aus DDR-Zeiten. Sein Sächsisch war tief eingewachsen. Er sei, wie er dem Wessi Walter gegenüber betonte, in Garl-Marks-Schdad geboren, darauf müsse er bestehen. Der Inspektor fragte Auster vorsichtig nach dem Techtelmechtel-Gerücht.

»Ich hatte mit ihr eine hübsche Geschichte«, sagte Auster lässig. »Das ist allerdings schon eine ganze Weile her.«

Walter wartete auf mehr, aber Auster schwieg.

»Da gibt's nicht viel zu erzählen«, wehrte er die Nachfrage ab. »Wir sahen uns abends nach der Arbeit. Und dann gingen wir zu mir, einzeln nacheinander.«

»Wieso gingen Sie nicht zusammen?«, fragte Walter.

Auster zuckte die Schultern. »Ilona wollte es nicht. Keiner muss was wissen, hat sie gesagt.«

Auster wurde maulfaul. Steineschneiden für den Inspektor.

Wie es angefangen hatte, wusste der Techniker angeblich nicht mehr. »Wir haben uns einfach angeguckt und es hörte auf, weil sie in Wirklichkeit eine Schrankwand liebte, eines Tags war die frei geworden und dann war Schluss.«

Walter konnte seine Verwunderung nicht verbergen: »*Die* war freigeworden. Die? Eine Frau?«

Auster lachte heftig. »Ja, eine Frau, eine Schrankwand von einer Frau.«

Im Kopf des Inspektors gingen mehrere Lämpchen an. Von der Anweisung des Regisseurs, heute die Versenkung nicht hinunterzufahren, hatte der Techniker nichts gewusst.

Nein, sie brauchte Nico Ponto nicht nach seinem Naturell zu fragen. Er stellte es überdeutlich zur Schau. Mosine Klipp nickte Walter zu, der aufgestanden war. Da flüsterte es plötzlich an ihrem Ohr: »Ich würd' dich gerne küssen.«

Der Muskelprotz! Die Kommissarin stellte sich für eine Sekunde tot. Dann reichte sie ihm die Hand: »Danke, es reicht für heute.« In ihr schäumte es. So eine Unverschämtheit, so ein Schwätzer, so ein Angeber. Nein.

»Darf ich Sie nach Hause fahren?«

Der Nächste, bitte. »Nein«, rief sie viel zu laut ihrem Kollegen zu. »Ich laufe, ich muss laufen, außerdem wohne ich nicht weit.«

Walter wollte nicht nur Cabriolet fahren, er wollte etwas loswerden. An der Tür nahm er sie beiseite. »Eine Neuigkeit!«

»Schieß los, vielleicht lenkt mich das ab«, duzte sie ihn ohne Voranmeldung. Er hatte also im Gegensatz zu ihr ein erfolgreiches Gespräch gehabt. In Gesprächspsychologie sind uns die Westler sowieso überlegen, dachte die Kommissarin. Er platzte ja fast …

»Unser Mauerblümchen war lesbisch.«

Sie dachte an den Muskelprotz: »Oder beides, ein bisschen bi schadet nie.«

Muskeln und Falten

Nachts wachte Mosine Klipp auf. Plötzlich war sie von zwei Sehnsüchten angefallen worden: Von der Muskelsehnsucht und von der nach dem Blick. Sie ging barfuß über das knarrende Parkett. Ein bisschen schämte sie sich für die Primitivität ihre Gefühle. Das hätte sie nicht von sich gedacht, dass sie sich von einfachen Muskeln beeindrucken ließ. Mitten in der Arbeit. Warum sollte man nicht sagen, ich will dich küssen, warum nicht so direkt? War es das, was Ilona Schulz auch beeindruckt hatte? Oder hatte er ihr nur einen Knochen hingeworfen, der sich bei näherem Hinsehen als nicht echt entpuppte?

Die andere Sehnsucht war komplizierter. Dieser Hajo Blatzeck hatte sie nicht angesehen, als er mit ihr den Tanz im Café vorgeführt hatte. Sie hatte seinen Blick gesucht, aber der war ins Dunkle des Zuschauerraums gegangen. Sie spürte die ganze Zeit den Drang, ihm in die Augen zu sehen. Diesem Menschen mit den Falten auf der Stirn. Sie sah vom Balkon hinunter auf das Grün der Kastanienbäume. In der Ferne blinkten Lichter.

»Mosine«, sprach sie zu sich selbst in strengem Ton. »Schmeiß jetzt die Kerle raus und konzentrier dich auf das arme Mädchen!« Und sie sperrte den Muskelprotz und die Faltenstirn auf dem Balkon aus und schloss die Tür.

Im Bücherschrank suchte sie nach dem gelben Fremdwörterbuch. Unter Souffleuse fand sie folgendes: »Einhelferin der Schauspieler und Sänger.« Einhelferin, was sollte man sich darunter vorstellen? Was hatte Falte gesagt? Komm mal kurz rein, du. Du bleibst draußen, Muskel

Platz! Schieß los, Falte, was hast du heute über Ilona Schulz gesagt? Das Besondere an einer guten Souffleuse ist, dass man aus ihrem Mund zur rechten Zeit den rechten Text hört, nix weiter.

Natürlich! Die Schauspieler sprechen Text. Auswendig. Und wenn sie vor lauter Spielen den Text vergessen, dann hilft die Souffleuse – ein, meinetwegen. Und sie hatte ein Buch, in dem sie den Text verfolgte. Danke, Falte. Schaust du mich an? Nein, dann geh wieder auf den Balkon. Weg Muskel, du nicht, bleib draußen!

Wo war das Textbuch der Souffleuse? Vielleicht konnte man daraus auf Privates schließen?

Gefühl ist gut, Verstand aber auch

Die neue Souffleuse war da, ebenfalls eine junge Frau. Sie war eigentlich in einem anderen Stück beschäftigt, aber nun musste sie das »Spiel«, wie das Stück unter den Theaterleuten hieß, übernehmen. Mosine Klipp stellte sich vor.

Die Souffleuse erschrak: »Denken Sie, ich habe damit etwas zu tun?«

»Eigentlich nicht, es sei denn, Sie haben Ihre Kollegin umgebracht, um ihren Job zu bekommen. Nein, ich interessiere mich für das Textbuch, das Sie unter dem Arm haben.«

»Man kann Ihnen bestimmt noch eins besorgen«, sagte sie.

Mosine Klipp erklärte ihr, dass sie das Buch brauche, das Ilona Schulz zuletzt benutzt hatte. »Deshalb bitte ich Sie, nichts mehr zu ändern. Haben Sie noch einen Moment Zeit?«

Die Souffleuse hatte noch zehn Minuten bis zum Probenbeginn. Mit einem Kaffee aus der Kantine setzten sie sich in den Hof. »Was geht in Ihnen vor?«, fragte die Kommissarin.

Die junge Frau sah ihr in die Augen und nickte. »Das ist eine gute Frage. Da kommt so viel zusammen. Am schwersten ist zu begreifen, dass geprobt wird, als wäre nix passiert. Und das Stück spielt ja im Totenreich. Das müssen Sie sich mal vorstellen, da laufen die Toten unsichtbar zwischen den Lebenden rum. Wissen Sie, was das heißt? Ich sehe Ilona dauernd neben mir.«

Jetzt wird es kriminell, dachte die Kommissarin. »Neben wem sehen Sie Ilona, rein beziehungsmäßig, zu wem schaut sie?«

»Zu Blatzeck, glaube ich. Zu mir hat sie mal gesagt, der hat so einen abwesenden Blick, das fand sie interessant.«

Das kam der Kommissarin bekannt vor. Sollte das Mädchen zwischen den beiden Männern gestanden haben, zwischen Falte und Muskel? In Mosine Klipp kribbelte es, da bahnte sich etwas an. »War sie lesbisch?«

Die Souffleuse war entrüstet. »Quatsch, wer erzählt denn so etwas?«

Nun betrat Muskelprotz Ponto den Hof. Mosine Klipp hatte keine Lust, ihm zu begegnen. Doch er kam direkt auf sie zu und nahm sie am Arm: »Ich muss Ihnen etwas Wichtiges sagen. Kann sein, Sie verhaften mich dann. Ich war schuld, dass die Versenkung gestern noch unten war. Ich habe den Assistenten gebeten, der Technik erst einen Tag später Bescheid zu geben.«

Darauf war die Kommissarin nicht gefasst, das kam ja einem Geständnis gleich. »Warum?«

Der Schauspieler sah hilflos aus, nichts von seinem gestrigen Naturell war zu erkennen. »Ich wollte mit der Versenkung etwas ausprobieren und es Hajo zeigen, aber dann kam es nicht mehr dazu.«

Mosine Klipp bat den Schauspieler, sich nach der Probe bereitzuhalten und ihr gegebenenfalls aufs Präsidium zu folgen.

Sie setzte sich noch mal in die Probe. Diesmal mied sie die Nähe des Regisseurs, um die Kontrolle über sich zu behalten, und wählte die letzte Reihe. Ihr war, als gingen unsichtbare Fäden von der Bühne in den Zuschauerraum und zurück auf die Bühne und in die Seiten und hinunter und hinauf in das

Reich der Technik, wo auch Matthias Walter weiter ermittelte. Sie spürte, diesen Fäden musste sie folgen.

In der Pause bat sie Blatzeck, den Platz der Souffleuse einnehmen zu können. Da saß sie nun auf dem Feuerwehrsitz neben dem Bühnenportal, wo der Eiserne Vorhang den Bühnenraum aus Brandschutzgründen vom Zuschauerraum trennt. Auf dem Schoß hielt sie das Textbuch von Ilona Schulz und schaute durch einen Schlitz wie durch einen Briefkasten auf die Bühne. Dann betrachtete sie die Versenkung, die nun hochgefahren war. Langsam ging sie durch den Raum und lauschte auf ihre Schritte. Plötzlich krachte eine Eisentür, die Kommissarin schreckte zusammen. Kam da jemand? Es waren keine Schritte zu hören. Da, jetzt glaubte sie hinter dem dicken schwarzen Vorhang, der das Bühnenrund umgab, jemanden atmen zu hören. Blatzeck oder Ponto? Muskel oder Falte? Warum sollte nicht die Souffleuse in den gleichen Konflikt wie sie geraten sein?

»Blatzeck?«, rief Mosine Klipp.

»Ja«, klang es gedämpft durch den Vorhang.

»Was tun Sie, verdammt noch mal?«

Der Regisseur trat auf die Bühne. »Ich denke nach.«

»Tun Sie das öfter, war die Situation gestern genauso? War Ilona Schulz vor Ihnen auf der Bühne?«

Erstaunt antwortete der Regisseur: »Ich wollte Ilona neue Striche mitteilen, wir waren vor der Probe verabredet, aber sie war nicht da.«

Sofort wusste die Kommissarin, was zu tun war. Doch vorher musste Walter her. Sie rief Blatzeck zu: »Rufen Sie in zehn Minuten alle zusammen, lassen Sie die Versenkung herunterfahren. Ich will die Situation nachstellen!«

Mosine Klipp hatte sich in das Textbuch vertieft, als Walter die Bühne betrat. »Haben Sie Blatzeck verhaftet?«, fragte er.

»Wieso?«, fragte Mosine Klipp.

»Na, wenn er sie zur Tatzeit auf die Bühne bestellt hat, ist er doch verdächtig!«

Die Kommissarin wunderte sich. »Hat er Ihnen das erzählt?«

»Nein, ich habe Sie beide durch einen Lautsprecher gehört.« Erst jetzt erfuhr Mosine Klipp von den Lautsprechern, die überall im Hause hingen und über die man das Bühnengeschehen verfolgen konnte. Die Kommissarin verstand gar nichts mehr. »Dann hätten doch alle hören können, was auf der Bühne los war, als die Souffleuse starb.«

»Deorettisch«, versuchte sich Wessi Walter im Sächsischen, es klang noch recht unbeholfen. »Aber die Dinger werden normalerweise in der Pause abgedreht.«

»Walter, walten Sie Ihres Amtes!«, befahl Mosine Klipp. Sie spürte nun, wie gut ein klarer Verstand war.

Hallo, hier spricht ...

Die Kommissarin schickte alle Ankommenden in den Zuschauerraum. Die Schauspieler, die Techniker, die neue Souffleuse, auch den Direktor des Theaters. Sie selbst stand auf der Bühne. »In Ihrem Stück ›Das Spiel ist aus‹ bewegen sich die Toten unsichtbar zwischen den Lebenden. Bedenken Sie dies, wenn wir jetzt gemeinsam die Situation, als Ilona Schulz starb, nachstellen wollen.«

Sie schaute zu Auster. »Die Versenkung ist unten?« Der Techniker nickte. Dann sah sie zur Tonloge hinauf. Hinter einer Glasscheibe erschien das Gesicht von Walter, er hielt den Daumen nach oben.

»Ich werde versuchen, Ihnen zu zeigen, was in Ilona vor der gestrigen Probe vorging. Dazu müssen Sie wissen, dass sie ein intimes Verhältnis zu Ponto hatte.« Sie nickte dem Schauspieler zu, der sah in die Höhe.

Susanne Bernstein kicherte. »Kriminalisten-Kunststück.«

Die Kommissarin ließ sich nicht beirren. »Im Textbuch der Souffleuse ist folgende Textstelle rot unterstrichen: ›Ich habe Sie von ganzem Herzen geliebt.‹ Bezieht sich dieser Satz tatsächlich auf Ponto? Ich habe da meine Zweifel. Dieser Satz klingt doch eher nach unerfüllter Liebe, nach Enttäuschung. War die sexuelle Beziehung unerfüllt?«

Ponto schüttelte selbstgefällig den Kopf.

Die Kommissarin fuhr fort: »Das könnte uns nur Ilona sagen. Sehnte sie sich nach einer Frau, wie es uns Auster weismachen wollte?«

Auster rief: »Der Wessi wusste alles besser, es war doch seine Theorie, dass eine Schrankwand nur eine Frau sein kann. Ich habe ihm nur nicht widersprochen.«

Die meisten im Zuschauerraum lachten. Mosine Klipp nicht. »Ich kann Sie wegen Irreführung belangen, Auster! Aber sehen wir erst mal weiter. Der Text ist auch in der nächsten Zeile unterstrichen, sogar zweimal: ›Was hat das jetzt noch zu bedeuten?‹ Irgendetwas hatte sich verändert. Was? Ihre neue Souffleuse antwortete auf meine Frage, zu wem Ilona jetzt aus dem Totenreich schauen würde – zu Blatzeck.«

Der Regisseur war erschrocken: »Sagen Sie doch gleich, dass Sie mich verdächtigen! Wozu dieses Theater?«

Die Kommissarin bat ihn, zu der Eisentür zu gehen, deren Zuklappen sie vorhin kurz erschreckt hatte. Sie ging zum Platz der Souffleuse. Leise machte sie weiter. »Ilona war von Blatzeck vor der Probe auf die Bühne bestellt worden. Selten waren Regisseur und Souffleuse allein miteinander. Wenn sie Blatzeck unerfüllt liebte, war sie unruhig, ging hin und her. Vielleicht stand sie gerade hier, als Folgendes passierte …« Mosine Klipp blieb an der Versenkung stehen und sah zu Walter in die Tonloge hinauf.

»Und wenn du dich auf den Kopf stellst, ich geh zu ihm zurück, ich war so dumm, ich dachte, du liebst mich. Aber du musst einfach alle haben. Du Held. Doch bevor du zur Nächsten gehst, gehe ich.«

Die für Mosine unbekannte Stimme elektrisierte alle Zuhörer im Zuschauerraum. Es war die Stimme der Souffleuse Ilona Schulz. Während die Kommissarin auf eine Reaktion von Blatzeck wartete, sprang Ponto von seinem Sitz und sah um sich. Mosine Klipp sah erstaunt zu Walter, der in den Zuschauerraum gekommen war und Ponto Handschellen anlegte. Doch sie begriff sofort, und sie ging zu dem verwirrten Regisseur. »Ich habe mich geirrt. Es war der Muskelprotz.«

Epilog

»Warum hat Ponto vor der Probe freiwillig von der Versenkung erzählt?«, fragte Matthias Walter seine Kollegin, während sie am Bühneneingang des Theaters auf den Direktor warteten.

»Indem er auf sich aufmerksam machte, wollte er von sich ablenken«, sagte sie. »Ein perfekter Akt von Verdrängung, bei triebhaften Menschen häufig anzutreffen. Zumal es im Affekt passiert ist. Denn als er die Anweisung gab, die Versenkung unten zu lassen, wusste er noch nicht, dass er am nächsten Tag seine ehemalige Geliebte hineinstoßen wird.«

»Das war ihm wohl noch nicht passiert, dass eine Frau ihn verlässt. Das war wohl sonst sein Part.«

Der Theaterdirektor erschien auf der Treppe. Er blieb stehen, als könnte er es noch vermeiden, mit den Kriminalbeamten zu reden. »Es erschüttert mich zutiefst, was in meinem Hause passiert. Wie kamen Sie zu dem Tondokument, wer zeichnet denn so was auf?«, fragte er Walter.

»Ich befürchte, das gehört auch zu den Dingen im Haus, die sich Ihrer Kenntnis entziehen. Als ich in der Tonabteilung routinemäßig und ohne viel Hoffnung nach Bändern fragte, auf denen möglicherweise die Pause aufgezeichnet ist, nannte man mir den Namen eines Kollegen, der Fürze sammelt. Er stellt in der Pause ein Bühnenmikrofon auf Aufnahme, da er die Erfahrung gemacht hatte, dass Bühnenarbeiter, aber auch Mitglieder Ihres künstlerischen Teams, wenn sie sich alleine dünken, auf der Bühne einen Furz lassen. Und die zeichnet der besagte Mann nun auf. Das Band von gestern hatte er sich noch nicht angehört.«

Der Theaterdirektor ließ sich nichts anmerken. Er reichte beiden die Hand. »Da ist Ihre Mission nun erfolgreich beendet. Sie können zufrieden sein. Ich habe jetzt sehr viel zu tun, entschuldigen Sie mich bitte.«

Mosine Klipp und Matthias Walter sahen ihm nach, dann drehten sie sich um und gingen gemeinsam in den Park.

»Haben Sie Auster gesprochen?«, fragte sie.

»Der ist völlig zusammengebrochen.« Der Inspektor holte tief Luft. »Ilona hat ja angedeutet, dass sie zu ihm zurück will, und er hat nie aufgehört, sie zu lieben.«

Mosine war angenehm berührt, wie achtungsvoll Walter von der Liebe des Technikers sprach. Sie zwang sich, das Thema zu wechseln. »Der Direktor ist wahrlich nicht zu beneiden.«

Walter grinste. »Ob der auch manchmal über die Bühne geht?«

Mosine grinste ebenfalls. »Und denkt, er ist ganz allein? Schon möglich.«

»Deorettisch«, versuchte sich Walter erneut im Sächsischen.

Leipziger Markttag

VON HENNER KOTTE

Diese Frau ist nie pünktlich! Elf fünfundvierzig war vereinbart. Dreiviertel zwölf sollte sie hier auf der Bank sitzen. Nein, Ilse sitzt noch nicht auf der Bank. Der schlägt keine Stunde. Mein Gott, jede Sekunde zählt. Gut, stelle ich mich am Wagen für Wurstwaren an. Constanze und die Kinder haben sich wochenends angesagt. Da darf der Kühlschrank nicht leer sein. Enkel erwarten von Oma immer das Beste, und ich bemühe mich, es ihnen zu geben. Auch das ist Abwechslung in einem Alltag, der spannend nicht ist. Und Ilse verpasst den Termin! Ich ärgere mich.

»Vierhundert Aufschnitt. Apfel-Zwiebel-Schmalz …«

Die Bedienung guckt, als würde ich chinesisch sprechen. Ich trommle mit den Fingern aufs Glas über der Auslage. »Apfel-Zwiebel-Schmalz!« Dann verstehe ich mein eigenes Wort nicht.

Martinshörner töten alle Gespräche und jedes Geräusch. Blaulichter umkreisen den Markt. Die Kunden stehen erstarrt. Verkäuferinnen verschwinden in ihrem Kiosk. »Bitte bewahren Sie Ruhe«, tönen die Lautsprecher. »Bitte bewahren Sie Ruhe!« Ich umkrampfe die Tasche. Plötzlich bricht der Krieg aus. Polizisten in Uniform stürmen den Platz und fordern mit Nachdruck, zu gehen. »Bitte verlassen Sie den Markt. Bitte verlassen Sie den Markt! Keine Panik.«

Erste Frauen beginnen zu schreien. Andere rennen ohne Sinn und Verstand. Manche unterbrechen nicht mal den Einkauf. Ich bitte das Mädchen, mir meine Bestellung zusammenzupacken. »Apfel-Zwiebel-Schmalz nicht vergessen!«

Aber die Verkaufskraft ist zu keiner Handlung mehr fähig. Schinkenspeck schmilzt in ihrer Hand. Der Mund steht ihr offen. Der Polizist spricht in hartem Ton.

»Bombendrohung im Alten Rathaus. Wir bitten Sie, den Platz zu verlassen.« Er versucht sogar zu lächeln.

Die Verkäuferin legt in Zeitlupe den Schinkenspeck aus der Hand und wischt sich am Tuch. Dann zieht sie das Rollo vor ihre Theke. Prrrloppp.

Ich stehe davor und habe kein Apfel-Zwiebel-Schmalz kaufen können, und der Polizist führt mich behutsam hinter die rot-weißen Bänder, die lustig im Wind flattern. *Polizei* kann ich lesen. Sie sperren den Markt. Die Blaulichter blinken. Die Lautsprecher tönen: »Bitte bewahren Sie Ruhe.«

Natürlich: Jetzt sitzt Ilse auf der Bank, ein bissel außer Atem. Sie lächelt, hat mir ein Plätzchen neben sich freigehalten und rückt zur Seite. Ich quetsche mich neben sie. Es ist nicht gemütlich, denn Passanten versperren die Sicht. Sie bilden Trauben. Gerüchte werden geflüstert. Terroristen haben den Anschlag geplant und wollten das Museum sprengen. Mitten in der Stadt, das bringt Schlagzeilen und viele Tote.

Eine Mutter weint und schreit: »Mein Kind, oh, mein Kind!« Trotz oder wegen ihrer Panik halten sie die Polizisten zurück. »Bitte bewahren Sie Ruhe.«

Alkaida, Stasi und Wahnsinn machen die Runde. Ernste Gesichter nicken. Den Platz verlassen tut keiner, nur hinter die Absperrung tritt man zurück.

»Ich bleibe«, sagt Ilse, »auch wenn ich nichts sehe.«

Ich steige auf meinen Sitzplatz und bekomme Übersicht von der Lage. Die Uniformierten handeln ihren Befehlen gemäß. Es scheint Routine. An den Verkaufsbuden steht kein Mensch, alle hat man aus dem Gefahrenbereich getrieben. Ein Krankenwagen öffnet sein Heck, und Sanitäter heben die Trage. Wahrscheinlich hat ein altes Herz diesen Stress nicht verkraftet. »Bitte bewahren Sie Ruhe!«

»Da sind wir noch jung«, sag ich zu Ilse, als ich ihr davon erzähle.

Sie lächelt und legt ihr Täschchen beiseite.

Ich bitte einen jungen Mann, Ilse seine Hand zu reichen, damit sie neben mir auf der Bank stehen kann. Er hilft galant und hat einen Scherz auf den Lippen. Sie scheint geneigt, sich von ihm forttragen zu lassen.

Da stürmt ein neuer Trupp Polizei durch die Menge. Hunde schnüffeln an Schenkeln und Türen. Menschen erschrecken, rennen und fallen. Es gibt laute Worte. Panik verbreitet sich in Wellen. Bei solchem Aufwand kann es sich nur um Ernstes handeln. Die Bomben sind keine leere Drohung. Es heißt, sie haben verdächtige Personen verhaftet. Und wirklich rennt ein Mann über den Markt. Polizisten hinter ihm her. Hunde bellen. »Bitte bewahren Sie Ruhe.«

Die Menge teilt sich. Ilse krallt sich auf der Bank in meinen Arm. Wir erleben das Chaos hautnah. Nicht nur ein Mann läuft an uns vorbei. Nicht nur ein Bulle hetzt ihm hinterher. Kein Film mit Bruce Willis kann mehr Action zeigen. Kameras fehlen auch hier nicht. Journalisten halten ihre Mikros vor entsetzte Gesichter.

»Mein Gott!«, sagt Ilse.

»War beim Angriff weniger Stress«, sage ich.

Ilse drückt meine Hand. Ich lächle ihr zu. Die Polizei bittet lautstark, den Platz endgültig zu räumen. »Bitte gehen Sie weiter. Gehen Sie weiter, es gibt nichts zu sehen.«

Aber es dauert, ehe sich die Menge zerstreut. Ilse und ich nehmen auf der Bank wieder Platz. Ich stelle mich an der Frittenbude nach Bratwürsten an. Die Aufregung hat sich gelegt. Bei Burger-King hecheln die Hunde zum zigsten Male nach Sprengstoff, den sie nicht finden.

»Zweimal mit Senf.«

Wir Alten mögen weder Mayonnaise noch Ketchup. Der schwarzhaarige Buffettier lächelt und reicht mir die Würstchen.

Dieser Imbiss macht gerade den größten Umsatz seit seiner Errichtung. Ich habe solch einen Hunger, dass ich sofort in die Wurst beißen muss. Sie schmeckt lasch, Industrieware und nicht vom Meister privat. Ich denke daran, dass ich für die Kinder noch einkaufen muss. Die vierhundert Gramm Aufschnitt konnte mir die junge Frau nicht mehr packen.

»Alarm«, schrien Polizisten. »Bitte bewahren Sie Ruhe!«

Ilse nimmt mir die Bratwurst ab. »Danke. Es wird mir schwerfallen, diese Action noch steigern zu können. Herrlich, wie du das gemacht hast.«

»Mit Fantasie schafft man alles.«

Es ist ein Wettkampf. Ich habe bereits eine neue Idee, mit der ich Ilse beeindrucken kann. Auf der Kleinmesse geraten die Menschen noch schneller in Stress als beim Einkauf im Stadtzentrum. Dort sind Nudeltopf, Achterbahn und Autoscooter besetzt. Bei der Recherche muss ich nur nach Telefonzelle und Sitzbank sehen. Denn Sitzgelegenheiten müssen sein, Ilse und ich wollen die Hektik in Ruhe genießen. Die Nachmittage im Altenheim können uns so etwas nicht bieten. Den nächsten Alarm wird sie geben. Ich bin gespannt.

»Geil«, sagt die Ilse.

»Gehen wir«, sage ich, »sie bauen schon ab.«

Alle Ossis sächseln

VON DORLE GELBHAAR

Friedhelm Rauchbär marschierte energisch am herbstlichen Strand entlang. Seine Füße hinterließen deutliche Abdrücke im nassen Sand, die von den Wellen getilgt wurden. Er hatte dienstfrei. Doch er konnte nicht einfach abschalten und den Anblick des Meeres genießen. 47 Jahre alt war er am Tag zuvor geworden. Sein Schädel brummte noch infolge des vorabendlichen Gelages. Eigentlich mochte er Geburtstagsfeiern nicht. Es war eine Ausnahme. Eine Ausnahme, die zu denken gab. Seit gestern Abend hatten sich in seinem Brummschädel ein paar Wortfetzen festgemacht, die nicht einmal die Ostsee wegspülen konnte.

»Polizisten haben einen Touristen in Thüringen im Hotel erschossen. Für den Mörder gehalten. Durch die Hoteltür durch. Verdammichnochmal. Wo sind wir denn? In Wild-West? Panik. Schwerstverbrecher. Ausgebrochen in Tegel. Auf der Flucht. Vergewaltigt und gemordet. Gewürgt. Einen mit dem Spaten erschlagen. Polizisten mit geklautem Auto umgefahren. Soll ausgesehen haben wie der Milz, dieser Tourist in Thüringen. Wie Kevin Milz, der Schwerstverbrecher, der brutale Serientäter. Hat nicht reagiert, als er öffnen sollte, der Tourist. Auf Ansprache hin herumgewirtschaftet, als ob er gleich eine Gewehrsalve durch die Tür hindurchbrettern wollte. Trotzdem. Einfach erschießen? Durch die Tür?«

Rauchbär sog die salzige Luft der See in tiefen Zügen ein. Thüringen war weit weg. Auch wenn einige Spökenkieker gemeint hatten, den steckbrieflich gesuchten Schwerstverbrecher Kevin Milz hier in der Nähe gesehen zu haben. Von der SoKo Milz waren welche im nahe gelegenen Wismar aufgetaucht.

Rauchbär verhielt den Schritt, um dem Spiel der Wellen zuzuschauen. Adria, Atlantik, Pazifik, ach was. Ostsee. Das war es. Ein Thüringer Wald kam da überhaupt nicht gegen an. Auch keine Thüringer Bratwurst von dioxingefüttertem Schwein. In frischem Hering war höchstens ein bisschen Quecksilberverseuchung. Rauchbär grinste und schmeckte gleich Bratkartoffeln mit grünen Heringen ...

»Dienstfrei« statt »Urlaub«. Irgendwie musste der Dienst bei ihm immer dabei sein. Er war nun einmal gern auf Streife. Sein Gang hatte auch jetzt etwas Polizeiliches an sich.

Gerade hatte er die Grenze zum inoffiziellen FKK überschritten. Er hatte es erst gar nicht bemerkt, weil es so kalt und regnerisch war und sich außer ihm weit und breit niemand hier aufzuhalten schien. Doch plötzlich gerieten seine energischen Schritte aus dem Takt.

Unübersehbar aalte sich direkt vor ihm eine Nackte im nassen Ostseesand. Sie hatte weder Decke noch Tasche, Kleidung, Handtuch oder Schuhe bei sich. In der warmen Jahreszeit wäre das nichts Ungewöhnliches gewesen. Aber so?

»Fehlt Ihnen etwas?«, fragte Rauchbär. Dann gewahrte er die ihn leblos anglotzenden Augen, den offen stehenden Mund. Eine Leiche. Ein neues Opfer. Vergewaltigt und getötet. Arme Deern, dachte Rauchbär, während er per Handy die diensthabenden Kollegen informierte. Sie würden sicher die SoKo schicken.

Rauchbär musterte die Tote. »In Sachsen, in Sachsen, wo die schönen Mädchen wachsen.« Wie kam er jetzt darauf? Kurz nach der Wende war der Strom der Urlauberinnen und Urlauber aus Sachsen zeitweise versiegt. Die Sachsen hatten sich die bis dato verborgene exotische Welt erobert. Nun waren sie wieder da.

Eine schöne Sächsin? Vielleicht. An irgendetwas oder irgendwen erinnerte Rauchbär diese junge Frau. An etwas, das lange zurücklag ... Er blickte in die Ferne. Wo blieben die von der Kripo? Übersehen konnten sie ihn und die tote Frau kaum.

Plötzlich kam ein ganzes Rudel von Männern über den Strand. Die praktische Kleidung, die dicken Alukoffer der Spurensicherer – das war die Soko, kein Zweifel.

»Sind Sie also über die Leiche gestolpert, wie?«

»Tscha. Das ischa man woll so. Hauptwachtmeister Rauchbär mein Name. Eigentlich in Urlaub.«

»Ist ja ein feiner Urlaubstag.«

»Mit Spuren ist das hier schwierisch«, nörgelte einer. Er wandte sich Rauchbär zu. »Hier gommt im Moment wohl lange keener vorbei. Außer Ihnen natürlich.«

»Kommen Sie aus Sachsen?«

»Ja, mer Sachsen unterwandern halt alles.«

»Die mecklenburgische Kripo ja woll nich.«

»Nu, ihr aus Wismar seid doch ooch dabei?«

»Alle Ossis sächseln«, griente einer der anderen Beamten. Zwei seiner Kollegen lächelten.

»Och, weeßte«, sagte der Sachse. »Mer Saggsn sin die Kern-Ossis, nu?«

LKA-Beamte aus ganz Deutschland bildeten die SoKo Milz. Die Tote konnte schließlich Mecklenburgerin sein, Hessin, Sächsin, Bayerin oder Thüringerin. Eine Touristin oder eine mit diversen Versprechungen hierher gelockte Ost-Europäerin oder eine Zwangsprostituierte, die bar aller Kleidung den Menschenhändlern entflohen und von ihnen eingeholt worden war. Kevin Milz hatte sicher nicht nach der Herkunft seines Opfers gefragt.

»Wäre schön, wenn Sie uns irgendwas zu der Frau sagen könnten«, wandte sich einer, der sich als Jürgen Anders vorstellte, an Rauchbär.

Statt »Ick hew de Diern hier an Strand dat ierste Mol sähn«, sagte Rauchbär: »Ich habe die junge Frau hier am Strand das erste Mal gesehen.«

»Ja, und wann war das?«, hakte der Berliner nach.

»Jetzt. Eben.« Rauchbär konnte ihm nicht weiterhelfen.

Soweit er das wusste, waren die von Kevin Milz Ermordeten allesamt Zufallsopfer gewesen. Warum hatte er die Kleidung mit fortgenommen? Was machte es für einen Sinn, ihre Identität verheimlichen zu wollen?

»Der Zusammenhang mit Milz liegt auf der Hand.«

»Welcher Zusammenhang denn?«

»Er wird ganz in der Nähe gesehen und hier liegt eine Frau, die beraubt und erschlagen worden ist.«

»Erschlagen?«

»Ja, guggen Se mal.«

Zwischen den Haaren der Toten war eine tiefe Wunde.

»Sie kann natürlich auch gestürzt sein. Sich im Fallen an den Steinen verletzt haben. Nicht auszuschließen. Aber wie kommt sie so nackt hierher?«

Die Augen der Kripo-Leute richteten sich auf Rauchbär, der fragte, ob denn ein natürlicher Tod ganz auszuschließen sei.

»Een nadürlicher Dod ist ni auszuschließen.«

Rauchbär hörte nur mit halbem Ohr hin. Sollten sie palavern, wie sie wollten. Ihm klang das alles gleich in den Ohren. Es war ihm egal, wie sie redeten. Aber nicht, was sie redeten: Die Frau hier ein Opfer von Kevin Milz? Nach seiner Flucht hatte der ganz Deutschland unsicher gemacht. Und jetzt sollte er ausgerechnet hier in der Nähe sein? Wo genau war er überhaupt gesehen worden? In Wismar? Aber vielleicht war das ein Irrtum.

»Erst einmal müssen wir wissen, wer das überhaupt ist. Sie können uns wirklich keine Angaben zu der Frau machen?«

»Hat man Ihnen auf Ihrer Dienststelle die Fahndungsfotos zugeleitet? Von diesem Milz?« Die Stimme, die das fragte, war ungeduldig.

»In Mecklenburg kommt zwar alles 50 Jahre später, aber bei dem Foto war das mal nicht so«, brummte Rauchbär.

»Dieses Foto hier?« Man hielt dem Ortspolizisten ein Bild vors Gesicht.

Rauchbär nickte. Vielleicht war sie anderswo ins Wasser gegangen, hatte ihre Kleidung, Badetuch, Decke, Handtücher zurückgelassen, war ertrunken und mit der Strömung hier angespült? Es gab auch Baumstämme am Strand, die das Meer von irgendwoher mitgebracht hatte. Rauchbär seufzte vor Anstrengung. »Wenn ich nicht mehr gebraucht werde, ziehe ich mich zurück.«

»Schönen Urlaub noch«, rief ihm der Berliner hinterher.

Rauchbär fiel in diesem Augenblick alles Mögliche ein. Mit Urlaub hatte nichts davon zu tun. Die SoKo würde herausfinden, wie die Frau zu Tode gekommen war. Ihn brauchten sie dazu nicht. Oder?

Zuhause angekommen, ließ Rauchbär sich ein Bad ein und machte sich einen Grog. Auf der Suche nach Musik legte er eine CD nach der anderen beiseite, gelangte zu den Tonbandkassetten, griff eine heraus, legte sie ein und startete den Recorder. Dann zog er sich schnell die kalten und nassen Klamotten vom Leib und ließ sich in die Wanne gleiten.

»Der Sachse liebt das Reisen ...«, schepperte es aus dem alten Gerät. War das nicht Uwe Steimle, der das Lied sang? Der Kabarettist. Jetzt auch Kripo-Mann im *Tatort*. Unsinn, das Lied war doch viel älter. Eine Kassette eben, keine CD. »Sing, mei Sachse, sing«, aus DDR-Zeiten war das noch. Aus seiner Kinderzeit. Aus der späten Kindheit. Oder? Kabarett. Die *Leipziger Pfeffermühle*. Da stand es auf dem Cover. Jürgen Hart. Auch ein Kabarettist. Der musste dem Steimle geähnelt haben.

Rauchbär räkelte sich im heißen Nass und pustete Schaumblasen hoch. Wann und wo hatte er diese Kassette bekommen? Und an wen oder an was erinnerte ihn die Tote am Strand? Sollte er ins Internet schauen? Vielleicht fand er irgendetwas, das ihm auf die Sprünge half ...

Mit nassem Hintern und schaumtriefenden Füßen warf er gerade den PC an, als es an der Haustür klingelte. Diese Stimme und die »Sachsen-Hymne« ... Im Bademantel öffnete Rauchbär.

Aha, der Berliner. Dieser Anders.

»Ich denke, Sie wissen mehr, als wir anderen auch nur ahnen.«

»Wieso das denn?« Rauchbär überlegte. »Der Milz ist doch nicht aus Sachsen, oder?«

»Nein. Aus Sachsen ist der nicht. Aus einer Berliner JVA ausgebrochen.«

»Und Sie nehmen an, dass sie von dem umgebracht worden ist?«

»Kein ganz abwegiger Gedanke, nicht wahr? Aber wie kommen Sie eigentlich darauf, unsere Tote stamme aus Sachsen?«

Hatte er diesen Gedanken tatsächlich preisgegeben? »Weiß ich nicht mehr, aber ich werde mich mal umhören. Es kann sie ja jemand gesehen haben.«

»Tun Sie das«, erwiderte Anders und reichte ihm seine Karte. »So erreichen Sie mich – jederzeit.«

Rauchbär sah dem Kripo-Mann nach. Dieser Musiktitel. Und die Stimme. Er musste beides zusammenbringen. Das lag Jahre zurück. Es musste von Bedeutung sein. Was konnte ihm helfen, die Gedächtnislücken zu füllen?

Sein Archiv! Er hatte etliche Ausgaben der »Ostsee-Zeitung« gesammelt. Die OZ, ehemaliges Organ der Bezirksleitung der SED, gehörte nun schon sehr viele Jahre zum Springer-Konzern. Ein Witz eigentlich. Oder auch nicht. Eilig wühlte er sich durch alte Ausgaben. Aber wonach suchte er überhaupt?

Nach einer ihm von früher her flüchtig bekannten Frau aus Sachsen. Da war sie. Sandra Kirsten. Eine Frau, die manchmal sächselte und an die ihn die Tote vom Strand erinnerte. Schönes blondes, halblanges Haar umrahmte ihr schmales Gesicht. Sie ähnelte der Toten, sogar sehr. Beim Sender »Ostseewelle« hatte sie gearbeitet.

Das Internet! Rauchbär gab ihren Namen als Suchbegriff ein. Etwas zu ihrer Zeit in der DDR war da zu lesen. Das war über zwanzig Jahre her. Sandra Kirsten hatte ein Ferienhäuschen in Ahrenshoop. Dass sie sächseln konnte, hatte sie in einer ihrer

Sendungen unter Beweis gestellt: »Ein Sachse liebt das Reisen« war das Motto gewesen.

Rauchbär hörte noch ihre Stimme, wie sie über den Äther zu ihm gekommen war und wie er sie vor Ort gehört hatte. Jeder Laut genau artikuliert. Und immer schwang etwas Besonderes mit. Die Sprache der Kirsten war ein wahres Muster des Hochdeutschen gewesen, obwohl sie dieses weiche Sächsisch sprach, wenn sie wollte. Eine waschechte Sächsin hatte er in ihr vor sich gehabt. Natürlich.

Ähnelte ihr die Tote tatsächlich so sehr, wie er meinte? Sollte er diesem Anders sagen, dass die Verstorbene ihn an die einstige Fernseh-Sprecherin Sandra Kirsten von der »Ostseewelle« erinnerte, obwohl er sich überhaupt nicht sicher war? Nein. Er musste nach Ahrenshoop. Er brauchte zunächst Gewissheit.

Schnell schlüpfte Rauchbär in Hosen und Pullover, warf noch mal einen Blick auf die alte OZ-Ausgabe, verließ das Haus und stieg in seinen Honda. Es war nicht weit nach Ahrenshoop. In der Siedlung am Ortseingang stand das Häuschen der Kirsten. Rauchbär hielt den Wagen an. Da rührte sich doch etwas hinter dem Fenster. Das musste sie sein. Ob er mit ihr sprechen sollte?

Entschlossen verließ er sein Auto und ging auf die Haustür zu. Aus den Augenwinkeln bemerkte er einen Wagen, der vor dem Nachbargrundstück hielt. Rauchbär drückte den Klingelknopf.

Es war jedoch nicht das blonde Idol von ehemals, das ihm die Tür öffnete, sondern ein älterer Herr im fein glänzenden Anzug.

»Rauchbär. Ich möchte zu Frau Kirsten.«

»Bitte, kommen Sie herein.« Der Mann lächelte schmierig. »Sie interessieren sich für die Immobilie?«

Rauchbär sagte nichts und sah sich aufmerksam im Haus um.

»Meyerlein«, stellte sich der Mann im edlen Zwirn vor. »Und da kommt auch schon die Hausherrin.«

Das Haus war von einem Duft erfüllt, der Rauchbär das Wasser im Mund zusammenlaufen ließ.

»Ich bereite gerade das Essen vor«, sagte die blonde Dame mit ihrer unnachahmlichen Stimme. »Broiler, wie früher.«

»Hähnchen«, korrigierte Meyerlein und Rauchbär musterte ihn irritiert.

»Sie sind ein überzeugter Ostsee-Ossi, wie?«

Meyerlein griente.

»Mecklenburger bin ich, wenn Sie es genau wissen wollen«, knurrte Rauchbär.

»Ich kenne den Begriff Broiler auch. Ebenso wie ich weiß, wie eine echte Soljanka schmeckt. Und was ein Hähnchen ist. Ein Hähnschen.« Meyerlein musterte Rauchbär. »Darf ich erfahren, was genau Sie zu uns führt?«

»Herr Rauchbär interessiert sich sicher für diese Immobilie. Bestimmt hat ihn Inger daraufhin angesprochen«, sagte Sandra Kirsten.

Meyerlein wirkte überrascht. »Deine Nichte? Wieso das denn?«

Rauchbär sah sich im Raum um. Eine Nichte hatte sie also. Aber nirgendwo war ein Familienfoto zu entdecken, auf dem die Tote vom Strand zu sehen gewesen wäre. In der Wohnstube stapelten sich Koffer und Reisetaschen.

»Wieso nicht? Inger hat doch immer –«, warf die Kirsten ein. Doch der feine Meyerlein unterbrach sie.

»Habt ihr das Häuschen feilgeboten, ohne mit mir zu sprechen?«

Rauchbärs Blicke wanderten weiter im Raum umher. Die Einrichtung wirkte alt und abgenutzt. Sandra Kirsten hatte wohl keine nennenswerten Einnahmen gehabt in den vergangenen Jahren.

»Sie schauen sich um. Das wäre richtig …«, verkündete Herr Meyerlein, »wenn denn das Haus noch zu verkaufen wäre. Ich denke, wir richten uns jetzt doch auf Dauer hier ein, nicht wahr, Sandra?«

»Ja, wenn du meinst.«

Rauchbärs Blicke tasteten noch immer nach Hinweisen durch den Raum. Sie wollte also doch nicht verkaufen. Ein

Missverständnis? Oder war das ihr Lover? Dieser unangenehme Bursche. Konnte sie sich so weit unter Wert verkauft haben? Hatte sie das Häuschen vielleicht heimlich verkaufen und in die sächsische Heimat zurückziehen wollen, um ihn loszuwerden?

»Nun, Herr Rauchbär«, schnarrte Meyerlein. »Es wäre also Zeit, sich zu verabschieden.«

Sie sah immer noch verdammt gut aus. Aber das ging ihn, Rauchbär, alles nichts an. Vom Tod ihrer Nichte – falls es sich bei der Toten überhaupt um Inger Kirsten handelte – wusste sie offensichtlich nichts. Rauchbär verabschiedete sich.

Draußen erwarteten ihn zwei LKA-Beamte. Der Berliner Anders und der Sachse lehnten an dem Auto, das vor dem Nachbargrundstück parkte. Waren sie ihm etwa hierher gefolgt?

»Wir denken, Sie wissen mehr, als wir auch nur ahnen«, sagte der Berliner.

Rauchbär runzelte die Stirn. Der Satz kam ihm bekannt vor. »Sie beschatten mich?«

»Nu, nu.« Der Sachse nickte.

Rauchbär schnaufte. »Ich habe eine Vermutung, wer die Tote sein könnte«, erklärte er. »Inger Kirsten …«

»Na, wunderbar. Dann haben wir ja alle Bausteinchen zusammen. Den Milz haben wir nämlich inzwischen festgenommen.«

»Sandra Kirsten heißt die Tante der Toten. Sie wohnt hier. Eine ehemalige Ostseewellen-Moderatorin. Vielleicht kann sie die Leiche identifizieren. Oder ihr Lebensgefährte.« Er deutete auf das Haus. Die gepackten Koffer fielen Rauchbär wieder ein. Das passte doch gar nicht zum dauerhaften Niederlassen …

»Eine Inger Kirsten war mal beim mdr. Ist geflochn, weil sie so ganz nebenher Grundstücke verglobben wollte«, sagte der Sachse.

»Das ist doch nicht verboten«, warf der Berliner ein.

»Nö, aber bei ihren Auftritten in einem Reisemagazin über die schönsten Orte der Küste hat sie nebenbei Immobiliengeschäfte promotet. Hat mal eben eenfließen lassen, wie dolle dieses oder jenes Häuschen gelegen ist und dass es zum Verkauf steht bei einer, isch gloobe, Meyerlein GbR.«

»Meyerlein? So heißt ihr Lebensgefährte.« Rauchbär rieb sich die Stirn. »Er will sich angeblich hier niederlassen, sitzt aber auf gepackten Koffern.«

»Hört sich ein bisschen komisch an«, stellte Anders fest. »Warum sagen Sie nichts, wenn Sie die Identität der Toten kennen?«

»Das stimmt so nicht. Ich habe den Namen Inger gerade erst gehört. Und Meyerlein auch.« Rauchbär sah den Sachsen an. »Gab es beim mdr auch eine Sandra Kirsten? Ich meine nur, weil sie so perfekt sächseln kann.«

»Alle Ossis sächseln. Das haben Sie doch gehört«, grinste der Sachse und zauberte damit kurzfristig ein Lächeln auf Rauchbärs Gesicht.

»Sie haben eigentlich diesen Meyerlein in Verdacht, der Mörder zu sein, wie?«, fragte Anders.

Rauchbär antwortete nicht gleich. Der Mörder war gefasst. Das hatten sie ihm doch mitgeteilt. »Wie haben Sie den Milz eigentlich geschnappt?«

»Och, das war ganz leicht. Der war völlig fertig. Hat gleich seinen Namen gesagt und alles gestanden. Als ob er zurück wollte ins Gefängnis. Die Sachen der jungen Frau hatte er auch.«

»Bei sich?«

»Nein, die waren in dem Kleingarten, in dem er sich versteckt hatte.«

»Ein Kleingarten?«

»Ja. Aber da gibt es ein paar Widersprüche. Er hat davon gesprochen, die Frau vergewaltigt und erwürgt zu haben. Aber die Tote ist weder vergewaltigt noch erwürgt worden.«

Rauchbär fiel die Wunde am Hinterkopf der Leiche ein. »Könnte allerdings auch ein Täuschungsmanöver sein, dieses Geständnis. Wenn das noch Sinn für ihn machen würde.«

»Dann gehen wir dem mal nach.« Anders lief zum Haus der Kirsten. Der Sachse und Rauchbär folgten.

Im Haus war es still. Nach einigem Klingeln und Klopfen drückte Anders die Klinke nieder. Die Tür war offen, aber kein Mensch zu sehen. Wo waren die beiden? Da, ein Geräusch ... Rauchbär schwante nichts Gutes, als plötzlich doch die Kirsten auf der Bildfläche erschien.

»Meine Herren, Sie können doch hier nicht so einfach eindringen. Das ist immer noch mein Haus!«

»Die Tür ist nicht verschlossen.«

»Das gibt Ihnen noch lange kein Recht –«, protestierte sie.

»Kennen Sie diese Frau?«

Sie sah auf das Bild in Anders' Hand und nickte. Sie schien sofort zu begreifen, dass ihre Nichte tot war. »Wo haben Sie sie gefunden?«

»Am Strand.«

»Aber das kann nicht sein! Inger geht nicht baden bei diesem Wetter.«

»Sie ist auch nicht baden gewesen. Sie ist ermordet worden.«

»Ist das dieser Killer gewesen, der ausgebrochen ist und den sie überall suchen? Verdammt noch mal, warum werden diese Leute nicht besser bewacht?«

»Wie kommen Sie darauf?«, fragte Anders.

Sandra Kirsten starrte ihn an. »Darüber reden doch alle.«

Rauchbär vermisste etwas im Raum. Die Koffer. Wo waren die Koffer? Meyerlein musste damit verschwunden sein. Durch einen Hinterausgang, während sie vor dem Haus gestanden hatten. Also hatte die Kirsten ihn doch nicht halten können. Dann war sie jetzt ganz allein.

Sandra Kirsten beobachtete Rauchbär. »Meyerlein, kannst du mal herkommen? Hier hält jemand nach deinen Koffern Ausschau.«

Im Hintergrund öffnete sich eine Tür.

»Meine Koffer? Die habe ich natürlich inzwischen ausgepackt.«

Irgendetwas stimmte nicht. Rauchbär spürte das.

»Sie kennen die Nichte von Frau Kirsten doch auch«, leitete Anders das Gespräch mit Herrn Meyerlein ein. »Dürfte ich Sie bitten, mitzukommen und sie zu identifizieren. Dann können wir das Frau Kirsten ersparen.«

»Nu, natürlisch.« Meyerlein traf wieder die gewohnt joviale Tonlage.

»Ich kann das selbst machen«, sagte Sandra Kirsten schnell.

»Brauchen Sie seelischen Beistand?«, fragte Rauchbär.

»Ach mein Gott.« Sie schüttelte den Kopf.

»Wann haben Sie Ihre Nichte das letzte Mal gesehen?«

»Inger brauchte ständig Geld. Sie hat mir in den Ohren gelegen, das Häuschen zu verkaufen und mit ihr wieder nach Leipzig zu gehen. Immerzu hat sie Leute angesprochen, um ihnen meine Grundstücke anzubieten. Dachte wohl, ich würde schon zustimmen, wenn es soweit ist.«

»Hat Ihre Nichte Ihr Grundstück nicht in Ihrem Auftrag angeboten?«, hakte Anders nach.

»Nein. Sie musste immer etwas verhökern. Meyerlein hat sie da auch mit reingezogen.«

»In was wurden Sie mit hineingezogen, Herr Meyerlein?«

»In gar nichts. Machen Sie nicht aus einem Opfer eine Täterin.«

Der sächsische Ermittler hatte bisher geschwiegen. Nun fragte er: »Herr Meyerlein, warum wollten Sie denn das Grundstück Ihrer eigenen Lebensgefährtin mehrfach verhökern? Das ist doch viel zu kleen, um einen Komplex mit mehreren Ferienwohnungen drauf zu setzen. Die Grundbuch-Auszüge zeigen genau, wie kleen das zur Disposition stehende Areal ist.«

»Ich mache solche Geschäfte nicht. Sie können die Bücher meiner Firma kontrollieren«, plusterte Meyerlein sich auf. »Infam, wie Sie von Ihrer Unfähigkeit ablenken, einen Mörder zu überführen, bei dem vermutlich sogar noch die blutigen Sachen meiner Nichte liegen!«

»Was hat das alles mit dem Tod meiner Nichte zu tun?«, mischte die Kirsten sich ein.

»Warum blutig?«, fragte Rauchbär dazwischen.

»Weil der Milz die Frauen vergewaltigt und anschließend erschlagen hat. Mit dem Spaten. Stand in jeder Zeitung.« Herr Meyerlein wedelte mit der Hand, als wehre er ein lästiges Insekt ab.

»Nein. Er soll sie erwürgt haben«, stellte Rauchbär klar.

»Reden Sie doch nicht so einen Quatsch, Sie Provinzidiot«, brüllte Meyerlein. »Suchen Sie die Sachen doch, verdammt noch mal!«

»Von was für Sachen sprechen Sie?« Anders musterte ihn genau.

»Wollen Sie mich für dumm verkaufen? Der muss die Sachen haben! Vielleicht trägt er die sogar. Kann ja was brauchen für die Flucht. Ewig haust der nicht im Kleingarten.« Meyerlein biss sich auf die Lippe.

»Warum?« Sandra Kirstens Stimme zitterte.

Meyerlein fuhr herum. »Weil du mich verdammt noch mal nervst! Weil deine Nichte zu clever ist und mich zu sehr angemacht hat am Strand. Weil sie mich …« Er brach mitten im Satz ab. »Ich will einen Anwalt.«

»Ihr wolltet an meinen Grundbesitz.« Die Kirsten starrte ihn an.

»Das Häuschen«, sagte Rauchbär in mitfühlendem Ton.

»Ach, Herr Rauchbär. Ich habe schon noch ein weiteres Grundstück. Das habe ich geerbt. Steht nur nichts darauf. Aber das ist Bauland. Ein Stückchen weg von hier, direkt an der Küste. Und dann noch das Areal mit der Kleingartensiedlung. Das hast du gewusst, nicht wahr?«

Meyerlein war kreidebleich. Punkt für Punkt würden sie ihm bald die Tat nachweisen. Und so gestand er schließlich doch. Heimtückischen Mord wollte er nicht begangen haben. Nur im Affekt gehandelt. Wut und Überdruss waren tatsächlich mit im Spiel gewesen. Inger Kirsten hatte Meyerlein mit ihrer Tante zusammengebracht, als sie vom Erbe Sandra Kirstens erfuhr, war aber davon ausgegangen, reichlich vom Geschäft zu profitieren.

Irgendwohin hätten sie sich gemeinsam absetzen können. Die Welt war groß. Meyerlein jedoch war bald nicht mehr an Inger interessiert gewesen. Als er ihre Tante überrumpelt hatte und die Nichte auszubooten trachtete, stellte Inger ihn zur Rede und verwies auf Verträge, die nur sie berechtigten, im Einvernehmen mit Sandra Kirsten deren Grundstücke feilzubieten. Ihre Tante spielte für sie keine Rolle. Sie hätte sie hemmungslos betrogen, aber als sie merkte, dass auch sie selbst nur eine Karte in Meyerleins Spiel war, setzte sie ihm zu.

»Woher wussten Sie eigentlich von Meyerleins hiesigen Geschäften?«, fragte Rauchbär den sächsischen Ermittler später.

»Ist doch überall dasselbe Spiel«, erwiderte dieser. »Nachdem von Grundstücken die Rede war, haben bei mir alle Glocken geklingelt.«

»Und woher wusste Meyerlein, wo dieser Milz sich aufhielt, um ihm die Tat in die Schuhe zu schieben?«, bohrte Rauchbär weiter nach.

»Nu, er hat gepokert, der Gutste«, erklärte der Sachse. »Er hat wohl gemerkt, dass sich da eener in der Laubenkolonie eingenistet hat.«

»Dann war es Glück für Meyerlein, dass Milz immer einen Mord zu gestehen hat.« Rauchbär kratzte sich nachdenklich die Stirn. »Und Pech, dass die Methode nicht passte. Sonst hätten Sie den Meyerlein nie überführt …«

»Wenn Sie dem nicht so auf die Nerven gegangen wären, hätten wir ihn nicht so leicht aus der Reserve locken können«, sagte Anders. »Sie hatten den richtigen Riecher.«

»Das kommt vom frischen Fisch und der guten Seeluft«, spöttelte Rauchbär. »Die reinste Sachsen-Mafia, und das hier, an der Ostsee. Aber gut, alle Ossis sächseln, nu?«

Die beiden anderen guckten ihn überrascht an.

»Nu gloar«, imitierte der Berliner.

Nie wieder mit Silvio!
VON RUTH BORCHERDING-WITZKE

Ich hatte schon gleich ein ungutes Gefühl. Ich saß gemütlich in der Ecke in meiner Lieblingskneipe am Bernburger Markt, als Silvio auftauchte. Er spendierte mir ein Bier und fragte mich dann: »Hey Mann, wollen wir nicht wieder mal einen Job zusammen machen?«

»Hmm«, sagte ich ausweichend. Ich hatte nicht so gute Erfahrungen mit seinen Jobs gemacht. Wir hatten vor Jahren mal zusammen gearbeitet und das hatte mir ein paar Monate Gefängnis eingebracht. Er war der Spezialist im Ablenken und ich für die Brieftaschen in den Hosentaschen. Einige Male war das auch gut gegangen, bis Silvio die Idee hatte, es mal auf der Bad Harzburger Pferderennbahn zu versuchen. Wer auf Pferde wettet, hat viel Bargeld dabei. Das hatte logisch geklungen. An diesem Tag machte aber ausgerechnet ein Polizeirevier seinen Betriebsausflug dorthin, und die hatten nicht viel Bares, dafür aber Handschellen dabei.

»Hmm«, sagte ich noch mal.

»Da können wir richtig Kohle machen«, raunte Silvio mir zu. »Oder brauchst du kein Geld?«

»Hmm«, sagte ich nun schon zum dritten Mal. »Wer kann darauf schon verzichten?« Tatsächlich war ich in der Klemme. Ich hatte eine Menge Schulden. Richtig viel bei Frau Dr. Wedekind, die mir gerade ein neues Gebiss verpasste.

»Ich habe einen heißen Tipp, wo wir fette Beute machen können. Da gibt es so ein Event, oder wie das heißt, da können wir richtig absahnen.«

»Nun rück raus mit der Sprache«, forderte ich ihn auf. »Mein Bier wird schon schal.«

»Ostalgieparty!«, schmetterte mir Silvio entgegen.

»Ostalgieparty? Was ist das denn?«

»Mann, das kennst du nicht? Da gibt's alles von früher aus DDR-Zeiten. Essen und Trinken und die alte Musik.«

DDR-Zeug? Das sollte Knete bringen? »Wer veranstaltet denn so eine Party?«

Silvio winkte nach der Bedienung und bestellte nach. »Mann, das wird professionell aufgezogen.« Er senkte seine Stimme. »Da gibt es im Harz so ein Lokal, die machen das zweimal die Woche. Da musst du richtig Eintritt für bezahlen. Viel Knete. Und dafür sitzt du dann da in der Kneipe. Ist noch alles so wie früher, die Tische und Stühle, sogar das Alubesteck. Und das Essen ist auch so wie früher. Soljanka, Steak au four, Schwedeneisbecher. Und dann treten da Schauspieler auf, als Volkspolizisten, Grenzer, FDJ-Mädels und so.«

»Und wer bucht so etwas?«

»Das ist für Firmen und so. Beliebte Sache für Betriebsausflüge.«

»Betriebsausflug? Nee, Silvio, nicht noch mal und nicht mit mir. Vergiss es!«

Die Bedienung brachte das Bier.

»Diesmal ist alles anders. Keine Bullen. Ich habe einen heißen Tipp. Alles hochkarätige Kundschaft, mit richtig fetten Brieftaschen, Kieferorthopäden.«

Kieferorthopäden! Da fiel mir das mitleidlose Lächeln meiner Dr. Wedekind ein, das sie immer aufsetzte, wenn sie mir eine Spritze gab oder die Honorarrechnung überreichte. Das gab den Ausschlag.

»Wann soll das Ding starten?«

»Nächsten Donnerstag. Ich besorg' auch noch einen Wagen. Wir mischen uns unters Publikum, nach einer halben Stunde sind wir fertig und haben schnelles Geld gemacht.«

Wir besiegelten den Coup mit einem Handschlag und einem weiteren Bier.

Wie verabredet, trafen wir uns am Donnerstag auf dem Kauflandparkplatz. Silvio kam mit einem älteren VW-Golf.

»Das ist aber nicht gerade standesgemäß«, meinte ich. »Als Kieferorthopäden sollten wir uns eigentlich etwas Besseres leisten können.«

»Was anderes hatte Cabrio-Kalle nicht auf Lager«, meinte Silvio. »Wir müssen damit vorlieb nehmen. Wir parken einfach etwas abseits.«

Cabrio-Kalle? Ein Kumpel von Silvio? Das ging ja gut los. Ich kannte ihn flüchtig. Er war von oben bis unten tätowiert und hatte ein prachtvolles Nasenpiercing. Cabrio-Kalle hatte seinen Laden, genauer gesagt einen alten Wohnwagen, am Rande der Stadt. An- und Verkauf von Gebrauchtwagen aller Art. Da gingen die merkwürdigsten Typen ein und aus. Wahrscheinlich war das Fahrzeug gestohlen.

Silvio bemerkte meinen skeptischen Blick. »Keine Sorge. Ich habe Papiere für das Auto.«

»Na, dann wollen wir mal. Mach mal den Kofferraum auf, ich will meine Jacke ausziehen. Nicht, dass das gute Stück noch knittert.« Ich hatte mein letztes Geld für ein elegantes Sakko ausgegeben. Wir wollten ja standesgemäß auftreten. Auch Silvio hatte sich in Schale geworfen.

Silvio fingerte am Schloss herum. »Das Teil klemmt irgendwie. Schmeißen wir die Sachen einfach auf den Rücksitz.«

Schließlich fuhren wir los. Silvio hatte im Internet die Route berechnen lassen und die Seiten ausgedruckt. Ich fungierte als Co-Pilot und gab die Anweisungen. Über die Landstraße würden wir etwa eine Stunde brauchen bis in die Nähe von Quedlinburg. Es war ein sonniger Tag, rechts und links lagen die grünen Hügel des Harzes. Ein richtiger Bilderbuchtag. Ich genoss die Fahrt auf der Landstraße.

Schließlich mussten wir abbiegen, um zu dem Ort zu gelangen, wo die Gaststätte lag. Hier wurden die Straßen immer kleiner und enger, eine ziemlich abgelegene Ecke, und ich musste mich auf die Route konzentrieren.

»An der nächsten Kreuzung rechts, dann müssten wir es geschafft haben.« Ein hellblauer Trabbi überholte uns. Hoffentlich war das nicht einer von Silvios hochkarätigen Zahnärzten, dachte ich, hielt aber lieber meinen Mund. Wir fuhren fast endlos einen schmalen langen Weg, der nur von Waldstücken und Feldern umsäumt war. Eine wirklich einsame Ecke.

»Das muss es sein«, meinte Silvio schließlich. »Geh doch mal vor, die Lage peilen.«

Mit dem Routenplaner in der Hand ging ich bis zum Ende der Straße. Dort entdeckte ich einen Flachbau, in DDR-Grau mit einem roten, verblassenden Schriftzug: HO-Gaststätte Zur Harzer Hexe. Ich winkte Silvio heran. »Hier sind wir richtig.«

Die Zettel entsorgte ich in einem Mülleimer, den Weg zurück würden wir auch so finden. Dann ging ich einmal ums Haus und sah den Parkplatz. Da standen die Luxusautos der Kieferorthopäden. Mercedes, Audi, BMW. Sogar zwei Porsche. Das war mitnichten ein Betriebsausflug von Polizisten. Silvio hatte den VW etwas abseits bei einer Hecke geparkt.

Wir zogen uns die Sakkos an, richteten noch mal unsere Krawatten, und Silvio erklärte den genauen Ablauf des Abends, den er im Internet recherchiert hatte. »Also zunächst gibt es einen Begrüßungsdrink. Danach wird man dann vom Ober platziert. Aber keine Angst, man kann sich hinterher wieder da hinsetzen, wo man will. Im Anschluss daran gibt es die Vorspeise. Wie immer Soljanka. Danach tritt ein Vopo, also ein Volkspolizist, auf und erzählt alte DDR-Witze. Schließlich kommen der Hauptgang und die Nachspeise. Danach erscheint dann einer als Grenzer und macht mit den Gästen Zwangsumtausch. Das soll immer besonders lustig sein. Unseren Job müssen wir dann natürlich schon erledigt haben. Und zu guter Letzt tritt ein FDJ-Mädel auf die Bühne und macht einen Striptease, aber da sind wir ja schon wieder weg. Schade eigentlich.«

Wir betraten die Gaststätte. Tatsächlich sah hier alles noch wie früher aus. An der Wand hingen Tapeten mit großen braunen Rauten auf beigefarbenem Untergrund, und natürlich durfte auch ein Bild von Erich Honecker nicht fehlen. Im Vorraum stand ein Metalltisch mit einer hochglanzpolierten Platte aus Holzimitat, daran Metallstühle mit einem abgewetzten orangenfarbigen Stoffbezug.

»Heute geschlossene Gesellschaft, alles nur Zahnärzte«, sagte der junge Mann, der aus einem Büro kam, mit einem leichten osteuropäischen Akzent. Ich starrte Silvio an. Das durfte doch wohl nicht wahr sein. Auch Silvio schaute verdutzt.

Schließlich holte er einen grünen Schein aus seiner Brieftasche und bot ihn dem jungen Mann an. Der grinste und nahm Silvio den Schein ab. »Na gut, rein mit euch.« Der Hunderter landete in seiner Gesäßtasche.

Bevor wir den Gastraum betraten, verschwand Silvio noch mal schnell auf die Toilette. »Das mit der geschlossenen Gesellschaft habe ich nicht gewusst«, meinte er, als er wiederkam. »Das war mein letztes Geld. Jetzt muss sich die Sache aber lohnen!«

Das wird es, dachte ich, als die Gesellschaft sah. Hier waren nur die besten Herrenausstatter vertreten. Alle saßen an Tischen, die um eine kleine Bühne gruppiert waren. Auf den gedeckten Tafeln standen Vasen mit roten Nelken. Im Hintergrund dudelte die Internationale. Ein Oberkellner wanderte herum und schenkte aus einer Flasche mit blauem Etikett einen Schnaps aus. Auch uns überreichte er zwei gut gefüllte Gläser. »Wir stoßen gleich alle zusammen an!«

Er erklomm die Bühne und erhob das Glas. »Freundschaft!«

»Freundschaft!«, echochte es. Auf Kommando kippten wir dann den Schnaps. Danach wurde mir übel, ich wollte aufstehen, aber mir war zu schwindelig. Den anderen schien es genauso zu gehen.

»Sitzenbleiben!«, befahl der Kellner. Wir gehorchten willenlos. Schließlich verlor ich das Bewusstsein.

Als ich wieder aufwachte, hatte ich einen Riesenschädel. Ich rappelte mich hoch. Was war hier passiert? Anscheinend war es schon Morgen. Mir fehlte jede Erinnerung an die Nacht. Neben mir erwachte nun Silvio. Auch andere Herrschaften gaben mittlerweile ein paar Lebenszeichen von sich.

Ich sah mich um. Mit Mühe konnte ich zwei Polizisten erkennen. Was hatten die denn hier zu suchen?

Dazwischen hörte ich Rufe: »Hilfe, meine Brieftasche ist leer!« und »Wo sind meine Wagenschlüssel?«

Einer der Polizisten erklomm die kleine Bühne und nahm sich das Mikrofon.

»Meine Herren, ich bitte um Ruhe. Sie sind alle Opfer eines Überfalls geworden. Die Einladungen zu dieser Party waren gefälscht. Man hat Sie gezielt als Opfer ausgesucht. Der Kellner hat Ihnen K.o.-Tropfen in den Schnaps getan. In der Zwischenzeit hat man Sie um Ihre Brieftaschen erleichtert.«

Er machte eine kleine Pause, dann fuhr er fort: »Und nicht nur das. Ihre Autos sind auch alle weg. Vermutlich schon irgendwo in Osteuropa. Wir tippen auf eine professionelle Bande, die die Örtlichkeit hier ausgesucht hat, weil die Inhaber auf einer längeren Schiffsreise sind.«

Er deutete auf zwei weitere Polizisten, die sich mit einem Laptop an einen Tisch gesetzt hatten.

»Die Kollegen hier nehmen dann alles auf. Schaden, Personalien und so weiter. Bitte immer der Reihe nach. Im Nebenraum steht auch ein Notarzt zur Verfügung.«

Ich starrte Silvio an. »Das war ja wohl der größte Flop des Jahrhunderts. Woher hattest du denn diesen heißen Tipp? Und was wird wohl Cabrio-Kalle sagen, wenn der Wagen futsch ist?«, flüsterte ich erregt. Ich dachte an das Nasenpiercing und die Typen, die immer auf seinem Hof herumlungerten. »Das gibt noch Ärger ohne Ende ...«, meinte ich dann wütend. Ich hätte es wissen müssen. Nie wieder mit Silvio!

Silvio sagte kein Wort. Er stand ächzend auf, hielt sich stöhnend den Kopf, ging zum nächsten Fenster und riss es auf. Gierig sog er die Luft ein. Plötzlich drehte er sich zu mir um und winkte mich ran. »Mensch, unsere Karre steht ja noch da. Die war denen wohl nicht gut genug.«

Tatsächlich, da stand der VW. Erleichtert atmete ich auf. Wenigstens blieb uns der Ärger mit Cabrio-Kalle erspart. »Komm, wir hauen ab. Es sind für meinen Geschmack zu viele Bullen hier.«

Silvio nickte. »Geht mir genauso.«

So unauffällig wie möglich schlichen wir aus der Gaststätte. Silvio wollte noch mal zum Klo, und ich trottete schon mal zum Wagen.

»Halt!«, stoppte mich die energische Stimme einer Polizistin. »So einfach können Sie hier nicht weg.«

»Warum das denn nicht? Unseren Wagen haben die nicht mitgenommen, und das Geld, das uns in der Brieftasche fehlt, sehen wir wohl auch nicht wieder«, sagte ich so lässig wie möglich.

»Nee, nee, Sie sind hier Zeugen. Wir brauchen wenigstens Ihre Personalien.« Sie zupfte an ihrem roten Haar, das zu einem prachtvollen Dutt aufgesteckt war, und zückte einen Notizblock.

»Name und Anschrift bitte! Was machen Sie überhaupt hier? Sie sind doch wohl keine Kieferorthopäden.« Der Polizistin schien man so leicht nichts vormachen zu können.

»Wir, äh, wir sind nur zufällig hergekommen. Wir wollten unterwegs etwas essen und da haben wir hier die Gaststätte gesehen ...«, stammelte ich.

»Zufällig, was?« Misstrauisch umrundete die Polizistin den Wagen.

Während ich alles zu Papier gab, kam Silvio angeschlendert. Irgendwie wirkte er verkrampft. Hatte er da etwas unter der Jacke verborgen?

»Sie sind der Fahrer? Auch Ihre Personalien, bitte! Und die Wagenpapiere.«

Silvio sah mich mit aufgerissenen Augen an. Mit dem Kopf deutete er auf seinen Rücken. Hatte er da etwas versteckt? Ich trat hinter ihn. Aus seiner Jacke ragte etwas heraus, das er mit einer Hand festhielt. Beherzt griff ich zu. Eine Geldkassette! Wo hatte Silvio die denn her? Schnell verstaute ich sie unter meinem Sakko. Mit ein bisschen Glück konnten wir sie an der Polizistin vorbeischmuggeln.

Jetzt hatte Silvio beide Hände frei und konnte die Papiere aushändigen. Ich sah Schweißtropfen auf seiner Stirn, und seine Hände zitterten. War etwas mit den Papieren? Vielleicht waren sie nicht echt? Cabrio-Kalle traute ich keine vernünftigen Fälschungen zu. Wahrscheinlich konnte der nicht mal richtig schreiben. Mein Herz hämmerte.

Gleich würden wir festgenommen werden. Wie hatte ich nur so doof sein können, mich mit Silvio und seinen Freunden zusammenzutun?

Die Polizistin gab Silvio die Papiere zurück.

»Alles in Ordnung soweit. Machen Sie doch mal den Kofferraum auf!«

»Der klemmt«, stotterte Silvio. »Ich kann es ja mal demonstrieren.« Seine Hände zitterten, als der den Schlüssel im Schloss erfolglos drehte.

Die Polizistin grinste. »Lassen Sie mich mal. Ich hatte auch mal so einen Wagen. Gleiche Baureihe, gleiches Problem.« Sie stellte sich vor den Kofferraum und hantierte mit dem Wagenschlüssel. »Na bitte geht doch!«, triumphierte sie dann. Der Kofferraum war offen. Vornüber gebeugt, inspizierte sie das Wageninnere.

»Na, was haben wir denn da?« Offensichtlich hatte sie etwas Verdächtiges gefunden. Ich dachte an Cabrio-Kalle und seine dubiosen Geschäfte. Hatte er etwa Hehlerware im Kofferraum versteckt?

Starr vor Angst sahen wir uns an. Die Polizistin wedelte mit einem Erste-Hilfe-Kasten, der geöffnet war.

Was konnte da drin sein? Plötzlich fiel mir das Nasenpiercing von Cabrio-Kalle ein. Harte Drogen? Silvio dachte offensichtlich dasselbe. Er war ganz blass um die Nase. Kein Richter der Welt würde uns glauben, dass wir nichts davon gewusst hatten.

»Abgelaufen!« Die Polizistin sah uns vorwurfsvoll an. »Der Verbandskasten ist abgelaufen. Schon seit zwei Jahren. Da wird eigentlich ein Bußgeld fällig.« Sie lächelte uns an. »Nun machen Sie mal nicht solche ängstlichen Mienen. So schlimm ist das ja nicht. Ich sehe heute mal davon ab, eine Verwarnung zu schreiben. Sie haben ja schon genug Ärger gehabt. Aber da muss schnell ein neuer Kasten her. Gleich, wenn Sie zu Hause sind!«

Wir nickten.

»Dann können Sie jetzt heimfahren. Und schön vorsichtig bitte. Die K.o.-Tropfen können es noch in sich haben.«

Wir stiegen ein.

Langsam und behutsam ließ ich die Kassette in den Fußraum gleiten. »Gib Gas, Mann! Worauf wartest du noch?«

Silvio zwängte sich auf den Fahrersitz.

»Woher hast du die Kassette?«, wollte ich wissen.

Silvio drehte am Wagenschlüssel. »Erzähle ich dir gleich. Lass uns erstmal ein paar Kilometer schaffen.« Er zitterte so am ganzen Körper, dass ich schon Angst hatte, er würde den Motor abwürgen. Aber er schaffte es, den Wagen in Gang zu bringen.

Nach einer Viertelstunde Fahrt fand Silvio auch seine Sprache wieder. »Also, ich war doch vor der Veranstaltung auf dem Klo. Als ich wieder zu dem Büro kam, wo der Typ gestanden hat, war das Büro leer. Ich habe ein bisschen in den Schränken geguckt, was da alles rumstand. Lauter so DDR-Sachen: Haltekellen und Uniformjacken der NVA und all so'n Kram. Und da habe ich dann auch die Kassette entdeckt. Die habe ich mitgenommen und erstmal auf dem Klo deponiert. Hinter den Putzsachen. Stell dir vor, sogar auf dem Klo hatten die noch das alte DDR-Ata. Ich wollte sie später mit ins Auto nehmen. Den Rest kennst du ja.«

Befreit lehnte ich mich zurück. »Na dann haben wir ja vielleicht doch noch Glück im Unglück, was? Und dass du dich getraut hast, die Kassette da wieder rauszuschmuggeln. Bei dem Polizeiaufgebot! Alle Achtung, Mann!« Ja, der Silvio konnte einem doch imponieren. Wahrscheinlich hatte ich mich in ihm gründlich geirrt. »Jetzt will ich aber wissen, wie viel drin ist! Den Schlüssel hast wohl nicht zufällig?«

»Nee, das Ding müssen wir aufbrechen. Ist aber nur eine Kleinigkeit. Das machen wir dann ganz entspannt zu Hause bei einem Bierchen. Das haben wir uns wirklich verdient.«

Nach wenigen Metern stoppte uns allerdings eine Polizeistreife. Die rothaarige Polizistin stieg aus und platzierte sich vor unserem Wagen. Sie öffnete die Fahrertür. »Aussteigen, meine Herren!«

Verdattert verließen wir das Auto. Die Polizistin wedelte mit zwei Blättern. »Schaun Sie mal, was ich da eben im Mülleimer an der Gaststätte gefunden habe. Einen Routenplaner. Und was steht da wohl als Zielort drauf?«

Wir sahen uns an.

»Richtig. Gaststätte Zur Harzer Hexe. Straße des Friedens Nummer 1. Sie waren also nur zufällig im Lokal? Rein zufällig?«

»Das sagt gar nichts«, widersprach Silvio tapfer. »Das kann ja auch von den anderen Gästen stammen.«

»Genau!«, sagte ich bekräftigend. »Das ist kein Beweis!«

»Doch!« Die Polizistin sah uns triumphierend an. »Sie haben als einzige Gäste kein Auto mit modernem Navigationssystem.«

Wir schluckten.

»Jetzt werde ich mir Ihren Wagen noch mal ganz genau anschauen.« Sie beugte sich in den Fahrerraum. »Was haben wir denn hier?« Natürlich entdeckte sie auf Anhieb die Kassette.

»Die gehört mir!«, warf ich ein.

»Haben Sie den Schlüssel dabei? Da möchte ich denn doch zu gern mal reinschauen. Was ist da drin?«

»Geld«, sagte ich. »Geld ist da drin. Was wohl sonst? Und den Schlüssel habe ich zu Hause.«

»Na, das will ich aber jetzt ganz genau wissen. Die Kassette bekomme ich bestimmt auf. Probieren wir es einfach mal. Schließlich ist Gefahr im Verzug!«, erklärte sie, als ich protestieren wollte. Sie nahm eine Haarnadel aus ihrem roten Dutt und bog sie zurecht. Nach wenigen Minuten hatte sie die Kassette geöffnet und zeigte ihrem Kollegen den Inhalt. Beide lachten lauthals los.

»Und, ist da etwa kein Geld drin?«, wagte ich nach Minuten zu fragen.

»Doch!«, prustete sie. »Geld ist drin. Ein paar hundert Mark, schätze ich.«

Ein paar hundert Mark? Keine Euro? Da musste schnell eine Erklärung her.

»Das Geld habe ich auf dem Dachboden meiner verstorbenen Tante gefunden. Da gibt es doch so eine Bank, die alles noch umtauscht ... Ich will das nächste Woche tun.«

»Dies hier aber nicht! Das kriegen Sie nicht getauscht.« Die Polizistin wischte sich die Tränen aus den Augenwinkeln und wedelte mit den Scheinen. »Hier steht Deutsche Demokratische Republik drauf. Das ist DDR-Geld. Und Sie sind vorläufig festgenommen.«

Langsam kapierte ich. Der Zwangsumtausch! Wir hatten die Kassette mit dem Geld für den lustigen Zwangsumtausch geklaut.

Ihr Kollege führte uns dann ab. Silvio wandte sich zu mir und sagte: »Sorry Mann, dumm gelaufen, was?«

Ja, das war es. Dumm gelaufen.

Die Toten im Kalender
VON MATTHIAS BISKUPEK

Der Auftrag liegt da, mit Unterschrift, Datum und Summe, und sollte mich frohgemut stimmen. Frohgemut! Wer verwendet heute noch Wörter aus längst vergangenen Jahrhunderten. Aber ich bin dazu verdammt, mich mit ollem Zeugs zu beschäftigen. Mit verdammt ollem Zeug. Es ist mein Beruf. Zumindest verschafft er mir einmal jährlich einen Auftrag, den ich in zweiundfünfzig, meist sogar dreiundfünfzig kleinen Aufträgen abarbeiten kann.

Ja, als Junge wollte ich Forscher werden. Urwald. Antarktis, Buenos Aires. Was bin ich geworden? Handwerker des Wortes. Zumindest einmal im Jahr. Wenn ich Werbezeitungen texte oder in schlimmen Zeiten austragen muss, um nicht die Grundsicherung, wie es beschönigend heißt, beantragen zu müssen, bin ich Kleingewerbetreibender. So heiße ich, steuerrechtlich. Dabei wollte ich, als die Träume von Buenos Aires, Antarktis und Urwald an den blutroten Klippen eines real beschissenen Systems zerplatzten, wenigstens berühmt werden. Berühmt konnte man in meiner Jugend werden, wenn man Romane und Komödien schrieb. Ich schrieb und wurde nicht berühmt. Vielleicht waren meine Romane zu kurz und die Komödien zu ernst, obwohl ich sicher bin: Es lag am System. Ich durfte nicht hochkommen.

Ich erspare mir die Knüppel, die mich ins Rad der Geschichte stolpern ließen und als Sand im Getriebe meine Pläne zerplatzen ließen. Ich hätte mit kühnen Bildern bis an die Spitze der Charts, wie man Bestsellerlisten im Literaturgewerbe jetzt zu nennen hat, kommen können.

Ich kam zu einem mageren Auftrag pro Jahr. Seit zehn Jahren hangele ich mich mit jährlich einem Auftrag von Mindesteinkommen zu Mindesteinkommen. Ich habe das System verabscheut, aber man konnte ja nichts machen, und jetzt muss ich dieses System schönfärben. Ich bekomme von einem der bedeutendsten Kalenderverlage im deutschsprachigen Raum jeweils im Frühjahr den Auftrag, zu 52, meist sogar 53 neckischen Bildchen je einen Text anzufertigen. Also 52 bis 53 Einzelaufträge in einem Gesamtpaket. Pro Bild 488 Zeichen, was acht Druckzeilen bedeutet. Ja, ich bin ein Kalendertexter.

Das ist nicht das Schlimmste. Fäkalgruben müssen ausgeleert werden und Politikerhandlungen dem Volk erklärt werden. Deshalb sind Pumpenspezialisten und Pressesprecher in der Handwerksrolle zwar nicht ganz oben, aber eben da. Und Kalenderdichter ebenso. Irgendjemand muss die Abreißzettel, die Wochen- und Monatsblätter mit Wörtern, Sätzen, Sinnsprüchen, Erklärungen, Bildunterschriften füllen. Ich täte dies klaglos, aber beim Verlag bin ich nun mal weder für Blumenkalender noch für Urwaldfotos, weder für Katzenposen noch für Kirchenbauten zuständig. Ich bin der Spezialist für Nostalgie. Schlimmer: Ostalgie.

Man hat mich verpflichtet, alljährlich den »Eine-schöne-Reise-durch-die-DDR-Kalender« zu erschaffen. Seit zehn Jahren. Seit diese verklärenden Rückblicke in ein System von heimlicher Datenspeicherung und Zugverspätungen, von Behördenwillkür und fehlendem Winterstreusalz en vogue sind. Seit die Leute vergessen haben, wie man sie einkerkerte und zur Arbeit trieb. Seit überall das Sandmännchen und die guten Halloren-Kugeln gelobt und gehätschelt werden, seit alles mit Rotkäppchen-Sekt begossen und mit »Das ist Fakt!« besiegelt wird.

Ich bin ein Opfer des Systems, weil man mich damals nicht hochkommen ließ, und jetzt komme ich niemals mehr auf die nächste Stufe des Kalenderdichterdaseins – zum Beispiel für Literaturkalender. Ich könnte die Geburtstage großer Kollegen mit klugen Bemerkungen würdigen, könnte Zitate heraussuchen, die die Selbstmörder bzw. Freitodgänger Heinrich von Kleist, Paul Celan oder Georg Heym, Ernest Hemingway oder Stefan Zweig ins Licht der Zukunft rückten. Ich könnte auch Filmgrößen wie Pier Paolo Pasolini oder Kunstgeschichtler wie Johann Joachim Winckelmann oder Modezaren wie Rudolph »Moosi« Moshammer, die allesamt Strichjungen zum Opfer fielen, mit einfühlsamer Kurzprosa würdigen. Doch ich muss mich mit neckischem Zeugs aus einem zusammengebrochenen Staat beschäftigen: Hellerauer Möbel, Kahlaer Porzellan. Gelegentlich darf ich mal Schlangestehen oder die gefälschten Wahlen zu einer Scheinvolkskammer sanft kritisch betexten – aber recht eigentlich will man nur Baden mit badusan, Nimm ein Ei mehr! und Welterzeugnisse aus dem VEB Kirow-Werke im Kalender haben.

Ich habe den übernächstjährigen Kalender vor mir. Wir Kalenderdichter müssen unserer Zeit immer weit voraus sein. Doch werden wir als die eigentlichen Propheten irgendwo gewürdigt? Nimmt jemand davon Notiz, dass wir längst einen Kalender dazu im Angebot haben, wenn plötzlich illustre Karsthöhlen überall auf der Welt entdeckt werden?

Ich habe den Auftrag unterschrieben und die achte Kalenderwoche vor mir. »Abgestellte Kinderwagen vor einem Konsum in Ostberlin« heißt das Blatt. Ich könnte über die Zeitzer Kinderwagenfabrik – einst größter Kinderwagenproduzent des Kontinents! – schreiben. Oder den zinslosen Ehekredit acht Zeilen lang würdigen, sachlich, kritisch und optimistisch, wie die Verlagsherren, die an Rhein und Ruhr sitzen, das wünschen. Denn nur Optimismus wird gern gekauft, dann darf auch mal ein kritischer Schnörkel drangehängt werden. Bei Kalendern Optimismus und Buntheit, bei Tageszeitungen Skandal, Mord und Totschlag.

Doch wenn ich hier über den einstigen Skandal in Zeitz schriebe? Der natürlich vertuscht wurde. Wie plötzlich ein Kind vertauscht wurde. In einem abgestellten Kinderwagen. Weil keinerlei Sicherheitsfirma abgestellte Kinderwagen bewachte. Weil man in der DDR sträflich leichtsinnig mit Kindern umging, sie schnell mal dem Nachbarn zur Beaufsichtigung überließ oder einfach vor einem Kaufhaus abstellte. Weil mangelnde Sicherheit mit dem Mangel an professionellen Sicherheitsfirmen zu tun hatte.

Ich hatte damals in Zeitz zu tun. Ich las aus dem Manuskript einer Komödie, die am Zeitzer Theater uraufgeführt werden sollte. Zeitz war damals Standort eines Berufstheaters. Drei Sparten! Man lechzte – angeblich – nach Komödien. Ich las im Kulturbund, an der Ecke Thomas-Mann-/Rosa-Luxemburg-Straße. Der Kulturbund war eine Vereinigung kakteenzüchtender Damen und briefmarkensammelnder Herren. Vermutlich wird in einem der nächsten Jahre ein Bild von einem Kulturbund auf meinem Tisch landen, und ich werde acht Zeilen zu dieser staatstreuen Organisation verfertigen müssen. Und behaupten müssen, es sei ein heimlicher Ort des Widerstandskampfes gewesen, mit Briefmarken aus dem freien demokratischen Westen.

Damals sollte der Kulturbund gesellschaftlicher Partner meiner Uraufführung werden und mir gute Ratschläge geben. Ich las tapfer und mit Betonung, spielte die Rollen kunstvoll vor, aber die anwesenden Herren und Damen tuschelten nur über die Kindesvertauschung. Weil sie offiziell totgeschwiegen wurde. Kein Wunder, dass meine Uraufführung ein totgeborenes Kind war, folglich kein Erfolg wurde, von der gelenkten Staatstheaterkritik in einer Zeitung namens »Freiheit« – hah Freiheit! – abgeschmettert wurde und nach elf Abo-Vorstellungen abgesetzt wurde. Ich weiß heute, dass ich einfach zu kritisch war, dass man mich nicht hochkommen lassen wollte, weil ich den berühmten Dissidenten Udo U. Schwer persönlich kannte, der damals weder berühmt noch Dissident war, aber heute beides rechtmäßig unter seiner breiten Brust vereint.

Das Kind im Kinderwagen, ein Mädchen, war neun Monate alt. Und als die Mutter vom Einkauf zurückkam, lag ein anderes Kind im Wagen. Auch ein Mädchen. Im Alter ähnlich, aber sonst ganz anders. Hatte schwarze Haare und, wie sich dann herausstellte, einen angeborenen Herzfehler. Natürlich wollte die Mutter ihr Kind zurück und nicht dieses fremde aufziehen. Die Behörden versuchten, ihr einzureden, dass sie sich irrte, aber das war nur Ablenkung. Jeder in Zeitz wusste, dass das Ersatzkind nur aus der Russenkaserne, also aus dem Standort der Sowjettruppen, sein konnte. Man hatte mit Russenkindern experimentiert, sie unter weltraumähnlichen Bedingungen geboren. Nach irgendeiner Kotschemassow-Methode. Nur davon konnten solche Herzfehler kommen. Das wusste damals jeder in Zeitz. Bei Zekiwa, wie das Kinderwagenwerk hieß, gab es kaum ein anderes Gesprächsthema. Obwohl es verboten war, zu reden. Also das Reden war nicht direkt verboten, aber falsche Russenkinder deutlich anzusprechen, war ein strafbarer Vorgang, wie das im Behördenwillkürdeutsch hieß, welches es jetzt Gott sei Dank nicht mehr gibt.

Das falsche Kind starb zwei Monate später, und das richtige blieb verschwunden. Die Mutter schlug natürlich überall Krach, was ihr als Beeinträchtigung staatlicher Maßnahmen ausgelegt wurde und zu verschärfter Beobachtung führte. Maßnahme A und Maßnahme B, wenn Sie wissen, was ich meine. Nein, können Sie ja nicht wissen, dazu habe ich ja noch keine Kalenderblätter verfertigen dürfen, weil das System an Rhein und Ruhr nur bunte, billige, optimistische Kalender verkaufen will.

Die Spur führte nach Erfurt. Die Mutter hatte einen Privatdetektiv beauftragt. Es gab solche in der DDR, aber auch darüber durfte ich noch kein Kalenderblatt verfertigen. Privatdetektive hat es offiziell in der DDR nie gegeben. In Erfurt aber hatte der real existierende Privatdetektiv einen sowjetischen Wissenschaftler gefunden, der die künstlich angeborenen Herzfehler wissenschaftlich ausgewertet hatte. Direkt hinter dem Domplatz, wo jetzt das bunte Leben tobt und damals grüne Zäune alles zivile Leben aussperrten. Dahinter wurden streng geheime

Forschungen gemacht. Der Wissenschaftler war bereit, zu reden. Es soll Geld geflossen sein. Demokratisches, also richtiges Geld. Der Privatdetektiv war auf dem Weg zu dem Wissenschaftler, er wurde letztmalig an einer Ampel in der damaligen Maxim-Gorki-Straße gesehen. Eine solche Ampel, die ich im Blatt für die zweite Woche betexten muss. Das Ampelmännchen von Karl Peglau. Hätte ich gewusst – wir schrieben das Jahr 1978 –, dass es auf jedes Detail ankommt, hätte ich mir schon damals diese Ampel genauer angesehen. Denn ich war ungefähr zu dieser Zeit, als der Privatdetektiv letztmalig vor einer Ampel gesehen wurde, wartend, ebenfalls in Erfurt. Über deren angebliches Blumenparadies iga, die angeblich »Internationale Gartenbauausstellung«, musste ich die 32. Woche des vorvorletzten Kalenders machen, jenes Kalenders also, der derzeit in den Wohnstuben einst systemtreuer Familien hängt.

Jener Privatdetektiv verschwand spurlos. Die Polizei hatte zwar ermittelt und dabei herausgefunden, wo er von Zeugen zuletzt gesehen wurde. Doch niemand kam auf die Idee, sich diese Verkehrsampel mal genau anzusehen. Dabei hat das unabhängige Institut zur unabhängigen Erforschung der ehemaligen DDR-Lichtsignalanlagen herausgefunden, dass gerade solche Ampeln, die ich heutzutage mit »lustig« kennzeichnen muss, weil der Verlag das so will, genutzt wurden zu illegalen Datenspeicherzwecken. Unter diesen Datenspeicherplätzen sollen nicht selten Fallgruben, also Liquidationskammern, gewesen sein, und wenn man heute immer wieder von plötzlichen Erdfällen hört, in denen Autos, Menschen und Pferde – auch Pferde! – verschwinden, so hat das damit zu tun.

Doch ich muss die zweite Januarwoche beschönigen, indem ich das durchaus zweckdienliche, das westdeutsche, demokratische Ampelmännchen als »stocksteif« bezeichne. Stocksteif hat exakt zehn Zeichen, bringt mir also ein Honorar von – nein, das darf ich nicht sagen. Laut meines Knebelvertrags muss ich Stillschweigen bewahren über alle relevanten Vertragsdaten. Auch dieser Knebelparagraf eines Knebelvertrags kann nur ein Überbleibsel menschenfeindlicher Verträge aus einem Land sein, das ich alljährlich mit 52, meist sogar 53 Texten schönfärben muss.

Der Privatdetektiv damals blieb verschwunden. Es durfte eigentlich auch unter kommunistischer Willkür nicht sein, dass ein Mensch verschwindet. Mitten in Mitteleuropa! Nicht im sowjetischen Asien oder in Mafia-Landen. Hier! In Erfurt! Dem damaligen pulsierenden Verwaltungszentrum des Bezirkes Erfurt. Doch das Verschwinden wurde so gründlich praktiziert, dass sich heute niemand mehr daran erinnern kann, will und darf, dass es in der DDR Privatdetektive gegeben hat.

Die Tochter des Privatdetektivs ließ nicht locker. Sie wurde wieder und wieder bei den Behörden vorstellig. Ihr Vater habe an einer ganz großen Sache gearbeitet. Er habe das Geheimnis hinter den grün gefärbten Zäunen lüften wollen. Zuvor sei er schon in Sonneberg einer noch größeren Sache auf der Spur gewesen. Die Piko-Eisenbahn, die ich in der zwölften Kalenderwoche würdigen muss, hatte mit den künstlich angeborenen Herzfehlern zu tun. Jawohl. Denn es war ja sowjetisches Wismut-Kapital, mit dem die Piko-Eisenbahn-Produktion angekurbelt wurde. Damals, als ich auch mal in Sonneberg zu einer Lesung war – ich hatte meinen ersten Roman in Arbeit, der dann nur zensiert erscheinen durfte, so dass er planmäßig kein Erfolg wurde –, also bereits damals hatte der Privatdetektiv in Sonneberg ermittelt. Die Piko-Modelleisenbahnen aus Sonneberg waren ihm nur Vorwand, um das Wismut-Kapital der ehemaligen Sowjetunion zu durchleuchten. Über die Wismut habe ich vor vier Jahren mal ein Kalenderblatt erarbeitet; es wurde natürlich scharf zensiert, denn ich hatte viele Seiten lang die üblen Machenschaften und vor allem die Gesundheitsgefährdungen der strahlenden Pechblende, des Materials, für das »Wismut« ja nur als Tarnname eingeführt wurde, aufgelistet. Die Redaktion an Rhein und Ruhr strich mir alles auf acht beschönigende Zeilen zusammen …

Kurz: Der Privatdetektiv war schon ins Fadenkreuz der Ermittler gelangt, und so war sein Verschwinden an der Erfurter Ampelkreuzung nur die logische Folge der Sonneberger Ereignisse, wie ich seine Nachforschungen in Sachen Modelleisenbahn und Wismut-Kapital übertiteln möchte.

Die Tochter des Privatdetektivs also – ich erzähle hier über private Dinge, die mir anvertraut wurden, aber einmal muss es ja gesagt werden –, also die Tochter ließ nachforschen. Da bediente man sich eines ganz einfachen Tricks, um sie zum Schweigen zu bringen. Nein, sie verschwand nicht wie ihr Vater, aber sie ließ die Sache auf sich beruhen. Oder, um es deutlicher zu formulieren. Sie brachte die Sache zur ewigen Ruhe.

Um das zu erklären, muss ich das 28. Blatt des überübernächsten Kalenders bemühen, das einiges erklärt. Wer sich an die DDR erinnert, wird sich an die Firma Pouch erinnern. Das 28. Blatt des überübernächsten Kalenders. Im Ort am Muldestausee stand der größte und somit auch führende Produzent für Campingausrüstungen in der damaligen und ehemaligen DDR. Allein mit dieser unbedingt nötigen Information habe ich schon 33 Prozent des mir im Normalfall zustehenden Zeilenkontingents verbraucht. Mit anderen Worten, man will gar nicht wissen, wie es wirklich zuging in jenem Staat, in dem die Tochter des verschwundenen Privatdetektivs, der dem Zeitzer Kinderwagenbabyaustausch und dem Sonneberger Spielzeug-Wismut-Skandal auf der Spur war, zum immerwährenden Schweigen gebracht wurde.

Die Tochter hatte einen Ehemann. Und zwei Stück Kinder. Verschiedengeschlechtlich. Und eine Oma, die die Frau, also die mutmaßliche Witwe des verschwundenen Mannes, jenes in Rede stehenden Privatdetektivs war.

Mit Mann und zwei Kindern und Oma fuhr die Tochter in den Urlaub, um sich von den anstrengenden Recherchen in Sachen ihres Vaters zu erholen. Sie benutzte dazu einen »Trabant«, den ich schon in der sechsten und der 49. Kalenderwoche der Kalender für 2004 bzw. 2007 abgehandelt habe.

Dieser Trabant besaß einen Dachgepäckständer, den ich bisher noch nie als DDR-Produkt kalendarisch erfasst habe. Auf diesem Dachgepäckständer hatte man das Erzeugnis aus der Firma Pouch, ein Schlauchboot, verstaut. Reiseziel war ein Stausee in der ehemaligen Tschechoslowakei, am Fuße der Niederen Tatra gelegen.

Mit diesem Schlauchboot fuhren Vater, Mutter – also Tochter – zwei Stück Kinder und die Oma auf dem Stausee herum und vergnügten sich. Bei diesen Vergnügungen stürzte die Oma ins kalte Wasser. Als man sie glücklich an Land gezogen hatte, schlug sie die Augen auf, meinte, es sei ihr bissel kalt, und dann schlug sie die Augen zu. Für immer.

Die Oma hatte einen Herzschlag erlitten, wie man damals sagte. Einen Herzschlag durfte ich noch nie als Kalenderbild betexten – nicht mal am Rande erwähnen. Am Rande des Sees lag die Oma, mausetot. In der Tschechei, wie man damals sagte, obwohl es auch damals die Slowakei war.

Wer die DDR kennt und sie nicht als »Schöne-Reise-durch-die-DDR« besser machen muss, als sie war, weiß, dass die Bürokratie eine unermessliche war. Im Unterschied zu heute. Wenn man im Ausland verstarb, hatte man Probleme. Nicht allein, weil man dann tot war, sondern vor allem, weil man ein toter DDR-Bürger war. Und ein toter DDR-Bürger außer Landes ist kein guter DDR-Bürger. Ein guter DDR-Bürger stirbt vorschriftsmäßig innerhalb der Landesgrenzen. Wer also in der Tschechei seinen DDR-Geist aufgab, hatte ein Problem.

Die Tochter und deren Mann wickelten das Problem ins Schlauchboot und verstauten beides auf dem Dachgepäckträger. Auf diese Weise gedachten sie, die Oma innerhalb sicherer DDR-Grenzen zu bringen, um sie dort ordnungsgemäß versterben zu lassen.

Doch beim Stopp vor der Grenze, als die letzten Tschechenkronen für Budweiser Bier ausgegeben wurden, während dieser Trink- und Pinkelpause wurde das Schlauchboot der Firma

Pouch mitsamt der darinnen befindlichen Oma vom Dachgepäckträger herunter gestohlen. Kackfrech, also unerlaubt entwendet. Vom großen Unbekannten.

Man kam ohne Schlauchboot zwar sicher über die Grenze, aber wie sollte man die nunmehr als DDR-Bürgerin nicht mehr aus dem ausländischen Ferienparadies auftauchende Oma den Organen erklären? An der Grenze verhielten sich die Organe korrekt und scheinbar höflich, obwohl sie vermutlich informiert waren. Die informierten Organe zu Hause aber fragten dringlich nach der Oma und deuteten an, ein Verfahren einzuleiten. Ein verschwundener Privatdetektiv und dessen verschwundene Frau seien exakt zwei Probleme zu viel. Es sei klar, dass die Tochter, die so unverschämt nach ihrem Vater, der das offiziell nicht existierende Gewerbe eines Privatdetektivs betrieben hatte, gefragt hatte, nun auch das Verschwinden von dessen Frau, also der Oma, deren Schlauchbootfahrt offiziell nicht bekannt war, zu verantworten hatte.

Die Tochter war damit zum Schweigen gebracht worden, zumal man ihr vertraulich mitteilte, dass die Oma möglicherweise in Form einer gefüllten Urne die Grenze rechtmäßig überschritten hatte und an einem den Organen bekannten Ort ihre nun wirklich letzte Ruhe gefunden hatte.

Nichts war geklärt. Es gab ein vertauschtes Kind. Es gab eine Mutter, die mit Maßnahme A und B bedacht worden war. Es gab einen von ihr beauftragten Privatdetektiv, der verschwunden war, mitsamt dubioser Wismut-Piko-Eisenbahn-Gelder – und es gab eine verschwundene Oma im Schlauchboot.

Zwar gab es nun niemanden mehr, der versuchte, die wahren Hintergründe des Baby-Austausch-Mordes im Zeitzer Kinderwagen aufzudecken. Doch die Organe trauten der von ihnen verordneten Friedhofsruhe – wir erinnern uns der Oma in der Urne – nicht. Sie versuchten, noch gründlicher alle Spuren zu verwischen und abzulenken, indem sie ganz unverbindlich eine heitere Geschichte bei einem der Zusammenarbeit unverdächtigen Humoristen in Auftrag gaben. Die Geschichte hieß »Die Oma im Schlauchboot« und erschien in großer Auflage in einem Verlag für Humor und Satire. Fast jeder in der DDR groß Gewordene wird sich an sie erinnern.

Und nun kommt das eigentlich Perfide. Wie weit der Arm dieser Unheil stiftenden Organisation reicht, wird an meinem letzten diesjährigen Unterauftrag deutlich. Der Gesamtauftrag liegt da, mit Unterschrift, Datum und Summe, und sollte mich frohgemut stimmen. Der Auftrag wurde vor ein paar Tagen ausgefertigt. Doch für die 52. Woche, also das 53. Blatt des überübernächsten Jahres, hat man mir ein unheilschwangeres Bild verordnet. Unheilschwanger nur für mich. Das Bild zeigt das Cover eines Buches. »Die Oma im Schlauchboot« lautet der Arbeitstitel für das Blatt. Die farbige Umschlagzeichnung eines gewissen U. Forchner (U für Unterleutnant?) zeigt ein Fantasieauto mit Dachgepäckträger, darauf ein Produkt eines Betriebes namens Pouch, in dem eine menschliche Figur versteckt zu sein scheint.

Damit will man offensichtlich endgültig eine ernsthafte Aufarbeitung dieses unseligen Falles zunichte machen. Und ich soll der Erfüllungsgehilfe sein. Man hat mich ausgesucht, um mich noch einmal zu strafen, weil ich schon damals unbequem war und den Dissidenten Udo U. Schwer kannte. Ich soll mit diesem Kalenderblatt meine widerständigen Ansichten von einst lächerlich machen.

Doch diesmal werde ich meine Chance nutzen. Ich werde diesen soeben geschriebenen Text für die 52. Woche abgeben. Man wird ihn mir auf 488 Zeichen zusammenstreichen, des bin ich gewiss. Aber derjenige, der meinen Text zensiert wie einst, der ihn verharmlost und seiner Brisanz entkleidet, der wird als Hintermann aller Vertauschungen, Vertuschungen, Morde und Schlauchbootdiebstähle kenntlich werden. Ich muss nun geduldig warten, bis mein Kalender zur Drucklegung kommt; vermutlich wird das aus Kostengründen in Tschechien geschehen …

Ans Herz gefasst!

VON BIRGIT HERKULA

Wir hatten die Wende überlebt und heimwehkranke Rückkehrer aus dem Südwesten unseres neuen großen Landes aufgenommen. Noch immer saßen wir in denselben kleinen Büros und arbeiteten mit Computern statt Schreibmaschinen und nunmehr für die Verwaltung der Landeshauptstadt statt des Bezirkes. Wir fuhren zu Lehrgängen und lernten die neue deutsche Verwaltungssprache. In unserer Freizeit paukten wir an der Volkshochschule Englischvokabeln und vertrieben die kyrillischen Buchstaben der russischen Sprache aus unseren Köpfen.

Wir fanden uns zur Sitzung am Montag 9.15 Uhr im Versammlungsraum ein, füllten Kaffeetassen und warteten auf den Abteilungsleiter. Er war ein schmaler, mittelgroßer Mann mit schütterem Haar und verwittertem Gesicht, der jeden Morgen eine halbe Stunde zu Fuß zur Arbeit und abends zurück nach Hause lief, kein Auto besaß und überhaupt nicht so recht wusste, was er mit der neuen Zeit anfangen sollte.

Es war ihm schwer gefallen, unsere Arbeitsplätze zu beschreiben und plötzlich um Einstufungen und Personalstellen streiten zu müssen.

Morgens stellte ich mein Auto auf dem Parkplatz an der Magdeburger Elbe ab, warf der Entenfamilie, die auf der Wiese am Flussrand umherwatschelte, ein paar Krumen alten Brotes zu und stapfte die ansteigende Straße zum Alten Markt hoch. Ich schlängelte mich zwischen Kisten durch, die Gemüseverkäufer und Strumpfhändler für ihre Stände herangeschafft hatten. Über uns thronte in seinem Denkmal Otto der Große als vergoldeter

Reiter. Wenn ich dann das Rathaus betrat, um mich in eine Verwaltungsangestellte zu verwandeln, war das Büro des Abteilungsleiters schon von der Schreibtischlampe erhellt und abends leuchtete es immer noch, wenn ich im Dunkeln zum Auto lief. Obwohl er nicht gern redete und sich in Gesprächen und Auseinandersetzungen eher wortkarg zurückhielt, schuf er doch in diesen langen Überstunden und mit seiner Beharrlichkeit den Erfolg.

Einige der Kolleginnen waren freiwillig in die materielle Wunderwelt der freien Wirtschaft gegangen und verkauften Waschmittel, Staubsauger und Versicherungen. Wir, die wir nicht zum Verkaufen geboren waren, konnten bleiben und wurden mit guten Verträgen in die neuen Angestelltentarife übernommen.

Nun saßen wir da und wunderten uns, wo unser sonst immer pünktlicher Abteilungsleiter blieb.

Dann kam er: ein breiter, großer Mann mit beeindruckendem Bierbauch, dessen Pausbacken im Gesicht rotverschwitzt glühten. Er stapfte mit seinem schweren Körper an die Stirnseite des großen Tisches, an dem wir alle saßen, und begann, ohne uns zu begrüßen, zu reden: »Ja, ich bin Dr. Grand, Grand wie grandios, ha ha.«

Wir waren ahnungslos und in Erwartung unseres Abteilungsleiters nicht zum Spaßen aufgelegt. Das schien den grandiosen Doktor aber wenig zu interessieren. Schnell fuhr er fort: »Ich komme aus Niedersachsen, Beamter im gehobenen Verwaltungsdienst, und bin zu Ihnen im Zuge der Amtshilfe abgeordnet.«

In einer schier endlosen Abfolge zählte er seine erworbenen Amtstitel und Zertifikate auf dem Karriereweg des öffentlichen Dienstes auf und sprach von seinen Verdiensten um die Weiterentwicklung der Verwaltung seines Bundeslandes, die er nun auch gern und nahezu selbstlos unserem Bundesland und uns zur Verfügung stellen würde. Gewisper und Gemurmel durchzogen den Raum. Ich guckte verstohlen auf meine Armbanduhr.

Er hatte eine halbe Stunde geredet, und noch immer war unser Abteilungsleiter nicht erschienen.

»Sie wissen ja«, dabei ließ er seine Stimme in einen sonoren Bass fallen, »Gemeinnutz geht vor Eigennutz!«

Neben mir saß Anke Schmitt, diplomierte Kulturwissenschaftlerin. Wir teilten uns ein Büro, und ich hatte immer viel Vergnügen, wenn sie in kurzen, zugespitzten Bemerkungen die Dinge auf den Punkt brachte und nebenher über deren hintergründige Welten erzählte. Sie ließ sich die Steilvorlage des Dr. Grand nicht nehmen und rief erheitert: »Ja, ja, Montesquieu, was Rednern an Tiefe fehlt, ersetzen sie durch Länge.«

Dr. Grand guckte verblüfft meine Kollegin an, fasste sich schnell und fragte sie nach ihrem Namen.

»Anke Schmitt«, antwortete sie freundlich und sprach weiter: »Bevor Sie sich bei der Abschaffung unseres Systems neue Verdienste erwerben, noch eine Anregung Montesquieus, die er sich schon vor 300 Jahren einfallen ließ, ich zitiere sinngemäß«, sie hob feierlich ihre Stimme: »Verfassungsregeln, Gesetze und Vorschriften, Sitten und Gewohnheiten sind ineinander verwoben und beeinflussen und ergänzen sich gegenseitig. Wer da unüberlegt ändert, gefährdet seine Regierung und die Gesellschaft.«

Es war sehr still geworden. Das Räuspern des Herrn Dr. Grand klang wie ein Gewittergrollen. Aber schnell gewann er an Haltung. »Ich danke Ihnen, Frau Schmitt, für Ihr Interesse an einer Zusammenarbeit.« Er wechselte abrupt das Thema. »Wie schreibt sich Ihr Name eigentlich?«

»Mit tt hinten«, antwortete Anke Schmitt enttäuscht, die sich einen Wortwechsel zu den philosophischen Ansichten Montesquieus erhofft hatte. Aber Herr Dr. Grand lebte im Jetzt und vor allem bei sich selbst.

»TT«, rief er begeistert, »das ist meine Lieblingsspur, Spur der Mitte, Maßstab 1:120, Spurbreite 12 mm, das klingt doch gut!« Schwärmerisch ruderte er mit seinen kräftigen Armen herum, als er mit ihnen den Umfang seiner ersten Modelleisenbahnanlage in die Luft malte. Schweißflecken zeichneten sich in den Höhlen seiner Hemdsärmel ab. »Gut, ich gebe es gern zu, angefangen habe ich auch mit einer kleinen Anlage, rechteckig, Türblatt, Sie wissen …«

Ich wusste es nicht, sah in die Runde, und auch die anderen schienen mit dieser selbstvergessenen Freude nichts anfangen zu können. Sie starrten auf die Tischplatte. Als ich mich zu Wort meldete, dachte ich, so könnte sich das Kind im Märchen »Des Kaisers neue Kleider« gefühlt haben, als es am Schluss sagte, dass der Kaiser doch keinesfalls neue Kleider trüge, sondern nackt sei.

Herr Dr. Grand unterbrach seinen Redeschwall und fragte mich: »Und wer sind Sie?«

»Maria Beifuß, was machen Sie eigentlich hier, und wo ist unser Abteilungsleiter?«

»Bei Fuß, das klingt ja köstlich!«, antwortete Herr Dr. Grand amüsiert, meinen Familiennamen in zwei Worte zerlegend. Dabei lief ihm Speichel aus dem Mund, als ob er gerade an eine Zitrone dachte. Er bewegte sich von der Stirnseite des Tisches auf uns zu und zwängte sich halb zwischen Anke Schmitt und mich. Die anderen Kolleginnen schwiegen und sahen erwartungsvoll ins Leere. Sie wollten eine mögliche Auseinandersetzung zwar erleben, aber doch bitte schön nicht in sie hineingezogen werden.

»Ich«, rief der grandiose Fremde laut triumphierend und spuckte mir auf die Tagesseite meines Kalenders vom 13. Januar, »bin Ihr neuer Chef. Unter meiner Regie werden wir alle bei Fuß«, dabei blickte er zu mir herunter, »tatkräftig gemeinsam die Verwaltung umbauen und an die neuen Erfordernisse anpassen.« Dann holte er kurz Luft und drehte sich zu Anke Schmitt herum: »Schmalspur ist erst nach Feierabend, Sie wissen, Frau Schmitt, TT, ha ha!«, und sprühte beim Reden Nebel auf ihren Notizblock. Dann begab er sich wieder zur Stirnseite des Tisches und fuhr fort: »Ach ja, Ihren Abteilungsleiter Herrn Reimann habe ich beurlaubt, es wird ja jetzt sowieso alles anders, soll er sich ausruhen, seinen Vorruhestand genießen, in der freien Welt schön Auto fahren, war ja immer eingesperrt.«

Unser Chef fährt kein Auto, dachte ich wütend und flüsterte Anke Schmitt ins Ohr: »Wenn sein Spucken von *Helicobacter pylori* kommt, könnten wir ihn bald los sein.«

Nach dem Abitur wollte ich gern Medizin studieren, aber mein Notendurchschnitt führte mich statt zu den Modellen aufgeklappter Herzen in die trockene Welt der Verwaltungslehrbücher.

Medizin blieb mein Hobby, die Beschäftigung mit medizinischen Fachbegriffen wurde zu meiner Leidenschaft. Im Büro begegnete ich Anke Schmitts Begeisterung für französische Gelehrte gern mit Vorträgen über Krankheiten und den bei ihnen ansetzenden modernen Heilverfahren. Und so hatte ich für Herrn Dr. Grand nach seinem Spucken gleich die passende Krankheit parat: ein Geschwür des Magens oder gar Zwölffingerdarms, verursacht durch Stäbchenbakterien, das ihn früher oder später außer Gefecht setzen und uns unseren Frieden und Herrn Reimann zurückbringen würde. Zwar konnte Anke Schmitt mit *Helicobacter* nichts anfangen, aber die Aussicht auf ein Büroleben in den gewohnten Bahnen ließ sie doch erleichtert aufseufzen.

Aber es kam anders. Herr Dr. Grand verwaltete zuerst sich selbst und stufte sich zwei Besoldungsgruppen höher ein. Dann strukturierte er uns um. Aus unserem Kollektiv wurde ein Team, aus der Abteilung ein Dezernat und aus der Assistentin des Abteilungsleiters eine Referentin.

Aus uns Kolleginnen wurden Teamer, und wir trafen uns jeden Montag um Viertel nach neun statt viertel zehn zum Jour fixe statt zur Sitzung.

Die Apfelsinen, die wir uns danach in der Kantine griffen, hießen fortan Orangen. Warum wir uns aber statt Broiler Hähnchen auf den Teller legen lassen sollten, war uns beiden nicht klar, und wir fragten Herrn Dr. Grand, der schnaufend hinter uns stand, an einem kalten Wintermontag, warum Englisch doch so erwünscht, hier aber verbannt werden sollte. Wir rückten zur Kasse vor und so blieb ihm eine Antwort erspart. Obwohl wir uns an den letzten Tisch in der von einer angestaubten Sansevieria verdeckten Ecke platzierten, entdeckte uns Herr Dr. Grand und setzte sich ungefragt hinzu. Er teilte sein tellergroßes Steak in wenige Teile und verschlang es wie eine Schlange ein Kaninchen nach einem halben Jahr Esspause. Kurz holte er Luft und erzählte uns von seinem geplanten nächsten Ausflug zu einer Modelleisenbahnausstellung nach Berlin: »Lichtenberg, ist ja nun auch freier Osten.«

Ich schnitzte an meiner Hühnerkeule herum und guckte zu Anke Schmitt.

Ihre stahlblauen Augen funkelten ihn an, sie griff sich in ihre goldgelben, langen Haare und wickelte sie vor ihrem Mund zu einem Bündel. In der Kantine wurde es still. Unsere Kolleginnen warteten gespannt, ob wir die Beherrschung verlieren und uns dem Leitwolf zum Fraße vorwerfen würden.

Als Anke Schmitt ihm antwortete: »Hm, interessant, wonach suchen Sie denn da?«, wusste ich, dass sie einen Plan hatte. Herr Dr. Grand sah sie erfreut an und schwärmte von seinen Modellen aus der DDR-Zeit, Barkas, Wartburg, Ikarus, mit denen er die Straßen entlang der Eisenbahnlinien schmückte.

»Jetzt hole ich mir noch einen Trabant P50, bekommt man ja mit Westgeld ohne Anmeldung, ha ha.« Sein lautes Lachen schallte einsam durch den Raum. Und da er sich nun aufmerksamer Zuhörerinnen gewiss war, redete er unbekümmert weiter. Wir erfuhren, dass Herr Dr. Grand in einem Stadtfelder Miethaus wohnte und sich auf dem großen, wenn auch leicht feuchten Dachboden, in den es immer mal wieder hineinregnete, ausgebreitet hatte: »Und damit ich das alles unterbringen kann, habe ich den Dachboden bei mir ausgebaut, einen Floor, auf dem man herrlich dancen kann, aber das geht nun nicht mehr, weil meine Anlage alles ausfüllt.«

Anke Schmitt raunte mir ins Ohr: »Krokodilklemmen, das könnte klappen.« Was sie damit gemeint hatte, würde sich mir erst später erschließen.

Die Jahre gingen ins Land. Nach und nach bekam Herr Dr. Grand seine Belegschaft in den Griff. Er hatte das Dezernat in Referate geteilt, die Leiterposten an besonders fügsame Kolleginnen vergeben und überraschte hier und da eine Kollegin mit der Einstufung in eine höhere Gehaltsgruppe. Unser Büro blieb außen vor. Wir waren mit unseren lautstarken Bemerkungen in Ungnade gefallen und sollten von dieser zur stillen Freude der Kolleginnen nicht mehr erlöst werden.

Herr Dr. Grand erfreute uns bei den Jour-fixe-Treffen mit Brainstormings, in denen er die Spielregeln ernst zu nehmen schien. Nach kurzen Bemerkungen zum verwaltungstechnischen Alltag griff er die in kürzester Zeit geäußerten Ideen auf, kombinierte und entwickelte sie frei weiter. Kommentare, Korrekturen und kritische Würdigungen brachte er nicht an, was allerdings daran lag, dass sämtliche Ideen von ihm stammten. Selbstvergessen ließ er in Gedanken Autos über seine Modelleisenbahnen und durch die Wolken fahren: »Bei mir geht das, mit dem Auto zur Arbeit fliegen, da gibt es keinen Stau mehr und man kann sich gleich aus der Luft auf einen Parkplatz stürzen!« Begeistert klatschte er mit der Hand auf den Tisch und spuckte beim Reden weiter vor sich hin.

Ursache hierfür waren wohl nicht *Helicobacter*-Bakterien, da er sich offensichtlich bester Gesundheit erfreute und sich weder mit Magen- noch gar Zwölffingerdarmgeschwür vom Dienst zu suspendieren gedachte. Überhaupt lag ihm seine Gesunderhaltung sehr am Herzen und weit mehr auf der Seele als auf dem Magen. So fielen immer öfter unsere Montagssitzungen aus. Herr Dr. Grand schickte uns Karten aus großen Städten in Europa, in denen er sich mit dem Besuch von auf TT-Spur spezialisierten Modelleisenbahnausstellungen auf ärztliche Empfehlung hin von den Verwaltungsstrapazen erholte. Als Privatpatient seiner Krankenkasse kurte er alljährlich in den Bergen und auf Inseln und werkelte dort an den Modulen seiner immer größer werdenden eigenen TT-Anlage. Nach sechs Wochen Sommersonne auf Sylt stand er eines Montagmorgens wieder vor uns und veranstaltete im Jour fixe ein Mind Mapping. An die Wand pinnte er das zentrale Thema *Team*. Nachdem alle betreten schwiegen und in die Ferne sahen, war klar, dass er sich meiner erinnern würde. Er trennte meinen Familiennamen wieder in zwei Worte und sprach sie gedehnt aus: »Maria bei Fuß, wie wäre es denn?«

Neben mir saß Anke Schmitt an, die verstohlen ihre Hände zu einem Krokodil gefaltet hatte. Blitzartig verstand ich ihren Plan und war dabei.

Ich schrieb die Worte *TT* und *Höhenflug* auf Karten und pinnte sie an. Der Bann war gebrochen. Am Ende des Treffens wünschten sich alle einen Ausflug auf Herrn Dr. Grands Dachboden.

»Na denn«, sagte er, und seine Stimme klang dabei etwas zu fröhlich, »lade ich Sie herzlich zu mir ein, Samstag um 10.00 Uhr zum Subbotnik auf den Boden, vier Treppen, kein Fahrstuhl.«

Wir guckten ihn entgeistert an, bis er weiter sprach: »Keine Bange, es gibt keinen freiwilligen, unbezahlten Arbeitseinsatz, es ist nur etwas modrig.«

Obwohl uns Dr. Grand mit dieser Kenntnis unserer versunkenen Arbeitswelt verblüffte, wackelten Anke Schmitt und ich nicht gönnerisch. Unser Plan stand fest. In den verbleibenden Tagen würden wir die entsprechenden Vorbereitungen treffen können.

Dr. Grand ließ, wenn er sein Büro verließ, um uns von seinen Kauferfolgen bei Ausstellungen zu erzählen, die Tür stets unverschlossen. So war es für mich nicht schwer, mir, als er in einem anderen Büro verschwunden war, sein Schlüsselbund vom Schreibtisch zu holen. Ich wusste, wenn Herr Dr. Grand einmal ins Schwärmen geriet, würde er sich in der nächste Stunde nicht wieder staubigen Akten widmen. Ich huschte aus dem Amt und ließ beim Schlüsseldienst im Supermarkt um die Ecke den Bodenschlüssel, der durch einen Chip mit den Buchstaben *TT* und eine abgebildete kleine Eisenbahn gekennzeichnet war, nachbauen. Zurück im Amt war Dr. Grand noch immer unterwegs, als ich das Schlüsselbund auf seinen Tisch legte. Anke Schmitt grinste mich an.

Im PC guckten wir auf seinen Terminkalender. Am Donnerstag war er nachmittags zu einem Checkup bei seinem Hausarzt eingeladen. Wir hatten Zeit, uns die Utensilien für die Verwirklichung unseres Planes zu besorgen, kauften im Baumarkt Krokodilklemmen und Bananenstecker.

Am Donnerstag verging die Zeit schleichend, bis wir endlich Dienstschluss hatten. In Herrn Dr. Grands Hausflur roch es nach mit Frühlingsblumenduft gewischten Fußböden. Wir schleppten unseren Werkzeugkoffer die vier Treppen zum Boden hoch und waren froh, dass uns niemand gesehen hatte. Der Schlüssel passte in die Bodentür. Ich öffnete sie, aus dem Dunkel schlug uns ein muffiger Geruch entgegen.

Anke Schmitt schob den Koffer hinein, ich tastete nach dem Lichtschalter. Dann sahen wir sie: die Eisenbahnanlage! Sie umfasste in ihrer Fläche fast den gesamten Dachboden. Ringsherum war nur ein knapp ein Meter breiter Weg freigelassen. Wir liefen um sie herum und sahen unser Land en miniature, Dörfer mit Kirchen, Hochhäuser in Städten, Berge und Seen, dazwischen Straßen. Das Landschaftsbild war von zahllosen Schienen durchzogen. Auf ihnen standen Züge im Dornröschenschlaf, die auf die Weiterfahrt warteten.

Aber zum Spielen hatten wir keine Zeit und machten uns an die Arbeit. Anke Schmitt packte das Werkzeug aus. Ich fand den alten Sicherungskasten und drehte die Sicherung heraus. Wir zogen die Stromleitungen aus dem Trafo, führten sie unter dem Gehäuse des Trafos durch, drehten sie in Bananenstecker und verbanden sie mit Krokodilklemmen. Diese klemmten wir direkt an die Stromschienen der Eisenbahn, auf der hinteren Seite, die vom Reglerpult verdeckt wurde.

Herr Dr. Grand würde hochrot schwitzen und spucken und an Herzversagen danieder sinken. Dann könnten wir wieder deutsch miteinander reden, würden die ruhigen Altzeiten ohne Vorträge über Modellbahnen aufleben lassen, uns auf Gehaltserhöhungen freuen und meinen Namen richtig ausgesprochen hören: »Beifuß!«, mit der Betonung auf der ersten Silbe.

Als wir die Sicherung wieder eingesetzt und das Werkzeug eingepackt hatten, verwischten wir ringsherum unsere Spuren im Staub, schlossen die Tür hinter uns und liefen ungesehen durchs Treppenhaus.

Am Freitag lebte Herr Dr. Grand noch. Er rief uns zusammen und erklärte: »Der Dachboden ist nicht ganz sauber, aber wir werden schon unseren Spaß haben, also Samstag um 10.00 Uhr sehen wir uns bei mir. Ich habe auch noch eine Überraschung für Sie!«

Wir wussten, seine Überraschung würde die riesige Anlage sein. Dass wir die größere Überraschung bereithielten, würde er leider nicht mehr würdigen können.

Am Samstagvormittag versammelten wir uns mit den Kolleginnen des Dezernates vor dem Haus und stiegen zum Dachboden herauf. Herr Dr. Grand hatte uns kommen hören und öffnete uns von innen die Tür. Wir schoben uns nacheinander an der Vorderseite der Anlage entlang, bis wir alle einen guten Blick auf das weitläufige Modell hatten. Herr Dr. Grand begrüßte uns und sagte, mit einer verschwörerischen Geste in die Ecke des Raumes weisend: »Ich will Sie nicht länger auf die Folter spannen und Ihnen gleich die Überraschung präsentieren. Ich habe mir gedacht, dass es Sie doch freuen würde, noch einmal ihren alten Chef zu sehen. Habe mich mal mit ihm getroffen, ging ja damals alles ziemlich schnell mit seinem Ruhestand. Und dass er so ein Spezialist für TT-Bahnen ist, war ja eine schöne Fügung. Nun komm schon, Karl!« Er blickte zur Seite.

Aus der Ecke tauchte ein dünner Mann mit gebeugtem Rücken ins Licht, und da erkannten wir ihn: Herr Reimann stand vor uns, musterte uns kurz, ließ sich von Herrn Dr. Grand gönnerisch auf die Schulter klopfen und guckte dann auf die Eisenbahn. Wäre er damals nicht so wortkarg gewesen, hätten wir erfahren können, dass er Modelleisenbahnen liebte. Während sich unsere Kolleginnen freuten, standen Anke Schmitt und ich schreckstarr da. Als Herr Dr. Grand den Strom anstellte und Herr Reimann ganz dicht an die Platte herantrat, schrien wir beide: »Nein!«

Aber da hatte sich Herr Reimann schon ans Herz gefasst und drehte sich im Fallen halb zu uns um, ohne ein Wort gesagt zu haben.

Die Sache war klar. Der Kommissar führte uns ohne Handschellen ab.

Poker für die Mumie

VON THOMAS NOMMENSEN

Ludger Holbein erkannte sofort, was der Junge vorhatte. Wie der Kleine seine Hand zum Gesicht führte, sich dann kurz zur Seite drehte – eindeutig. Holbein hatte einen Blick für so etwas, fuhr aber in seinem Vortrag fort und ließ sich nichts anmerken.

»Ritter Christian Friedrich von Kahlbutz wurde 1651 hier im brandenburgischen Kampehl geboren«, sagte er und versicherte sich mit einem Blick der ungeteilten Aufmerksamkeit der Besuchergruppe. »1702 wurde er beigesetzt, doch sein Leichnam«, er senkte seine Stimme, »verwest bis heute nicht.«

Holbein beobachtete den Jungen aus den Augenwinkeln. Jetzt hielt der Racker seine Hand hinter dem Rücken versteckt, sah sich verstohlen in dem Gemäuer um, machte einen schnellen Schritt auf den Sarg mit dem gläsernen Deckel zu. Was nun kommen würde, kannte Holbein zur Genüge: Der Bengel würde seinen Kaugummi irgendwo an der Unterseite ankleben. Während Holbein überlegte, wie er dieses Attentat noch kurzfristig verhindern könnte, riss der Junge plötzlich die Arme in die Luft und brach in schallendes Gelächter aus.

Ein heller Klumpen löste sich mitten in der Bewegung von der Hand des Jungen, Holbein konnte die Flugbahn allerdings nicht zu Ende verfolgen, denn nun kreischte der Junge los: »Kahlbutz trägt ja eine Sonnenbrille. Wie cool ist das denn?«

Für einen kurzen Moment wurde es still. Holbein stand mit offenem Mund vor der Zuhörerschar, die ihn verdutzt ansah.

Leises Flüstern setzte ein, wurde lauter, erste hysterische Aufschreie waren zu hören. Zwischen den kahlen Wänden des

Gemäuers schaukelte sich das Echo der durcheinanderkreischenden Menschen immer weiter auf, schließlich brüllte ein Mann: »POLIZEI.«

So etwas hatte Holbein noch nicht erlebt. Was für ein Durcheinander in seiner heiligen Gruft. Sonnenbrille, so ein Quatsch, dachte er. Vorhin hatte er doch selbst den Ritter in Augenschein genommen. Oder hatte er das heute vergessen, weil ihn die Sache mit dem verschwundenen Auto so beschäftigte?

»Ruhe!«, rief er und als niemand reagierte, drängelte er sich zwischen den Besuchern hindurch zum Sarg. »Sehen Sie, das sind nur die Augenhöhlen, zusammen mit den Lichtreflexen auf der Glasscheibe –«, setzte er an, stockte dann abrupt, stützte sich mit den Händen links und rechts auf dem Rahmen des Glasdeckels ab und brachte sein Gesicht dicht vor die Scheibe.

»Das gibt es nicht«, flüsterte er, und das Glas beschlug unter seinem Atem. »Das ist … Das bin ja ich.« Er drückte sich vom Sargdeckel hoch, richtete sich schwankend auf. Für zwei Sekunden stand er, unsicher und mit wirrem Blick. Dann versagten seine Beine und er kippte nach vorne über.

Aus der Besucherschar löste sich ein Mann, machte zwei schnelle Schritte auf Holbein zu und fing ihn gerade noch rechtzeitig auf. Das Letzte, was Holbein sah, war der helle Kaugummi, der auf dem linken Brillenglas des Mannes klebte, dann versank die Krypta in Dunkelheit.

»Er stinkt.« Oskar verzog das Gesicht, drehte seinen Kopf kurz in Richtung Rückbank, auf der Bruno eingeklemmt zwischen Fahrersitz und dem auf Liegeposition gebrachten Beifahrersitz hockte.

Mit der einen Hand stabilisierte Bruno den lederartigen Körper auf dem Vordersitz, mit der anderen machte er eine wedelnde Bewegung in Richtung Frontscheibe. »Guck nach vorne. Ich will nicht an so einem blöden Alleebaum landen.«

»Er stinkt trotzdem.« Oskar wandte seinen Blick zurück auf die Straße. »Ich mache jetzt wenigstens ein Fenster auf.«

»Das lässt du schön bleiben, du Vollpfosten. Nachher reißt ein blöder Windstoß dem Typen noch die Haut vom Gesicht, oder womöglich den ganzen Kopf runter. Und dann«, Bruno reckte sich so weit empor, bis er Oskars Augen im Rückspiegel sehen konnte, »… und dann können wir die große Kohle vergessen, und die Reste von ihm höchstens als Hundebeißknochen verscherbeln.«

Mit lautem Gehupe zog ein moderner Traktor am Seitenfenster vorbei und scherte haarscharf vor ihnen wieder ein. Das war sicher schon das zehnte landwirtschaftliche Fahrzeug, das sie auf der kurzen Fahrt überholt hatte, leider nicht zu ändern, denn der Wagen fuhr einfach nicht schneller. Gestern, als sie ihn vor dem kleinen Haus in Kampehl entwendet hatten, war ihnen das »25«-Schild auf dem Kofferraum nicht aufgefallen.

Als Ludger Holbein die Augen aufschlug, hatte er den Eindruck, in dunkler Nacht irgendwo draußen in der Feldmark zu liegen. Beine und Rücken fühlten sich eiskalt an, und über ihm hing ein blasser Mond am sternenlosen Himmel.

»Hallo, aufwachen«, sagte der Mond.

Holbein blinzelte, sah, dass der Mond eine Brille trug, und nach einem weiteren Blinzler konnte er auch die Augen dahinter erkennen.

»Alles in Ordnung?«, fragte der Brillenträger ihn besorgt.

Holbein nickte, sein Blick wurde langsam klarer. Er registrierte nun auch, dass der Mond einen Körper hatte und dieser in einem braunen Cordanzug steckte. Holbein tastete rechts und links von sich über den Boden, spürte kalte Fliesen unter seinen Fingern, Fugen dazwischen. Die Krypta, natürlich, der Sarg. Abrupt richtete er sich auf. Der Mann im Cordanzug reichte ihm eine Hand. Holbein zog sich hoch, kämpfte gegen das Schwindelgefühl. Der Tote, schoss es ihm durch den Kopf, trotz der Sonnenbrille hatte er ihn natürlich sofort erkannt. Statt der Mumie lag unzweifelhaft sein Zwillingsbruder Hannes in dem Glassarg!

Ludger Holbein kämpfte gegen die Tränen, wischte sich mit der Hand mehrfach über die Augen, dann flüsterte er mit rauer Stimme: »Was, verdammt noch einmal, ist hier passiert?«

»Das würde ich allerdings auch gerne wissen.« Der Mann ihm gegenüber griff in die Innentasche seines abgewetzten Cordanzuges, zog einen Ausweis hervor, den er kurz schwenkte und gleich wieder verschwinden ließ. »Sandmann, Valentino Sandmann. Hauptkommissar im Urlaub. Mit gleichnamiger Puppe aus dem Vorabendprogramm weder verwandt noch verschwägert. Schon gar nicht mit diesem West-Plagiat.«

Trotz der ernsten Situation kicherten einige Besucher.

Holbein war nicht zum Lachen zumute. Ganz im Gegenteil. Sein Bruder, mit dem er sich das geerbte Häuschen von Tante Pauline seit vielen Jahren teilte, lag nun tot vor ihm. Und als ob *dieser* Verlust nicht schon reichen würde, war auch noch die Mumie des ihnen anvertrauten Ritter Kahlbutz verschwunden. Hannes und er hatten sich mit den Führungen abgewechselt, eine für die Gemeinde Kampehl optimale Konstellation. Und jetzt das! Ludger Holbein wünschte sich, der Boden des Gemäuers möge sich öffnen und ihn, den Sarg und die ganze Bagage verschlingen.

»Bitte treten Sie zurück und fassen Sie nichts an.« Hauptkommissar Sandmann lief mit ausgebreiteten Armen vor dem Sarg hin und her und versuchte, die neugierigen Besucher auf Abstand zu halten. »Das gilt auch für Sie!«, wandte er sich schließlich an Holbein und bugsierte ihn vorsichtig in eine Ecke des Raumes. »Ich werde die Besucher in die Gaststätte gegenüber bringen und die Personalien aufnehmen«, raunte er Holbein zu, der immer noch wie in Trance wirkte. »Denn mit Verstärkung …«, er warf einen Blick in den Raum, um zu prüfen, ob jemand seine Worte hören würde. »Mit Verstärkung sieht es schlecht aus. Ich habe vorhin im Polizeifunk gehört, dass aus den Ruppiner Kliniken zwei Verrück– na ja, Sie wissen schon ...« Er tippte sich mehrmals mit dem Zeigefinger auf die Stirn. »Solche Menschen eben entkommen sind.«

»Polizeifunk?«, echote Holbein.

»Ja, ich bin zwar im Urlaub, aber man will ja auf dem Laufenden bleiben. Eine Berufskrankheit quasi. Jedes ältere Autoradio lässt sich leicht so manipulieren, dass ...« Er biss sich auf die Zunge. Wie käme er denn jetzt dazu, Holbein illegale Tipps zu geben? »Jedenfalls ist einschließlich Büroboten und Drehstühlen alles unterwegs, was zum Polizeidienst gehört. Ich fürchte, wir müssen hier erst einmal alleine klarkommen.«

»Autoradio ...« Holbein sah Sandmann mit einem irren Blick an. »Ja, das Auto war nicht da, heute Morgen. Ich dachte, er wäre vielleicht in die Stadt gefahren.«

»Was, wer und welches Auto?« Sandmann schüttelte verwirrt den Kopf.

»Hannes sein Auto. So'n ganz kleines. Kann man sogar mit 'nem Mopedschein fahren.«

Sandmann verstand langsam. »Also, der Tote im Sarg ist Ihr Bruder Hannes, von dem Sie glaubten, er wäre mit dem Wagen unterwegs. Das ist – nach der aktuellen Situation – allerdings eher unwahrscheinlich.«

»Ja«, sagte Holbein traurig. »Eigentlich ist es seine Schicht, die ich jetzt mache. Ich wäre heute Nachmittag dran gewesen, wenn die Investoren kommen. Aber als heute Morgen der Wagen nicht vor dem Haus stand –«

»Investoren?«, unterbrach ihn Sandmann.

»Japaner. Die wollen hier eine Fabrik für Chips bauen. Soll Arbeitsplätze bringen.«

In diesem Moment erklangen die piepsigen Klingeltöne eines älteren Handys. Sandmann drehte sich empört um und versuchte das Geräusch zu orten. Wenn ihn nicht alles täuschte, dann kam die Melodie direkt aus ... Er hastete zum Sarg, legte sein Ohr auf den Deckel, richtete sich abrupt wieder auf und rief Holbein zu: »Wir brauchen einen Schlüssel für das Dings, aber schnell!«

Bruno hatte Kopfschmerzen. Die Sonne brannte auf das Autodach, und allmählich nervte ihn der penetrante Gestank des alten Kahlbutz' ebenfalls. Er warf einen Blick auf die Mumie, die mit gefalteten Händen auf dem Vordersitz mehr lag als saß. Gestern Nacht war es eine ziemliche Prozedur gewesen, den leichten aber steifen Körper in den kleinen Wagen zu bugsieren, denn die Gelenke waren nicht biegsam und die Haut brüchig wie Pergament.

»Was meinste, wie viel kriegen wir für den ollen Kalle?«, grölte Oskar vom Fahrersitz gegen die laute Lüftung an.

Bruno überlegte. Gestern hatten sie die Mumie spontan eingepackt, die Gelegenheit war einfach zu günstig gewesen. Dieser Holbein hatte ja auch in den höchsten Tönen geschildert, wie wertvoll der Ritter für die Gemeinde doch sei. Aber über das konkrete Wie und vor allem das Wieviel hatte er sich noch keine Gedanken gemacht. Den Ritter irgendwo verstecken, eine Geldübergabe mit dem Bürgermeister klarmachen – ja, wie bei einer richtigen Entführung musste das laufen. Wichtig war: Man durfte auf keinen Fall zu wenig verlangen, sonst glaubte die andere Partei nicht, dass man es ernst meinte. Also mindestens tausend Euro. Und wenn der Bürgermeister nicht spurte, dann würde er dem Ritter ein Ohr abschneiden und ihm zuschicken. Bruno warf einen Seitenblick auf den verschrumpelten Kopf vor sich und musste trocken würgen. Na ja, vielleicht würde es ohne das gehen.

»Bruno, wir können auch einen Ferrari verlangen. Oder ein Flugzeug. Boah, dann fliegen wir nach Hawaii oder nach Usedom und lassen uns die Sonne auf den Bauch scheinen.« Oskar drehte sich zu Bruno um, wackelte mit dem Kopf und begann zu singen: »Es gibt kein Bier auf Hawaii, es gibt kein Bier –«

»Pass auf die Straße auf, du Trottel!« Bruno schrie und umklammerte den Ritter fester.

Oskar fluchte und kurbelte wie ein Verrückter am Lenkrad. Das Heck des Wagens brach aus. Bruno wurde mit Wucht gegen den Vordersitz gepresst und spürte, wie seine Hand tief zwischen die Beine des Kahlbutz' rutschte.

Ludger Holbein kratzte sich am Kopf. »Den Schlüssel hat der Bürgermeister, und der Pfarrer hat natürlich auch einen.«

Kommissar Sandmann nickte, prüfte den Verschluss des Sargdeckels, rüttelte oben, schob unten und hatte die hölzerne Einfassung plötzlich einige Zentimeter angehoben. »Ist gar nicht abgeschlossen«, rief er, klappte er den Deckel vollends auf und verzog angewidert das Gesicht. Was für ein Gestank!

Das Handy piepste noch immer. In diesem Moment bewegte der Tote seinen Arm. Trotz der Enge in dem Sarg wanderte seine Hand geschmeidig in die Hosentasche und kam mit einem Handy wieder hervor. Er fingerte an dem Gerät herum, hielt es sich dann ans Ohr.

»Moin, moin, hier ist Hannes«, grummelte er müde und schob sich mit der freien Hand die Sonnenbrille in die Stirn.

Als Profi blieb Kommissar Sandmann auch in dieser Situation die Ruhe in Person. Er zückte seinen Dienstausweis und beugte sich über den Sarg.

»Sandmann, Valentino Sand–«

Weiter kam er nicht, denn nun stieß der Totgeglaubte einen gellenden Schrei aus, setzte sich mit lautem Poltern im Sarg auf und brüllte: »Verfluchte Scheiße, was macht ihr denn alle in meinem Schlafzimmer?«

Oskar rüttelte noch einmal an dem Kotflügel des Wagens und kam dann vorsichtig aus dem Graben geklettert.

»Das kannst du vergessen. Die Achse ist gebrochen«, rief er Bruno zu, der seit einigen Minuten versuchte, den Kahlbutz so gegen einen Baum zu lehnen, dass er nicht ständig wieder umkippte.

Bruno fluchte noch immer leise vor sich hin. Sie hatten zehn Minuten in dem havarierten Wagen gesessen und sich gegenseitig angebrüllt, doch dann war ihm klar geworden, dass es besser war, seinen Ärger runterzuschlucken. Schließlich mussten sie mit dem wertvollen Ritter schnellstens von der Straße verschwinden, und dazu brauchte er Oskars Unterstützung.

»Los, komm her!« Er winkte seinen Kumpan zu sich. »Jeder einen Arm. Da vorne scheint ein Gehöft zu sein, wir tragen ihn das Stück und dann sehen wir weiter.«

Wenige Minuten später erreichten die beiden Arm in Arm mit dem Kahlbutz einen großen Bauernhof. *Biologische Viehhaltung. Tägliche Führungen*, verkündete ein Schild.

Bruno wischte sich mit dem Ärmel über das verschwitzte Gesicht. Der Platz zwischen den Gebäuden war menschenleer. Im Schatten der Scheune parkte allerdings ein moderner Reisebus mit geöffneten Türen.

»Denkst du auch, was ich denke?« Er sah zu Oskar rüber.

»Klar«, sagte dieser schnell, zeigte auf den Bus und grinste. »Wir klauen das Ding.«

»Schwachkopf, so wie du gerade den Kleinwagen zerlegt hast, kommst du mit so einem Geschütz auf keinen Fall klar. Nein, nein, wir brauchen ein Handy, um mit dem Bürgermeister Kontakt aufzunehmen. Außerdem bin ich pleite. Ich werde mich in dem Bus umsehen, und du warnst mich, wenn jemand von der Reisegruppe kommt. Verstanden?«

Oskar nickte eifrig und erinnerte dabei ein wenig an den Wackeldackel, der sich auf der Hutablage des gestohlenen Wagens befunden hatte.

Bruno kletterte in den Bus, schob sich durch den schmalen Gang, klopfte mit beiden Händen die zurückgelassenen Kleidungsstücke ab und wurde schnell fündig: ein modernes Handy, das nicht mal mit einem Passwort gesichert war. Jetzt musste er nur noch etwas Geld finden.

Oskar hatte sich inzwischen mit dem Kahlbutz im Arm tiefer in den Schatten des Reisebusses zurückgezogen. Nicht, dass der Ritter noch Sonnenbrand bekommt oder ein Ozonloch oder so etwas. Er wollte Bruno einfach keinen Grund für erneute Zurechtweisungen bieten. Plötzlich hörte er Stimmen, die hoch und fein, wie ein Schwarm Bienen, in einer unbekannten Sprache durcheinandersummten. Oskar riskierte einen Blick hinter dem Bus hervor. Tatsächlich, ein ganzer Trupp kleiner Menschen mit dunklen Haaren und schmalen Augen kam aus einem der Gebäude direkt auf ihn zu. Oskar überlegte nicht lange – das machte er nie –, aber diesmal überlegte er besonders wenig lange. Er packte sich den Ritter vor die Brust, eilte zur rückwärtigen Tür des Busses, zog sich keuchend am Geländer ins Innere und ließ sich dann mitsamt Mumie auf die hintere Bank sinken.

»Bruno«, japste er atemlos. »Bruno, versteck dich. Die Chinesen kommen.«

»Das hast du gemacht?« Ludger Holbein starrte seinen Bruder Hannes, der inzwischen dem Sarg entstiegen war, entsetzt an. Kommissar Sandmann hatte die übrigen Besucher aus der Krypta geführt.

»Du hast den beiden Fremden mitten in der Nacht den Ritter gezeigt? Eine Privatführung, weil ... weil ...« Ludger Holbein stotterte vor Aufregung. »Weil du beim Skat in der Dorfkneipe gegen sie verloren hast? Ich fasse es nicht!«

»Poker«, sagte Hannes Holbein kleinlaut.

»Poker? Hast du das jemals vorher gespielt?« Ludger sah seinen Bruder streng an.

Hannes schüttelte resigniert den Kopf. »Nee, aber is' doch auch egal. Ich habe den beiden gleich gesagt, dass ich keinen Schlüssel habe. Die wollten nämlich unbedingt mal die Haut vom Kahlbutz anfassen. Aber wie wir so vor dem Sarg stehen, und ich meinen Vortrag starte, fummelt der eine plötzlich mit einer Büroklammer am Schloss rum. Ich versuche natürlich, ihn wegzuzerren, aber da muss mir der andere was über den Schädel geschlagen haben. Jedenfalls ging bei mir ratzfatz das Licht aus.« Hannes warf einen Seitenblick auf den immer noch offen stehenden Sarg. »Eigentlich habe ich in dem Ding richtig gut geschlafen.«

»Dann kannst du dich gleich wieder reinlegen.« Ludger funkelte seinen Bruder böse an.

»Wie reinlegen?«

»Die Investoren kommen in wenigen Minuten – schon vergessen? Und wer ist nicht da, wo er sein sollte? Na, dämmert es?«

»Wie, du meinst ... Ich soll mich noch mal in den Sarg legen? Nein, Ludger, auch wenn ich momentan nicht ganz frisch aussehe – als Mumie gehe ich ja wohl noch nicht durch. Da müssen wir etwas anderes finden.«

Ludger grübelte fieberhaft, was denn als Ersatz-Kahlbutz herhalten könnte. Plötzlich schlug er sich mit der flachen Hand gegen die Stirn und sah Hannes grinsend an: »Auch wenn ich es bisher nicht erwähnt habe, ich habe sehr wohl mitbekommen, wie du vor einigen Wochen dieses große, diskret verpackte Paket bekommen hast und damit dann husch, husch für längere Zeit auf deinem Zimmer verschwunden bist.«

Hannes schluckte. »Na gut, wenn du es sowieso schon weißt, dann legen wir *sie* eben in den Sarg. Aber du musst mir helfen, ich habe sie auf dem Dachboden versteckt.«

Bruno und Oskar kauerten auf der Rückbank des Busses und machten sich so klein wie möglich. Der Kahlbutz klemmte zwischen ihnen und sah mit der Wolldecke, die sie ihm über Kopf und Schultern gehängt hatten, ein wenig wie ein Mönch aus. Seit Minuten rumpelte der Reisebus über holprige Landstraßen, doch von ihrer Position konnten die beiden nur die Kronen der Alleebäume am Fenster vorbeirauschen sehen.

»Wohin fahren wir denn?«, flüsterte Oskar.

»Keine Ahnung. Ist mir auch egal«, brummte Bruno schlecht gelaunt und überlegte gleichzeitig, wie er sich an seinem linken Fuß kratzen könnte, ohne den Ritter loszulassen.
»Vielleicht fahren die jetzt nach Hause?«
»Nach Hause?«
»Ja, nach China, und wir müssen mit. Bruno, da hab' ich keinen Bock drauf. In China haben die ja nicht mal ordentliches Besteck und sprechen auch so komisch.«
Bruno stöhnte: »Das sind doch Japaner.«
Der Bus wurde langsamer und kam mit einem Schnaufen zum Stehen. Nachdem der letzte Reisegast den Bus verlassen hatte, richtete sich Bruno vorsichtig auf. Der Fahrer saß noch auf seinem Platz, war aber in das Studium einer Zeitung vertieft. Bruno spähte aus dem Fenster. Die Reisegruppe trottete einer Dame im roten Kleid hinterher, die mit einem geschlossenen Regenschirm abwechselnd links und rechts in die Gegend piekte. Bruno kam das Dorf, in dem der Bus parkte, irgendwie bekannt vor. Flache Häuser rechts, links eine Kirche, davor ein kleines Schild mit der Aufschrift »Zur Kahlbutz-Gruft« und dann …
Dann schrie Bruno so lange, bis Oskar aufsprang und ihm den Mund zuhielt.

Ludger Holbein schaute mit einer Mischung aus Abscheu und Faszination zu, wie sich die Latexhaut unter den kräftigen Atemstößen von Hannes langsam zu füllen begann und eindeutige, vor allem überdimensionierte Konturen annahm. *Luxusmodell Dolly* hatte groß auf der Packung gestanden, hautsympathisch und gefühlsecht, ausgestattet mit allem, was einem Mann Freude … Aber so weit wollte Ludger nun wirklich nicht denken. Jetzt ging es darum, einen adäquaten Ersatz für den Kahlbutz in den Sarg zu bekommen, und dieses Vorhaben drohte gerade zu scheitern, weil sich sein Bruder zu stark ins Zeug legte.
»Hannes, hör auf, oder hast du den Ritter so drall in Erinnerung? Nee, nee, das muss doch eher schlaff und knitterig wirken.«

Hannes ließ einige Sekunden zischend Luft entweichen, prüfte dann mit einer Hand die Konsistenz des Gummikörpers und nickte seinem Bruder schließlich zu.

Ludger breitete ein weißes Tuch über der Puppe aus. »Ok, wir drehen noch zwei, drei von den Glühbirnen raus, dann sollte das für die Japaner reichen«, sagte er schließlich und zupfte einige letzte Falten aus dem Stoff.

Durch den Schrei aufgeschreckt, ließ der Busfahrer die Zeitung fallen und sprang auf. »Was zum Teufel!« Er bewegte sich bedrohlich auf Bruno und Oskar zu. »Ihr seid doch keine Japaner? Schwarzfahrer! Euch mach' ich Beine!«

Oskar sah Bruno an, dem vor Angst fast die Augen aus den Höhlen sprangen. »Wir müssen hier raus«, zischte er.

Bruno nickte. »Ok, bei drei. Eins …«

Doch da war Oskar bereits hinter der Sitzreihe hervorgesprungen, die Mumie im Schlepptau. Bruno hatte keine Wahl, er musste hinterher. Knapp vor dem Busfahrer erreichten sie den hinteren Ausstieg des Busses, stolperten auf den Parkplatz und rannten dann in Richtung Kirche.

Nach einigen Metern drehte sich Bruno um. Der Busfahrer war ihnen glücklicherweise nicht gefolgt. Dafür drohte neues Ungemach von links: Die japanische Reisegruppe kam zurück. Bruno sah sich hektisch um, entdeckte als einzige Zuflucht den Eingang zur Gruft. Er rüttelte am Türgriff. Die Tür schwang mit leisem Quietschen auf.

»Los, rein hier!«

Ludger Holbein hörte die Schritte auf der Treppe und drehte sich in der Erwartung um, die japanischen Investorengruppe vor sich zu haben. Umso erstaunter war er, als er gegen das helle Rechteck der Eingangstür die Silhouette von drei Gestalten erkannte, die Arm in Arm direkt auf ihn zu wankten. Er legte einen Finger auf seine Lippen und signalisierte Hannes mit einer Kopfbewegung, ihm in eine dunkle Ecke der Krypta zu folgen.

Bruno riss die Augen weit auf. Nach der Helligkeit des Sommertages gewöhnten sich seine Pupillen nur langsam an das schwache Licht hier unten. Der Deckel vom Sarg war hochgeklappt. Also musste der Typ, gegen den sie gestern beim Poker gewonnen hatten, den Schlag überwunden und seinen Suff ausgeschlafen haben.

»Wäre doch cool, wenn wir den Ritter einfach hier verstecken, oder?« Oskar kicherte leise. »Hier suchen sie den doch nie.«

»Wir müssen auch nicht mehr suchen, denn wir haben ihn schon gefunden.« Mit diesen Worten sprangen Ludger und Hannes aus ihrem Versteck hervor und bauten sich vor dem Ausgang auf.

Bruno fuhr herum und erschrak. Der Pokerspieler von gestern mitsamt Zwillingsbruder. Mit einem Mal wurde ihm klar, wie absurd die Situation eigentlich war: Oskar und er hatten den gestohlenen Kahlbutz wieder an den Ort des Diebstahls zurückgebracht und saßen nun ausgerechnet hier in der Falle.

»Wir haben eingesehen, dass wir uns falsch verhalten haben«, log er schamlos. »Deswegen bringen wir den Ritter zurück. Es tut uns wirklich schrecklich leid. Auch das mit dem Schlag auf den Hinterkopf natürlich.« Er sah Hannes Holbein zerknirscht an. »Ich schlage vor, wir legen den Kalle einfach zurück und dann …« Er drehte sich zum Sarg um, stockte, als er erkannte, was bereits darin lag und musste trotz der Situation grinsen. Hannes warf ihm einen bösen Blick zu. Sofort wurde Bruno wieder ernst und rief: »Los, Oskar, raus mit der Ersatzmumie, rein mit dem Kahlbutz!«

Ludger Holbein war von dem Aktionismus, den die beiden Diebe nun an den Tag legten, so überrascht, dass ihm für einen Moment die Worte fehlten. Er wollte gerade zu einer Erwiderung ansetzen, da vernahm er in seinem Rücken ausländisch klingende Stimmen. Ein Pulk von Japanern drängte sich schwatzend an ihm vorbei in das Gewölbe.

»Ruhe«, rief er. »Das hier ist ein geweihter Ort der Kirche.« Und da er sich nicht anders zu helfen wusste, begann er einfach mit seinem üblichen Vortrag über den Kahlbutz. Unterbrochen von kleinen Pausen, in denen die Dame mit dem roten Kleid seine Sätze ins Japanische übersetzte, referierte er über den Ritter, der gar keiner war, sondern nur so genannt wurde, und der einfach nicht verwesen wollte.

Bruno drückte sich dicht an die Wand der Krypta, im Arm die knittrige, halbaufgeblasene Gummipuppe, die sie gerade noch rechtzeitig gegen die echte Mumie ausgetauscht hatten. Zentimeter für Zentimeter schlich er nun zusammen mit Oskar hinter dem Rücken der Japaner auf den Ausgang zu, als sich plötzlich jemand aus der Gruppe umdrehte und ihnen den Weg versperrte.

Während Bruno sich noch über das Vollmondgesicht des gar nicht so asiatisch wirkenden Mannes wunderte, sprang Oskar vor, zog mit beiden Zeigefingern seine Augenlider zu schmalen Schlitzen, deutete mit seinem Kinn in Richtung Gummipuppe und fragte: »Wollen kaufen Mumie?«

Der Mann grinste kurz, schüttelte dann aber den Kopf. »Sandmann«, sagte er. »Valentino Sandmann, Hauptkommissar auf Urlaub. Und die hier …« Er schwenkte zwei Handschellen durch die Luft, die leise klirrend aneinanderschlugen. »Die habe ich immer dabei. Berufskrankheit quasi.«

Der Schatz im Jonastal

VON UWE SCHIMUNEK

Lothar Wucht folgte seinem Schatten in die Höhle. Das Licht, das von draußen hereinschien, wurde schwächer, tauchte die Grotte in das Schwarz-Weiß eines Fritz-Lang-Films. Unter den Sohlen knirschte der Sandstein. Jetzt müsste nur noch Dr. Mabuse lachen, dachte Wucht.

Er kramte in seiner Hosentasche nach der Taschenlampe. Seit diese LED-Funzeln mit einem winzigen Akku auskamen, verschwanden sie zwischen Schlüsseln, Cent-Münzen, Handy und Zigarettenschachtel. Da. Wucht nahm die Lampe, drückte den Knopf. Die Höhle vor ihm wirkte in dem weißen Lichtkegel wie Metropolis nach einem Luftangriff.

Er ging ein paar Schritte, bis der Weg sich gabelte.

In der Hemdtasche lag der Mail-Ausdruck. Wucht nahm den Zettel, faltete ihn auseinander, las noch einmal:

Sehr geehrte Medienvertreter,
ich darf Ihnen einen sensationellen Fund ankündigen. Bitte kommen Sie heute gegen 11.00 Uhr ins Jonastal. Parken Sie nach der sechsten Brücke auf der linken Seite in Fahrtrichtung Crawinkel. Gehen Sie über die Straße und nehmen Sie den Weg zur zweiten Böhlershöhle. In der Höhle nehmen Sie an der Gabelung den linken Weg und gleich darauf erneut den Weg nach links. Nach ein paar Metern erwarte ich Sie in einem Gewölbe. Machen Sie sich auf eine unglaubliche Entdeckung gefasst.
Mit freundlichen Grüßen,
Günter Schober
Heimatforscher

Wucht steckte das Papier wieder in die Hemdtasche, lief nach links, leuchtete die Wand ab, hielt die Funzel nach vorn. Der Weg schien das Licht der Taschenlampe zu verschlucken, kein Ende zu erkennen. Er ging weiter, musste sich bücken, so niedrig hing der Fels über seinem Kopf.

Der Weg führte leicht bergan. Außer dem Knirschen seiner Schritte gab es keine Geräusche. Mit viel Auflauf hatte Wucht nicht gerechnet, als er sein Fahrrad vor der Höhle anschloss; aber gar kein Kollege von den richtigen Medien, kein Auto auf dem beschriebenen Parkplatz … seltsam.

Schober galt als Sonderling, Selbstdarsteller, selbst unter Hobbyforschern genoss er keinen guten Ruf. Trotzdem schaffte er es mit seinen Thesen zum Bernsteinzimmer immer wieder, in Regionalblättern porträtiert zur werden. Ein paar Mal waren Artikel in der Tageszeitung erschienen, sogar das Fernsehen hatte Schober schon im Nachmittagsprogramm vorgestellt, bei *Hier ab Vier* zwischen Berichten über DDR-Rockstars und Gartentipps.

Schon komisch, dass nur er durch diese Grotte schlich: Lothar Wucht, der arbeitslose Blogger aus Erfurt-Bischleben, als finale Instanz der demokratischen Öffentlichkeit.

Wucht sah Licht am Ende des Ganges, rot wie das Feuer von Kaminholz und genauso flackernd. Seine LED-Funzel schien dagegen die Helligkeit direkt aus dem Tiefkühlfach zu holen.

Wucht schaltete die Taschenlampe aus, betrat das Gewölbe. Hier gab es Platz für ein Zirkuszelt, mindestens. Vor ihm lag ein Steinhaufen, eine Fackel ragte aus dem Geröll, weitere flackerten an den Felswänden. Genau am entgegengesetzten Ende des Gewölbes befand sich ein tiefschwarzes Loch, anscheinend ein weiterer Weg in den Fels hinein.

Seine Schuhe waren nicht fürs Klettern über Steinhaufen geschaffen. Wucht rutschte beim Hinaufsteigen, dann wieder hinunter in die Mitte des Gewölbes. Es kam ihm vor, als versuche er, auf einer Murmelbahn Schlittschuhlaufen zu üben. Ohne Erfolg.

Wucht sprang nach vorn, um den Sturz zu verhindern. Er stolperte über etwas Rundes, landete mit der Stirn … auf einem Lederstiefel.

Wucht murmelte »Entschuldigung«. Sein Schädel brummte. Aber wie musste es der Kuller von dem Stiefelträger gehen? »He? Alles ok?«

Stille.

Warum lag der überhaupt hier rum?

Wucht setzte sich auf, sah Schobers Kopf. Die Haut sah selbst im Fackellicht grau aus wie ein Novembertag. Und die Spitzhacke gehörte normalerweise auch nicht in Schobers Hals …

»Scheiße«, Wucht bekam Panik. »Scheiße, scheiße, scheiße.«

Aus dem Loch hinten in der Felswand trat eine Frau.

Der Polizist trug ein gelbes Hemd unter einem braunen Anzug, sah aus wie ein zu groß geratenes Eichhörnchen und stellte sich als Kommissar Fuchs vor. Lothar Wucht brannte die Mittagssonne in den Augen, als er den Beamten betrachtete; er konnte sich vorstellen, dass Fuchs wegen der Diskrepanz zwischen Aussehen und Namen oft unterschätzt wurde. Dabei verhielten sich Menschen Wuchts Erfahrung nach nicht, wie es das Klischee nahelegte. Es waren eben nicht die schönen Frauen, die hochnäsig und arrogant durchs Leben liefen, sondern jene, welche ein allenfalls halbwegs hübsches Gesicht durch die Errungenschaften der Kosmetik und des Friseurhandwerks aufzuwerten versuchten. Vor einem Fuchs, der wie ein Eichhörnchen aussah, wollte er jedenfalls auf der Hut sein.

»Und Sie sind über den Kopf des Opfers gestolpert?« Fuchs wies mit dem Stift in der rechten Hand auf das Felsmassiv, in dessen Innerem es vor Spurensicherern wimmelte.

»Ich bin auf diesem Steinhaufen ausgerutscht.« Wucht hatte das auch schon einem Assistenten erzählt und einer jungen Dame in Uniform. Nun schrieb auch der Kommissar alles in seinen Block, das sparte vielleicht Kopierkosten.

»Und Sie haben das aus dem oberen Zugang beobachtet?« Der Kommissar wandte sich zu der Frau, die sich inzwischen als Mandy Gunkel vorgestellt hatte.

»Ich kam gerade an. Ich kannte die Grotte und habe den hinteren Eingang genommen. Ich wollte nicht mit allen anderen hier ankommen. Hätte Herrn Schober gern noch schnell allein gesprochen.«

Wucht fragte sich, warum Mandy Gunkel nicht einfach eher gekommen war, wenn sie Schober allein sprechen wollte. Spät ankommen und dann einen Umweg nehmen, um früher da zu sein; war das Frauenlogik, oder was?

»Und warum war Herr Wucht vor Ihnen bei der Leiche, wenn Sie vor dem Termin mit ihm sprechen wollten?«

»Ich habe Herrn Wucht in die Grotte gehen sehen, bin mit dem Auto auf dem Weg hinter zur Baumgruppe gefahren.« Mandy Gunkel zeigte zu ein paar Linden, die 50 Meter weiter standen. »Ich dachte, ich bin schneller als er.«

Wucht fragte sich, ob er das als Beleidigung nehmen sollte. Ok, Mandy Gunkel zählte noch keine 40 und sah ein bisschen aus, als wolle sie gegen die Midlife Crisis mit Joggen anlaufen. Das lag ihm fern; hinter ihm, um genau zu sein. Nun ja, so weit nun auch nicht, aber er war im Alter für Spaziergänge angekommen; da machte er sich nichts vor.

Der Kommissar wedelte mit Wuchts E-Mail-Ausdruck herum, als wolle er die Buchstaben herausschütteln: »Und deswegen waren Sie beide hier?«

Wucht nickte, Mandy Gunkel auch.

»Wie gut kannten Sie das Opfer?«

»Ich habe den Mann noch nie persönlich getroffen«, sagte Wucht. »Ich kannte ihn nur von Fotos, aus Artikeln, Büchern und E-Mails.«

Mandy Gunkel fuhr fort: »Ich habe ihn ein paar Mal für den ›Wochen-Telegraf‹ porträtiert. Und für das Stadtmagazin ›Zack‹ ... Ich hab' ihn vielleicht fünf, sechs Mal gesehen. Und seine Bücher gelesen. Ich glaube, er kam gern zu mir, weil er sich ernst genommen fühlte.«

Der Kommissar schaute zu Mandy Gunkel, als sei er ein Priester und erwarte die Beichte: »Bei Ihren Artikeln, sind Sie da auf Gegner gestoßen, oder gab's sonst was Auffälliges?«

»Da war natürlich Professor Friese ... Kein Artikel über Schober ohne einen Leserbrief. Friese ist Historiker im Ruhestand, sucht auch nach dem Bernsteinzimmer. Er hielt Schober für einen Spinner. Und das mit Nachdruck.« Mandy Gunkel überlegte, strich sich dabei über die blonden Locken im Nacken. »Und da ist vielleicht noch etwas. Schober wurde von seinem Sohn finanziert. Er wollte nie, dass ich das schreibe.«

Der Kommissar schrieb etwas auf seinen Block, fragte dann: »Glauben Sie, dass Herr Schober da drin das Bernsteinzimmer gefunden hat?«

»Um ehrlich zu sein, nein.«

Der Kommissar steckte den Block ein, zog einen Stapel Visitenkarten aus dem Jackett, gab Mandy Gunkel eine. Dann überreichte er Wucht eine Karte, als verschenke er ein Kleinod.

»Sie werden die nächste Zeit nicht verreisen. Und anrufen, wenn Ihnen etwas zum Fall ein- oder auffällt.« Die Worte klangen, als versuche das Eichhörnchen mit Namen Fuchs zu brüllen wie ein Löwe.

»Natürlich bleiben wir«, sagte Mandy Gunkel. »Das ist eine Geschichte. Die können wir uns als Journalisten gar nicht entgehen lassen.«

Lothar Wucht stellte sein Mifa-Klapprad am Erfurter Rathaus ab. Das Schloss klemmte. Es hatte 4,95 Euro gekostet und wahrscheinlich den Wert des Fahrrades verdoppelt.

Mit ein bisschen Gewürge bekam er das Schloss fest. Er lief Richtung Krämerbrücke. Die Cafés waren ziemlich voll, dafür, dass früher Nachmittag mitten in der Woche war.

Er ging gern in die Café-Meile zwischen Rathaus und Krämerbrücke, hier hatten die Läden freies W-Lan, und er konnte sich mit seinem Netbook und der Thermostasse von Zuhause in die Fußgängerzone setzen und im Internet surfen. Wegen der Verabredung mit Mandy Gunkel musste er einen Platz auf dem Freisitz neben den Arkaden suchen.

Nur noch Plätze am Fußweg; Wucht versank in einem der quaderförmigen Sessel, klappte den Billig-Rechner auf. Seine Ex hatte ihm die Kiste im letzten weihnachtlichen Westpaket mitgeschickt, weil die Tochter ein besseres benutzte.

»Sie arbeiten?« Mandy Gunkel trat ins Licht, als spiele sie Sonnenfinsternis.

»Das ist eine Definitionsfrage.«

Mandy Gunkel guckte Fragezeichen durch die Luft.

»Nun im Sinne des Tätigkeitverrichtens arbeite ich, es trägt allerdings nicht zur Erweiterung meiner Erwerbsbiografie bei. Abgesehen davon, dass Sie pünktlich sind und ich so nicht einmal Zeit gehabt hätte, etwas zur Steigerung des Bruttosozialproduktes beizutragen. Aber setzen Sie sich doch.« Wucht fragte sich, warum er so gestelzt redete. Wollte er ihr imponieren? Einer Frau, die mit Vornamen Mandy hieß? Andererseits schmückte sie den Tisch, sogar die Kellnerin ignorierte ihn nicht mehr.

Sie bestellten Milchkaffee zu einem Preis, für den Wucht beim Discounter erhebliche Lagerbestände an gemahlenem Filterkaffeepulver bekommen hätte.

»Herr Wucht, ich habe Ihren Blog gelesen. Er ist etwas ... harsch.«

Er überlegte, ob das eine Kritik war, kam aber zu keinem Ergebnis.

»Ich meine, warum hat Herr Schober Sie in die Grotte eingeladen?«

In der Tat, das fragte Wucht sich ebenfalls. »Ich kann da auch nur ins Blaue raten ... Vielleicht liegt es an dem Blog-Eintrag, in dem ich die Zeitungen kleinbürgerliche Informations-Verhinderungs-Anstalten genannt habe? Da denken schräge Vögel mit Hang zur Esoterik manchmal, ich sei einer von ihnen.«

»Sind Sie nicht?« Mandy Gunkel guckte ihn erleichtert an.

»Ich war Ingenieur für Datenverarbeitung beim Mikromurks-Kombinat, Metaphysik überlass' ich den Wessis.«

Die Erleichterung in Mandy Gunkels Blick wich Befremden, sie sah aus, als habe sie aus Versehen Knoblauchpulver statt Milchpulver in den Kaffee getan.

»War nur ein Scherz …« Beinahe hätte er angeführt, dass er neben den Wessis auch Frauen für esoterikanfällig hielt und zwar Frauen aus aller Welt; aber er hatte das Gefühl genug provoziert zu haben. Fürs Erste.

Mandy Gunkel nippte an ihrem Kaffee, der reichlich Milch enthielt, echte Milch. »Sie wollen sicher auch herausfinden, was da los war.«

Wucht nickte.

»Und Sie haben heute Nachmittag doch Zeit.«

Wucht nickte.

»Ich habe einen Interview-Termin mit Schobers Sohn. Kommen Sie mit?«

Wucht nickte.

»Und ich bin übrigens die Mandy.«

Wucht nickte. »Lothar.«

In das Büro hätte eine Turnhalle gepasst, mit Umkleidekabinen. An den Wänden hingen Plakate für Jugendtanzveranstaltungen, von denen eine Atmosphäre ausging, die Wucht an Eisbaden bei Gewitter denken ließ.

Schon als er selbst jung gewesen war, konnte er nicht verstehen, warum Menschen sich ausgerechnet in Diskotheken mit ohrenbetäubendem Lärm begaben, um einen Geschlechtspartner kennen zu lernen. Was sollten das für Beziehungen werden, wenn die Beteiligten im Vorfeld kein Wort wechselten? Heutzutage, mit diesem Blitzlicht aus den Stroboskopen, konnten die jungen Leute sich nicht einmal richtig erkennen, bevor sie am Morgen nebeneinander aufwachten ...

Andererseits hatte Wucht seine Frau beim Theaterzirkel getroffen. Im Hellen und ohne Lärm. Und sie war ihm dennoch davongelaufen.

Kay-Uwe Schober kam hinter seinem Schreibtisch hervor. Er trug ein gelbes Kapuzenshirt unter einem blauen Jackett und über einer sackartigen Jeans mit Hosentaschen ungefähr in Kniehöhe; er bat Mandy und Wucht an einen runden Tisch.

»Willkommen in meiner kleinen Agentur.«

»Sie machen diese Plakate?«, fragte Wucht.

»Nein. Unser Team organisiert die Events. Dance, Promo, Special-Features. Mit Topacts aus USA, UK. Alles, was hip ist.«

Wucht überlegte, ob er dem Kerl ein paar Vokabeln aus dem Russisch-Unterricht vors Kapuzenshirt knallen sollte, aber Mandy übernahm das Gespräch.

»Wissen Sie, was Ihr Vater im Jonastal gefunden hat? Was er der Presse zeigen wollte?«

»Ich denke, es ging um das Bernsteinzimmer.«

»Sie meinen, er hat es gefunden?«

Kay-Uwe Schober zögerte, dann sagte er: »Sie haben das vielleicht verfolgt? Er ist in der letzten Zeit mehr und mehr der Ansicht gewesen, dass nicht das gesamte Zimmer im Jonastal gelagert wurde, sondern nur einzelne Artefakte.« Kay-Uwe Schober zeigte über seine Schulter zu seinem Schreibtisch und erzählte, dass dort das Manuskript für das neueste Buch seines Vaters liege. Schober senior hatte geglaubt, Belege gefunden zu haben, dass die Nazis das Bernsteinzimmer in einem Stollen im Jonastal zwischengelagert hatten und beim Abtransport Reste zurücklassen mussten. Reste im Wert von Millionen. Die Artefakte hätten sie dann in versteckten Armen der benachbarten Höhle verbuddelt.

Er schloss mit den Worten: »Ich hoffe, dass Vati etwas gefunden hat. Das war alles teuer genug, die letzten Jahre.«

»Wie viel Geld bekommt man für so ein Buch?«, fragte Wucht, einerseits, um auch mal etwas zu fragen, andererseits, weil es ihn interessierte.

»Vati hat für sein erstes Buch viel Geld bezahlt. Er musste 500 Exemplare selbst kaufen …« Kay-Uwe Schober holte Luft, als wolle er gleich Tauchen gehen. »Ich habe, seit der Mord im Radio gemeldet wurde, schon zwei Anfragen bekommen. Das soll nicht zynisch klingen, aber für das Manuskript da hinten werde ich ein paar Euro kriegen. Kein Vermögen. Und ich werde mich vor allem kümmern, weil ich Vati damit einen Wunsch erfüllen kann. Ein Buch in einem richtigen Verlag.«

Die Lehmfassade leuchtete in der Vormittagssonne mit dem Grün von Waldmeisterlimonade, das Dach strahlte rot wie eine Feuerwehr-Reklame. Professor Friese leistete sich Gemütlichkeit mit Mut zum Kitsch. Lothar Wucht stand mit Mandy vor einem Gehöft in Crawinkel, das aussah, als hätte es jemand zu einem Agrar-Erlebnispark ausgebaut.

Durch den frisch gebeizten Zaun sah Wucht ein Audi-Cabrio. Er war stets unangenehm berührt, wenn ältere Herren Automobile spazieren fuhren, die vor allem geeignet schienen, junge Frisösen zu beeindrucken.

Mandy drückte den Klingelknopf. Auf dem Nachbargrundstück bellte ein Hund. Ins Gebell rief eine Stimme: »Komme gleich.«

Das Türschloss am Fachwerkhaus klackte, und der Mann zur Stimme trat auf den Hof: graue Haare, Anzug, eine Brille, randlos und schmal wie ein Lyrikband.

»Ah, die Journalisten.« Professor Friese hatte offenkundig gute Laune. Er guckte zu Mandy. »Aber kommen Sie doch herein.«

Friese öffnete das Tor, hielt es für Mandy auf. Wucht beschloss, sich ebenfalls angesprochen zu fühlen, und folgte den beiden über den Hof. Vor ihm hielt Friese Vorträge über den Betrieb eines Gehöftes; es klang ein bisschen, als würde ein Modelleisenbahner über globale Logistikprobleme referieren; typisches Laiengeschwätz. Mandy nickte, interessierte sie das wirklich?

Sie traten durch die Haustüre, direkt in einen Raum, der wie eine Kreuzung aus Ballsaal und amerikanischer Wohnküche aussah. Ohne Brille hätte Wucht vermutlich die hintere Wand nicht wahrgenommen.

»Sie haben's hübsch hier.« Mandy guckte auf die Küchenmöbel, als überlege sie schon mal, wo sie einen Kredit herbekommen könnte.

»Ja, die Achtundsechziger haben damals bei ihrem Marsch durch die Uni-Institutionen aufgepasst, dass beim Kampf für die bessere Welt was auf dem Konto landet. Davon habe auch ich profitiert, obwohl ich in den Siebzigern in der Jungen Union war.« Friese machte ein Schelmengesicht, so als hätte er dem Zeitgeist gezeigt, was eine Harke ist. Hatte er wohl auch.

Ganz im Gegensatz zu Wucht, der deshalb das Thema wechselte: »Sie haben Günter Schober gekannt?«

»Er kam ein paar Mal zu Vorträgen von mir und hat die mit seinem Geschwätz sabotiert. Wenn Sie das unter Bekanntschaft verstehen …«

»Sie waren also nicht der Ansicht, dass Herr Schober Wesentliches zur Regionalforschung beigetragen hat?« Mandy hatte einen Stift und einen Moleskine-Block gezückt.

»Nein. Er war ein Laie. Dazu einer ohne besondere Ahnung. Wenn Sie verstehen, was ich meine.« Friese sprach weiter in Mandys Richtung.

Besser so, dachte Wucht; wenn dieser Schnösel ihn nach dem Verständnis einer simplen Aussage gefragt hätte, wäre er vielleicht pampig geworden.

Mandy schien ein Sonnengemüt zu haben. Sie fragte: »Warum haben Sie auf die Publikationen von Herrn Schober überhaupt reagiert?«

»Ich bin Historiker, habe mein ganzes Leben mit der Geschichtswissenschaft verbracht. Richtig geforscht am Lehrstuhl. Und da kommt so ein Dilettant, ohne systematische Kenntnisse von Quellen, ohne fundierten Überblick. Und der spielt sich als Experte auf. Das ist unerträglich. Da können Sie mir doch folgen, oder?« Friese schaute zu Mandy und dann zu Wucht.

Ganz ruhig bleiben, dachte Wucht und hörte sich sagen: »Wo waren Sie gestern gegen vier Uhr nachmittags?«

»Ich wüsste nicht, was Sie das angeht. Und ich denke auch, Sie haben meine Zeit genug beansprucht.«

Mandy sagte: »Gut Herr Friese, wir wollten sowieso gerade gehen. Darf ich noch mal auf die Toilette?«

Wucht wies Mandy einen Platz in seinem Multifunktionszimmer zu. Küche mit Schreibtisch hätte man auch sagen können, aber er fand, Multifunktionszimmer klang nach erfülltem Leben. Früher hatte er seine Behausungen Wohnklo genannt. Jetzt lebte er im Vorortgrün; in der Parterrebude einer Bischlebener Kate. Nur ein Schlafraum, Bad und seine Küche, die aber größer als alle seine früheren Wohnzimmer. Und das Amt zahlte artig.

Er goss Mandy Kaffee in eine Tasse, dazu in gleichem Maße Milch. Kein Zucker, eine Frau wie sie leistete sich keinen Zucker im Kaffee, das war klar.

»Hier sieht es ganz anders aus, als ich mir vorgestellt habe.« Mandy inspizierte mit ihren Blicken die Bücherregale.

»Du meinst, weil hier keine leeren Bierdosen und Pizzapackungen herumkullern? Weil es hier nicht aussieht, wie bei den Hartz-IV-Reportagen im Privatfernsehen?«

»Ach Mann, Lothar. Journalisten sind auch nicht alle gleich! Es ist nur anders, als ich es mir vorgestellt habe. Gemütlicher.«

Lothar hätte gern etwas gesagt wie »Du bist anders als die anderen.« Aber das traute er sich nicht. Also schwieg er.

Mandy legte einen gelben Stein in der Größe eines Hühnereis auf den Tisch und nickte, als müsse er Bescheid wissen.

Wucht zuckte mit den Schultern. Nonverbale Kommunikation, fast wie ein altes Ehepaar, dachte er.

»Hab' ich bei Friese im Spülkasten gefunden«, sagte Mandy.

»Du wühlst bei fremden Leuten im Spülkasten rum?«

»Nur bei erklärten Feinden von Mordopfern, keine Sorge. Und ich hab' auch zuerst im Schrank geguckt und in der Konsole. Und dann war da der Spülkasten ... Viel Fantasie hat der Professor nicht.«

»Du hast den Stein geklaut?«

»Ausgeliehen. Und auch nur einen.«

Wucht guckte und kam sich vor, als habe er gerade erfahren, dass die Thüringer Landesregierung aus lauter Außerirdischen bestand. Nein, bei genauerer Betrachtung hielt er Aliens in der Erfurter Staatskanzlei sogar für plausibler als Mandy in Verbindung mit dem geklauten Klunker. Aus Frieses Spülkasten.

»Das ist ... ich meine vom ... Bernsteinzimmer?«

»Ich bin keine Expertin, aber das sieht wie Bernstein aus. Wie ein Stück aus einem der Kerzenhalter, die man im Internet auf den Bildern vom Bernsteinzimmer sehen kann.«

»Und was machst du jetzt damit?«

Mandy zögerte. Sie sah aus wie eine Frau vor einer wichtigen Entscheidung – etwa: die roten Pumps oder die braunen Stiefel ... Sie fragte: »Was meinst du? Gehe ich zu Kay-Uwe Schober? Oder zur Polizei?«

»Da wir beide keine Beutekunst-Hehler kennen, wäre ich für Kommissar Fuchs.«

Mandy trank ihren Milchkaffee. Sie schien das Getränk als Treibstoff zu verwenden. »Du meinst, man könnte den Stein verkaufen?«

Wucht stieg über den Geröllhaufen. Es erwies sich als Vorteil, den Weg schon einmal gegangen zu sein; nichts gegen neue Wege, aber Halt gaben sie selten. Wuchts Lampe leuchtete frisch geladen. Das Gewölbe schien durchs erneute Betreten alles Abenteuerliche abgelegt zu haben.

Vor ihm lag die Stelle, an der er auf Schobers Leiche gefallen war. Wucht leuchtete ins Rund. Stein, nichts als Fels ringsherum. Was erwartete er auch? Eine Schatztruhe, die sowohl die Polizisten als auch alle anderen vorher übersehen hatten?

Wucht schloss die Augen. Wo sollte er suchen? Den Weg zurückgehen und die Abbiegung vor dem Gewölbe nehmen, oder den Gang gegenüber inspizieren?

»Looooothaaaaar!!!«

Der Schrei stach durchs Ohr direkt ins Hirn. Wucht zuckte zusammen wie unter einem Stromstoß. Er rutschte aus, polterte den Geröllhaufen hinunter.

Über seinem Kopf pfiff die Luft, als würde jemand eine Angel auswerfen. Dieses Geräusch konnte doch nicht vom Ausrutschen kommen, oder?

Wucht öffnete die Augen. Guckte hoch. Blech wurde groß. Er rollte zur Seite. Ein Spaten schlug auf die Steinbrocken, wurde wieder hochgehoben.

»Genug jetzt!« Eine Männerstimme brüllte wie ein Löwe.

Gott sei Dank, das Eichhörnchen, der Fuchs, die Staatsmacht. Wucht rollte zur Vorsicht noch ein paar Umdrehungen zur Seite, blieb auf dem Rücken liegen, guckte. Im hinteren Gewölbezugang stand Kommissar Fuchs mit gezogener Waffe neben Mandy. Zu Wuchts Füßen hielt ein Mann den Spaten, das Blatt verdeckte den Kopf.

»Lassen Sie die Schippe fallen. Und bitte ganz vorsichtig.« Fuchs winkte mit der Pistole. Es sah aus wie im Fernsehen, wahrscheinlich guckte der Kommissar Krimis.

Hinterm Spaten kam ein Mann zum Vorschein: Kay-Uwe Schober.

Mandy sprang herbei, hüpfte über Gesteinsbrocken, nahm Wuchts Kopf in die Hände, vorsichtig wie ein überdimensionales Ei, vielleicht von einem Saurier. In dem Moment kam er sich vor, als dürfe er kurz vorm Aussterben noch einmal so etwas wie Poesie erleben; in dieser Welt voller Bösewichter, Polizisten und schicker Powerfrauen fühlte Wucht sich verloren, ohne Halt.

»Die Steine waren falsch«, säuselte Mandy. »Gute Fälschungen. Von einem Fachmann. Friese hat einen Haufen teurer Plagiate.«

»Friese?« Kay-Uwe Schober guckte über seine Schulter, weil der Kommissar ihm gerade Handschellen anlegte. »Friese hat meinen Bernstein geklaut.«

»Ach i wo.« Kommissar Fuchs schaltete sich in das Gespräch ein: »Ein Herr Professor stiehlt nicht, er lässt beschaffen. Wir werden ihm wohl außer dem Versuch der Hehlerei nichts nachweisen können.«

Wucht verstand jetzt, warum er dem Spaten ausweichen musste. Kay-Uwe Schober hatte dem Dieb aufgelauert, weil dieser die Steine für echt halten musste und weitere Artefakte in der Höhle vermutete. Aber warum hatte der Kerl seinen Vater erschlagen?

»Warum haben Sie Ihren Vater umgebracht?« Mandy richtete sich auf, ohne Wuchts Kopf loszulassen.

»Sie müssen der Dame von der Zeitung nichts sagen und mir auch nicht. Darauf weise ich Sie hiermit hin.« Kommissar Fuchs klang jetzt wie ein Fuchs.

»Der alte Starrkopf wollte plötzlich nicht mehr mitspielen.« Kay-Uwe Schober schaute Mandy an. »Wir hatten alles so gut vorbereitet. Ich habe den Juwelier bezahlt, den alten Leinensack für die Fundstelle aufarbeiten lassen. Was das gekostet hat ... Das ganze Geld!« Er ballte die Faust »Er hat am Anfang mitgespielt, die Journalisten eingeladen, eine Rede vorbereitet. Und dann stehen wir hier in der Höhle, und plötzlich dreht Vater durch, schreit was von Seriosität, von seinem guten Ruf. Will mich ohrfeigen.« Kay-Uwe Schobers Rufen wurde mehr und mehr zum Jammern. »Ich hab' die Hacke doch nur gehalten. Er ist praktisch dagegen gelaufen ...« Jetzt sah es aus, als würden die Handschellen ihn aufrecht halten.

Der Kommissar zuckte mit den Schultern, guckte zu Wucht und fragte: »Soll ich Ihnen einen Arzt rufen?«

»Nein danke. Mir geht's hier blendend.« Wucht lehnte sich gegen Mandy und sah zu, wie der Kommissar den Täter abführte.

Ein Ata-Girl räumt auf
VON ETHEL SCHEFFLER

»Sind Sie sicher, dass die Türen verschlossen waren?«, fragte Kriminalhauptkommissar Lucht.

Heinz Trettner, der Hausmeister des Anwesens, nickte. »Ja, als Dr. Keitel vorgestern mit dem Taxi wegfuhr, habe ich alles kontrolliert. Die Türen waren zu. Ich bin dann wieder rüber gegangen.«

»Rüber?«, hakte Lucht nach.

»Ja, ich wohne im Gartenhaus.« Mit der Hand zeigte Trettner ins Grüne neben der Villa.

Das nicht gerade kleine Gebäude, das Trettner als Gartenhaus bezeichnete, stand links von der beeindruckenden, großen Villa, verdeckt durch hochgewachsene Magnolien und Fliedersträucher. Sie selbst standen vor der Eingangstür des herrschaftlichen Hauses von Dr. Keitel.

Der Kommissar sah dem 50-Jährigen in Jeans und Polohemd forschend ins Gesicht. »Wer kann die Alarmanlage außer Ihnen beiden noch bedienen?«

»Ich weiß von niemandem. Der Doktor war sehr vorsichtig. Genau kann ich es jedoch nicht sagen.« Trettner zuckte mit den Schultern.

»Wie sind Sie eigentlich darauf gekommen, dass etwas in der Villa nicht stimmte?« Lucht dachte daran, dass keine Einbruchsspuren sichtbar waren.

Stolz auf seine Beobachtungsgabe, erklärte der Hausmeister dem Beamten, dass der Blumentopf auf dem Treppenabsatz vor der Haustür verrückt gewesen sei, also nicht auf seinem gewohnten Platz stand. Das habe sein Misstrauen geweckt. Daraufhin schaute er genauer hin und bemerkte, dass die Haustür nur angelehnt war. Ein leichtes Lächeln huschte über Trettners Gesicht, als er ausführte, er wisse als CSI-Fan natürlich, dass er keine Spuren verwischen und nichts anfassen dürfe. Deshalb habe er bis zum Eintreffen der Polizei draußen vor der Villa gewartet.

Dennoch – Trettner ärgerte sich maßlos, dass er gestern nichts bemerkte hatte. Angetrunken war er nach dem Skatabend nach Hause gewankt und hatte wenig später mit den Beinen weit über dem Bettgiebel hängend neben seiner Frau im Bett gelegen.

»Kennt die Putzfrau oder die Haushälterin den Code der Alarmanlage?«, half Lucht dem Hausmeister auf die Sprünge.

»Nein, Frau Helmer, seine Haushälterin, kommt nur, wenn er da ist. Dr. Keitel lebt seit dem Tod seiner Frau allein«, setzte Trettner ergänzend hinzu.

Lucht hob seine buschigen Augenbrauen. Seine nächste Frage war damit bereits beantwortet.

»Arbeitet Ihre Frau ebenfalls für den Doktor?«, wollte der Kommissar wissen, denn er sah den Ehering an Trettners Hand.

»Nein, meine Frau putzt zwar auch, arbeitet aber in einer Reinigungsfirma.« Er erklärte dem Kommissar, dass sie hier umsonst wohnten. Dafür pflege er das Anwesen, erledige die Reparaturen und solle das Haus bewachen. Für zwei Leute gäbe es da so viel nicht zum Putzen, denn Dr. Keitel sei als Experte für die Erforschung von Brandursachen oft wochenlang unterwegs. Außerdem wurde Dr. Keitel als Koryphäe zu Kongressen eingeladen und sei auch als Dozent gefragt.

Ein Mitarbeiter der Spurensicherung steckte seinen Kopf durch die Haustür und bekundete damit, dass beide jetzt das Haus betreten dürften.

»Kommen Sie«, forderte Lucht den Hausmeister auf.

Trettner ahnte nichts Gutes, als sie nach dem Durchqueren des Eingangsbereiches das Gästezimmer betraten. Seine Vermutung bestätigte sich.

»Die Sitzgruppe fehlt«, sagte er, wobei sein Gesicht die Farbe einer Tomate annahm und seine Halsschlagadern anschwollen. Der Kommissar bemerkte die Veränderung des bisher so ruhig gebliebenen Hausmeisters.

»Was hat es mit der Sitzgruppe auf sich?«

»Echt Chippendale.« Trettner geriet für einen Moment ins Schwärmen. Er erläuterte dem Kommissar, dass er gelernter Polsterer sei.

»Und?«, drängte der Kommissar.

Der Hausmeister begriff, dass der Kommissar keine Lust auf seinen Lebenslauf verspürte, und versuchte seine Ausführungen knapp zu halten: »Ich fand die Chippendale-Sitzgruppe bei Dr. Keitel auf dem Dachboden. Völlig ramponiert stand sie zwischen alten Bettgestellen, Kisten und eingesponnen Bilderrahmen.« Trettner schluckte, als dieses Bild wieder aus seiner Erinnerung auftauchte. »In wochenlanger Handarbeit habe ich in meiner kleinen Werkstatt das beschädigte Holzgestell der Couch bearbeitet. Mit besonderer Sorgfalt habe ich die geschnitzten Verzierungen an den Stuhllehnen lackiert und die Polster mit stilechtem Stoff bezogen. Zum Schluss habe ich sogar die Ziernägel wieder eingeschlagen. Wissen Sie wie viel Herzblut da drin steckt?« Trettner war jetzt nicht mehr zu bremsen. »Selbst Dr. Keitel hatte es gar nicht fassen können, welches Kleinod unter meinen geschickten Händen neu entstanden war.« Trettner holte kurz Luft, um sich etwas zu beruhigen.

Mit der restaurierten Sitzgruppe erstrahlte das Gästezimmer damals in adligem Glanz. Der Hausherr hatte es passend tapezieren und einen neuen Deckenanstrich ausführen lassen. Und nun? Alles umsonst! Die Sitzgruppe verkörperte nach der Aufarbeitung einen Wert von mehreren tausend Euro. Aber darum ging es Trettner nicht. Jetzt war es nicht nur ein Einbruch in Dr. Keitels Haus. Nein, er fühlte sich ganz persönlich bestohlen. Völlig aufgebracht eilte er mit Scanner-Blick durch alle Zimmer.

Im Wohn- und Esszimmer fehlten die Gemälde. Aus der Glasvitrine im Esszimmer hatten die Diebe das teure kobaltblaue Speiseservice entwendet. Die Stereoanlage und der große, erst kürzlich angeschaffte Flachbildschirm waren weg. Sie blickten in leere, aufgezogene Schubladen, über deren Inhalt Trettner nur spekulieren konnte. Ob an Unterlagen etwas fehlte, vermochte nur Dr. Keitel selbst zu sagen.

»Wissen Sie, wann der Doktor wieder nach Leipzig kommt?«, erkundigte sich der Kommissar zum Abschluss.

»Mein Chef wollte nächste Woche zurück sein«, antwortete Trettner. »Er meldet sich immer einen Tag vorher.«

Lucht klappte seinen Notizblock zu. Er wusste, Profis hatten den Einbruch präzise geplant und durchgezogen. Die Aufklärung dieses Diebstahls würde sich hinziehen, wenn die Täter überhaupt zu fassen waren. Hatte Dr. Keitel leichtfertig jemanden den Code der Alarmanlage sehen lassen? Ein Mann, der von Berufs wegen mit Verbrechen – wenn auch flammender Natur – konfrontiert war, war sicherlich sehr achtsam in diesen Dingen. Oder war dieser Hausmeister in den Diebstahl involviert? War die Entrüstung über das Verschwinden der Chippendale-Garnitur nur gespielt? Kommissar Lucht verabschiedete sich und nahm für einen Augenblick den Hausmeister fest ins Visier.

Heinz Trettner hielt dem Blick stand und ahnte, dass er unter Verdacht stand. Was der Kommissar aber nicht erriet: Nicht nur für ihn begann die unerbittliche Jagd auf die Diebe ...

Hannah nahm den Mantel von der Garderobe, zog die Handtasche vom Sideboard und griff nach ihrer Börse. Schnell riskierte sie einen Blick hinein. Schade. Heinz, ihr Mann, hatte nicht wie sonst am Monatsende noch einen 50-Euro-Schein hineingelegt. Gewiss, Autoreparatur und neue Werkzeuge hinterließen ein beträchtliches Loch in der Haushaltskasse. Deshalb hoffte Hannah nun auf reichlich Trinkgeld. Seit sie im »Black Angels«

arbeitete, erhielt sie oft etwas zugesteckt, denn es war keine gewöhnliche Putzstelle.

Aber das wusste niemand. Selbst ihrem Mann verschwieg sie, dass sie in einem Bordell für Sauberkeit sorgte. Sie fürchtete, ständigen Hänseleien ausgesetzt zu sein. So ließ sie ihren Mann in dem Glauben, dass sie noch für die »Saubermännchen« Büros und Treppenhäuser schrubbte. Sie wäre ja auch bei der Firma geblieben, aber ihr Chef hatte verlangt, dass sie für die Tagestouren ihr eigenes Auto nutzen sollte. Auf Dauer mit Schrubber und Besen im Kofferraum? Das ging zu weit. Hannah hatte also die Initiative ergriffen und bei einer Blindbewerbung auch im nahegelegenen Freudenhaus »Black Angels« angerufen. Das Bewerbungsgespräch hatte sofort gezeigt, dass hier andere Dinge zählten als bei einer Treppenhausreinigung.

Hannah war zum Glück nicht empfindlich. Für die pikanten Dinge gab es Handschuhe. Und sie hatte ihr Mittel für alle Fälle: *Ata fein*, ein Reinigungspulver, das zu DDR-Zeiten im VEB Waschmittelwerk Genthin hergestellt worden war. Damit bekam sie alles in den Griff. Auch nach der Wende blieb sie *Ata fein* treu. Zu kaufen bekam sie es leider nur noch im Ossi-Laden und der Preis für 250 Gramm *Ata fein* stieg von damals 13 – wohlgemerkt – Ostpfennig auf 3 Euro. Dafür erwies es sich als unschlagbar gegen alle hartnäckigen Verschmutzungen. Allein das war diesen Preis wert. Ein Mittel für alle Fälle.

Und es brachte ihr im »Black Angels« den Spitznahmen »Ata-Girl« ein. Hannah hatte sich schnell in die neue Arbeit eingefunden. Zwar hatte sie es sich dann doch anders vorgestellt. Aber sie sah gerade in den besonderen Umständen ihre Verantwortung in Sachen Sauberkeit und Hygiene. Frei nach dem Motto: Nur der frühe Vogel fängt den Wurm, begann sie in aller Herrgottsfrühe und blieb bis in die Vormittagsstunden, kassierte hier und dort einen Schein extra und freute sich auf den freien Nachmittag.

Die Höhe des Trinkgeldes, so schien es dem Ata-Girl, richtete sich nach der Anzahl der verschmutzten Gläser, leeren Flaschen, gefüllten Gummis und Aschenbecher, kurzum nach dem jeweiligen Verwüstungsgrad der Zimmer nach den lustvollen Ausschweifungen.

Hannah blickte auf die Uhr. Sie musste sich beeilen, wenn sie pünktlich in den Feierabend wollte. In der Sauna legte sie noch frische Handtücher aus. In den Kabinen des »Stöhnkinos« füllte sie die Spender mit Papiertaschentüchern auf. Für die ersten Besucher war somit alles bereit. Ab Mittag begann der Geschäftsbetrieb und dann übernahmen die Wirtschafter diese Serviceaufgaben. Nach einem letzten Kontrollrundgang zog sie sich um und begab sich auf den Heimweg.

Heinz Trettner saß in seinem Wohnzimmer und wippte in seinem Schaukelstuhl auf und ab. Das Bier schwappte in der Flasche, die er in der Hand hielt. In Gedanken versunken blickte er in den Garten. Wer könnte in die Villa eingebrochen sein? Welches Zimmer schmückte jetzt »seine« Chippendale-Garnitur?

Neue Erkenntnisse schien es nicht zu geben, denn als er den Kommissar vor einigen Tagen angerufen hatte, hatte dieser nur abgewiegelt. Man ermittle in alle Richtungen.

Trettner ließ die letzten Wochen erneut Revue passieren. Nichts fiel ihm ein, was für einen Einbruch relevant sein könnte. Sein Hinweis dem Kommissar gegenüber, dass der Einbruch mit einem Gutachten von Dr. Keitel zusammenhangen könnte und nur den wahren Grund überdecken sollte, war nicht auf fruchtbaren Boden gefallen. Ob er selbst noch unter Verdacht stand?

Im Moment herrschte eine angespannte Atmosphäre zwischen ihm und Dr. Keitel. Trettner trank sein Pils aus und öffnete eine zweite Flasche. Die Arbeit bereitete ihm im Moment überhaupt kein Vergnügen. Dann traf es ihn wie ein Blitz: Vergnügen? Dass ihm jene Begegnung erst jetzt einfiel. Kein Wunder. Es musste wohl Monate her sein, dass Dr. Keitel spät abends eine junge Frau mit nach Hause gebracht hatte.

Ein helles Lachen war zu hören gewesen, als er abends auf der Terrasse stand und rauchte. Trettner hatte sich für den Doktor gefreut. Schließlich war es wohl das erste Mal seit dem Tod seiner Frau, dass er nicht nur an die Arbeit gedacht hatte. Einen Tag später war mittags ein silberner Sportwagen zur Toreinfahrt hereingefahren. Trettner hatte den Rasen abgeharkt, ohne das Auto aus den Augen zu lassen. Ein Mann war ausgestiegen und hatte einer hübschen Frau mit langen, blonden Haaren die Wagentür geöffnet. Ob es die Frau vom vorherigen Abend gewesen war? Im vornehmen dunkelblauen Kostüm war sie die Treppe hinaufgestöckelt und hatte wie eine seriöse Geschäftsfrau aus besseren Kreisen gewirkt. Die Frau und dieses tolle Auto hatte Trettner noch zweimal gesehen. Doch es verbot sich von selbst, Dr. Keitel nach dieser Dame zu fragen. Und die Geschäfte seines Chefs gingen ihn nun wirklich nichts an.

Trettner nahm wieder einen Schluck aus der Flasche. Er blickte auf die Uhr: Eigentlich müsste er jetzt Kaffee kochen, denn seine Frau würde gleich von der Arbeit kommen. Doch die Erinnerung an jene Begegnung hielt ihn fest. Die Marke des tollen Flitzers war ihm schon damals nicht eingefallen. An das Kennzeichen erinnerte er sich gut, denn die Zahlenfolge ergab sein Geburtsjahr. Elektrisiert schnellte er hoch. Vergessen war das Kaffeekochen. Er lief zum Schreibtisch und notierte das Auto-Kennzeichen auf einen kleinen, gelben Zettel. Er nahm sich fest vor, der Sache auf den Grund zu gehen, als er den Schlüssel im Schloss hörte. Hannah! Sie war wie immer pünktlich. Er wollte keineswegs riskieren, dass der Haussegen schiefhing. Schnell füllte er Wasser in die Kaffeemaschine und drückte den Startknopf. Doch da stand Hannah schon im Türrahmen und sagte auf ihre unnachahmlich tadelnde Weise: »Heinz?!«

Am nächsten Morgen machte sich Trettner auf den Weg zu einer Detektei mit dem Namen »Shadow«. Er hatte sich extra für diese Detektei entschieden, denn »Shadow« passte zu seiner Jagd nach einem Schatten, einem Phantom. Er überlegte, wie es wohl im Büro des »Schattenmannes« aussehen würde: vermutlich unordentlich, überall Akten, verraucht, ein voller Aschenbecher auf dem Tisch. Als er das Büro betrat, musste er seine Erwartung vom heruntergekommenen Charme der Detektei jedoch korrigieren. Das Büro war hell und freundlich. Es blitzte vor Sauberkeit. Weder aufgestapelte Akten noch ein voller Aschenbecher zierten den Schreibtisch. Ein bisschen enttäuscht blickte Trettner auf eine hübsche Frau mittleren Alters im feinen Hosenanzug. Er hatte fest angenommen, hier auf einen Mann zu treffen, schließlich ging es um ein Kfz-Kennzeichen. Andererseits zog ihn die samtweiche Stimme von Frau Steinübel sofort in ihren Bann. Sie bat ihn, Platz zu nehmen, und lächelte.

Trettner erläuterte, dass er den Namen des Halters eines Autos benötigte und, wenn möglich, wolle er noch die Automarke wissen. Mit mehr konnte und wollte er diese moderne Miss Marple nicht beauftragen. Trettner konnte noch nicht entscheiden, ob die Information etwas im Hinblick auf den Einbruch bringen würde. Die Formalitäten wurden schnell erledigt und Trettner war um 100 Euro leichter. Das Ergebnis bekäme er per Post. Schade. Trettner wäre lieber mit den heiß ersehnten Informationen nach Hause gefahren. Doch die schöne Detektivin blieb hart. Mit einer freundlichen Geste dirigierte sie ihn hinaus.

Es vergingen drei lange Tage, bis Trettner die Daten in den Händen hielt. Die Adresse des Halters googelte er sofort im Internet. Die Überraschung war perfekt. Für ihn schien sich nun so einiges zu erklären. Doch hatte er recht mit seiner Vermutung? Er telefonierte und machte sich ohne zu zögern auf den Weg. Schließlich wollte er zum Kaffeekochen wieder zurück sein.

Hannah war heute spät dran. Gleich würden die ersten Kunden kommen. Da musste sie das Etablissement schon verlassen haben. Sie wollte gerade noch die Pflanzen am Empfang gießen, als eine bekannte Stimme an ihr Ohr drang. Hannah stockte. Mit den Augen suchte sie nach einem Fluchtweg. Auf keinen Fall wollte sie gesehen werden. Ihr Blick blieb an einem schweren Samtvorhang hängen, der die Tür zum Wirtschaftseingang verbarg. Hoffentlich ist die Tür nicht verschlossen, dachte Hannah. Es gab keine andere Möglichkeit. Der Weg zu den Damen auf den Zimmern oder an die Bar führte direkt an ihr vorbei.

»Diskretion ist bei uns höchstes Gebot«, hörte Hannah Limona säuseln. Flink huschte Hannah am Empfang vorbei und verschwand hinter dem bodenlangen Vorhang. Sie drückte die Klinke herunter. Ein Seufzer der Erleichterung entfuhr ihr. Doch sie hielt eine Sekunde inne. Hannah brauchte Gewissheit. Noch bevor sie die Tür schloss, lugte sie kurz hinter dem Vorhang hervor. Sie sah, wie Limona mit ihrem Heinz untergehakt in Richtung Bar schlenderte.

Hannah war fassungslos. Ging ihr Heinz ins Bordell? Bis vor wenigen Sekunden hatte sie noch gedacht, dass Heinz treu an ihrer Seite lebte und um diese Zeit den Nachmittagskaffee zu kochen begann. Bis jetzt hatte sie kaum einen Gedanken daran verschwendet, dass ständig verheiratete Männer herkamen und sich vergnügten. Das musste jeder Mann mit sich selbst ausmachen. Hauptsache, die Zimmer waren nicht so schmutzig und das Trinkgeld stimmte. Aber dass ihr Heinz hier auftauchen könnte, wäre ihr nie in den Sinn gekommen!

Wut und Enttäuschung krochen in ihr hoch, wie eine sich anschleichende Grippe. Natürlich! Jetzt wurde ihr klar, wofür Heinz sein Geld ausgab. Von wegen Werkzeuge und Autoreparatur … Sie war eine naive und blauäugige dumme Kuh! Hannah schniefte und wischte sich die ersten Tränen aus den Augen. Als sie ins Auto stieg, drohten die Tränen ihre Sicht zu trüben.

»Nein, Hannah, du wirst jetzt nicht heulen und rote, verquollene Augen bekommen! Du wirst überlegen, wie es weitergehen soll!«, sprach sie sich Mut zu. Sie startete den Motor und beschloss, zum »Pier 1« am Cospudener See zu fahren. Dort konnte sie in Ruhe überlegen.

Im »Pier 1« bestellte Hannah Kaffee und Mokkasahnetorte. Warum sollte sie auf ihre Figur achten, wenn ihr Heinz am Ende doch in den Puff ging? Nur gut, dass Heinz nicht wusste, dass sie dort arbeitete. Sie hätte sonst von seinem Bordellbesuch nie erfahren.

Sie piekste den letzten Tortenkrümel auf und lehnte sich zurück. Heute bemerkte sie nicht, wie die Sonnenstrahlen glitzernd auf den Wellen des Sees tanzten und den kleinen Segeljollen auf ihrer Ausfahrt ideales Licht bescherten. Zu sehr war sie beschäftigt mit ihrer Achterbahn der Gefühle. Vor Hannahs Augen tauchte immer wieder Heinz mit Limona auf. Langsam und bedrohlich stieg kalte Wut in ihr auf. Sie sann auf Rache.

Als Hannah Stunden später nach Haus kam, saß Heinz Trettner vor dem Fernseher, als wäre nichts geschehen. Er fragte sie nicht, warum sie so spät kam, und Hannah vermied den Blickkontakt mit ihrem Mann.

»Was hast du am Nachmittag gemacht?«, wollte sie wissen.

»Ich habe den Wohnzimmerteppich in die Reinigung gebracht«, antwortete Heinz.

Er blickte nicht auf und sah deshalb nicht, wie Hannah die Mundwinkel verächtlich nach unten zog. Ihre Augen verengten sich zu kleinen Schlitzen. Als Erstes würde sie im »Black Angels« aufräumen. Heinz würde sie sich bis zum Schluss aufheben. Diesen Augenblick der Rache würde sie besonders genießen.

Zwei Tage später ging Hannah gut vorbereitet zur Arbeit. Sie beeilte sich mit der Reinigung der Zimmer. Für Limona und die anderen Zimmerdamen brachte sie Überraschungen mit. Zuerst mischte Hannah *Ata fein* unter die Peeling-Creme, denn das würde die »Massagewirkung« enorm verstärken. Dann füllte Hannah mit einer kleinen Spritze, wie man sie für Torten und Sahnehäubchen gebraucht, etwas von ihrem Grundreiniger

Silka V in die Körperlotion. Nicht zu zarter und rosiger Haut würde das führen, sondern zu ständigem Juckreiz, einer starken Rötung und vielen Pickeln. Ein Arbeiten im »ältesten Gewerbe der Welt« wäre für die Damen bald viele Tage lang unmöglich. Dann ging Hannah an die Bar und füllte etwas von dem farblosen Reiniger in die beliebtesten Cognac-Flaschen mit geringem Füllstand. Einmal ausgetrunken, konnte ihr niemand auf die Schliche kommen. Keiner würde ahnen, was hier Bauchschmerzen und Durchfall verursachte. Die Nebenwirkungen würden sich erst Stunden später bemerkbar machen. Sie würde zwar dadurch mehr putzen müssen, doch darauf war sie bestens vorbereitet. Lächelnd dachte Hannah an ihr *Ata fein*.

Jetzt wollte sie dem Chef noch einen Denkzettel verpassen. Schließlich gehörte Lättner ja der Laden. Seine letzte Werbeaktion, jeden Mittwoch eine sogenannte Flatrate fürs Poppen einzuführen, hatte vielleicht auch Heinz, also Männer mit schmaler Börse, in dieses Etablissement gelockt.

An den Chef kam sie nicht so leicht heran. Ihr Bewegungsradius beschränkte sich auf die Umgangsräume des Geschäftes. Die privaten Zimmer ihres Chefs fielen nicht in ihren Aufgabenbereich. Doch Hannah wollte nicht warten. Wenn sich erst herumsprach, dass Durchfall und Hautausschlag die Runde machten, würden die Sicherheitsvorkehrungen bestimmt verschärft werden.

Mit einem Mikrofasertuch und einem Staubwedel bewaffnet beschloss sie, einfach den »falschen« Gang zu nehmen. Ihre kleine Sprühflasche verbarg sie in ihrer Kittelschürze. Sie atmete tief durch und eilte vorwärts. Auf der ersten Etage, wo es links zum Chefbüro ging, drangen Stimmen an ihr Ohr. Es waren Männerstimmen, die offensichtlich miteinander stritten. Was war passiert? Weder der Chef noch eine der Damen glänzten sonst so früh am Morgen mit Anwesenheit.

Hannahs Neugier trieb sie weiter. Sie blickte vorsichtig um die Ecke und lief, den Staubwedel über die Stuckkante schwenkend, an der Tür des Chefs vorbei. Dieser Gang musste zu einem separaten Ausgang führen. Es musste die Tür sein, die Hannah von außen sah, wenn sie auf dem Hinterhof den Müll in die Tonnen warf. Aber wohin sie führte, wusste sie nicht. Die Stimmen wurden lauter. Heftig stritt Lättner mit dem Türsteher Karl. Hannah lauschte genau auf jedes Wort.

»Es hilft nichts. Du musst sie beseitigen«, hörte sie den Chef sagen.

Hannah bekam Gänsehaut. Waren sie ihr schon auf die Schliche gekommen? Sie dachte an die manipulierten Bodylotions und Cremetiegel, die sie erst am nächsten Morgen austauschen konnte. Die Cognac-Flaschen müssten dann eigentlich ausgetrunken sein. Ihr Puls erhöhte derart das Tempo, dass jeder Schlagzeuger neidisch gewesen wäre.

»Muss das wirklich sein, Chef?«

»Ja. So ein undankbares Weib. Ich habe sie aus der Gosse gezogen. Ich bezahle ihre Kleider, den Schmuck und das Auto. Lass es wie einen Unfall aussehen!« Das war Lättners Stimme.

»Aber ohne sie hätten wir nie die nötigen Informationen bekommen. Sie hat uns viel Geld eingebracht, Chef«, entgegnete Karl.

»Quatsch nicht. Schon deshalb können wir sie nicht gehen lassen. Sie weiß zu viel!«

Hannah fiel zunächst ein Stein vom Herzen. Um sie konnte es in diesem Mordkomplott nicht gehen. Aber um wen dann? Außerdem konnte es für sie gefährlich werden, sollten die zwei sie hier erwischen. Ihre Blicke tasteten den halbdunklen Gang ab.

»Chef, sie wird schon nichts sagen. Sie hat sich einfach nur verliebt und will ihr eigenes Leben führen. Wenn etwas schiefgeht, gibt es nur unangenehme Fragen für uns.« Das war wieder Karl.

»Dann streng dich an, dass nichts schiefgeht. Und weil wir gerade dabei sind. Was wollte dieser Möchtegern-Marlowe, dieser Hausmeister, hier?« Lättner klang gereizt.

Hannah hielt die Luft an. Hausmeister, Marlowe? Ging es jetzt etwa um ihren Heinz?

»Zufall, Chef. Der sucht auch nur sein Vergnügen.« Der Türsteher hörte sich spöttisch an.

»Und wenn nicht? Ich glaube nicht an Zufälle. Limona sagte mir, der wollte nur quatschen! Behalt ihn im Auge, wenn er noch mal kommt«, verlangte Lättner. »Und es bleibt dabei. Sie muss weg.«

»O.k., Chef. Aber sie hat sich bestimmt abgesichert, sollte ihr etwas zustoßen. Sie ist clever«

»Dann finde es vorher heraus«, entgegnete Lättner barsch.

Plötzlich hörte Hannah Schritte. Blitzschnell lief sie zurück und stellte sich hinter einen künstlichen Ficus Benjamini in einer der halbrunden Nischen. Sie hielt die Luft an, presste Staubwedel und Microfasertuch fest vor die Brust, denn ihr Herz drohte herauszuspringen. Tatsächlich, Türsteher Karl nahm den hinteren Ausgang.

Das Zuschlagen der Stahltür im Erdgeschoss zeigte ihr an, dass fürs Erste die Gefahr gebannt war. Sie atmete erleichtert aus. Noch während sie überlegte, ob sie warten oder sich staubwedelnd davonschleichen sollte, hörte sie erneut Schritte. Sie schloss die Augen und betete. Zitternd und unfähig sich zu bewegen, registrierte sie, dass Lättner den Weg nach vorn in die Geschäftsräume nahm. Gott sei Dank. Das war knapp.

Erst als sie keine Geräusche mehr vernahm, wagte sie sich hervor. Jetzt nichts wie weg hier. Der Schreck saß ihr tief in den Knochen. Sie hängte die Schürze in den Spind. Kurz darauf stieg sie in ihr Auto, das ein paar Straßen weiter stand. Hannah parkte nie nahe am »Black Angels«. Aufgewühlt fuhr sie los und hielt dann in einer belebten Einkaufsstraße. Eigentlich rauchte Hannah nicht im Auto. Doch jetzt steckte sie sich eine Zigarette an, nahm einen kräftigen Zug und atmete ihn entspannt aus.

So hatte sie sich ihren Rachefeldzug nicht vorgestellt. Das belauschte Gespräch hallte noch in ihren Ohren. Meinten die

Kerle ihren Heinz, als sie vorhin von einem Hausmeister sprachen? Er wollte nur quatschen, hörte sie den Chef sagen. Also hatte ihr Heinz nicht …? Hannah lächelte. Trotzdem. Auch er schien auf der Abschussliste zu stehen. Es ging um Mord. Sie hatte gerade einen Auftragsmord belauscht. Ungeheuerlich – und *ihr* Arbeitgeber war der Auftraggeber. Nicht auszudenken, wenn sie ihr auf die Schliche kämen. Sie würde keine ruhige Minute mehr haben. Sie musste irgendetwas unternehmen. Nur was? Schnell konnte sie selbst in Gefahr geraten. Da fiel ihr Blick auf eine Telefonzelle, die ein paar Meter weiter auf dem Gehweg stand. Das war die Lösung.

Hannah schloss das Auto ab. Von der Telefonzelle aus rief sie die Polizei an.

Einen Tag später blieb Hannah wie angewurzelt vor einem Kiosk stehen. Eine große Tageszeitung titelte: »Mord im Rotlichtmilieu«. Sofort kaufte sie sich ein Exemplar. Sie musste wissen, warum ihr Hinweis bei der Polizei den Mord nicht hatte verhindern können. Oder hatte sie etwa selbst zu viel von dem Grundreiniger in die Bodylotions gespritzt? Aber das Zeug brachte doch niemanden um, oder?

Ein paar Meter von dem Kiosk entfernt sah sie sich unsicher um, bevor sie mit zittrigen Händen die Zeitung durchblätterte und nach der Fortsetzung des Artikels suchte. In den wenigen Zeilen stand zumindest nicht, dass eine verpickelte Prostituierte an einer Überdosis Grundreiniger gestorben war. Es gab auch keinen Hinweis auf einen Freier, der an einem nicht enden wollenden Stuhlgang vor Schwäche auf der Toilette verhungert war.

Hannah atmete auf. Es musste sich um eine Unbekannte, um ein anderes Bordell handeln. Um Chef Lättner in den nächsten Tagen nicht über den Weg zu laufen, meldete Hannah sich vorsichtshalber einen Tag später krank. Gleich zu kündigen, wäre vielleicht verdächtig gewesen.

An einem sonnigen Freitag saßen Hannah und Heinz bei Kaffee und Kuchen auf der Terrasse, als Kommissar Lucht vor ihrer Tür stand. Neugierig bat der Hausmeister den Kripomann, sich zu ihnen zu setzen. Hannah schlürfte nervös an ihrem Kaffee.

»Es gibt Neuigkeiten«, verkündete der Kommissar.

»Ist der Diebstahl aufgeklärt?« Trettner schmunzelte vergnügt. Er stand damit nicht mehr unter Verdacht. »Es ist doch beruhigend für uns, wenn die Polizei den Verbrechern das Handwerk legt.«

»Da Dr. Keitel wieder einmal unterwegs ist, und Sie quasi das Objekt betreuen, wollte ich Ihnen mitteilen, dass wir die Diebe gefasst haben.« Lucht sah die Erleichterung in den Augen des Hausmeisterpaares.

»Der Ermittlungserfolg kam diesmal hauptsächlich aufgrund der Hinweise aus der Bevölkerung zustande.« Der Kommissar machte eine kleine Pause.

Hannah setzte die Kaffeetasse ab und hob interessiert die Augenbrauen. Sie sah dem Kommissar tapfer ins Gesicht und bot ihm ein Stück Selterwasserkuchen an. »Selbst gebacken.«

Doch Lucht lehnte mit der Hand auf seinen Bauch klopfend dankend ab.

»Es ist doch gut, wenn die Bevölkerung aufmerksam ist«, warf Trettner ein. Er wollte Näheres wissen.

»Das stimmt«, erklärte der Kommissar. »Erst bekamen wir einen anonymen Hinweis auf einen Sportwagen, der hier wohl von Passanten gesehen worden ist.« Lucht machte eine Pause und sah zu Trettner. »Sogar an das Kennzeichen von diesem silbernen Crossfire konnte sich der Bürger erinnern.«

Hannah atmete auf.

»Dann«, fuhr der Kommissar mit Blick auf Hannah fort, »erhielten wir einen Hinweis aus Insiderkreisen auf einen bevorstehenden Mord in einem Bordell.«

»Ach«, entfuhr es Hannah. Ihr Gesicht wurde kreidebleich.

»Natürlich gingen wir jedem Hinweis nach. Merkwürdig fand mein Kollege bei den nachfolgenden Ermittlungen, dass fast alle Prostituierten in dem Freudenschuppen wegen Hautausschlag nicht arbeiten konnten. Aber das spielt sowieso keine Rolle mehr.« Lucht erläuterte weiter. »Das ›Black Angels‹ wird geschlossen. Der Chef und seine Geliebte gehören zu einer Diebesbande, die sich auf Dienstreisende spezialisiert hatte.« Der Kommissar erklärte, dass die junge Frau als Lockvogel fungierte. »Sie erschlich sich das Vertrauen alleinstehender Männer in Hotels und auf Kongressen, besuchte sie und spionierte lohnende Ziele aus. Der Trick bei der ganzen Sache war, dass der Einbruch erst viele Monate später stattfand und der Bezug zu der ominösen Bekanntschaft nicht mehr hergestellt werden konnte. Das funktionierte fast bundesweit.« Der Kommissar erhob sich. »Abschließend sei gesagt, dass nicht nur einige Gemälde von Herrn Dr. Keitel sichergestellt werden konnten. Wir fanden auch die von Ihnen beschriebene Chippendale-Garnitur in der Wohnung des Bordellbesitzers.«

Die Augen des Handwerkers glänzten, als er Kommissar Lucht hinausgeleitete.

Als Trettner wieder am Kaffeetisch Platz nahm, lächelte er zufrieden in sich hinein und schnitt sich ein Stück von dem Selterwasserkuchen ab.

Hannah sah ihn fragend an: »Wie weit wärst du denn gegangen, um *deine* Chippendale-Garnitur wiederzubekommen?«

Trettner reagierte nicht sofort, schien zu überlegen.

»Heinz, ich warte auf Antwort«, ließ Hannah nicht locker.

»Ich habe das Kfz-Kennzeichen herausbekommen. Prima, was?« So richtig stolz klang dies allerdings nicht.

»Ach so, Kfz-Halter-Auskünfte gibt es wohl neuerdings im Bordell. Ich habe dich im ›Black Angels‹ gesehen.«

Trettner fiel die Kuchengabel aus der Hand. Wie sollte er ihr das erklären? »Also ich habe nicht … ich habe nicht vorgehabt … ich wollte nur herausfinden, wie die Zusammenhänge sind. Ob es richtig war, was ich vermutet hatte. Das musst du mir glauben«, beschwor er Hannah verzweifelt. Es musste bescheuert in ihren Ohren klingen!

»Wenn du etwas herausgefunden hättest, hättest du dich nur in Gefahr gebracht! Ist dir das eigentlich klar?« Sorge um Heinz schwang in ihrer Stimme mit. Sie wusste, wie schnell ein Marlowe-Hausmeister beseitigt werden konnte.

»Du glaubst mir?« Trettner schöpfte Hoffnung und blickte voller Liebe auf Hannah. Was hatte er doch für eine Frau! Doch dann zog er die Stirn kraus. »Wieso hast du mich im ›Black Angels‹ gesehen?« Erst jetzt fiel ihm das auf.

Hannah überlegte kurz und beschloss, alles zu beichten. Sie sprach von ihrer Arbeit, von ihrer Wut und Enttäuschung, als Heinz im Bordell aufgetaucht war, und wie sie sich gerächt hatte.

Trettner stand auf und nahm sie in den Arm. Ein Lächeln umspielte seine Lippen. »Siehst du, meine Hannah. Es ist nicht immer so, wie es scheint. Manchmal hat eben alles einen tieferen Sinn.« Er fuhr ihr mit der Hand durchs Haar. »Die Pickel und der Ausschlag verschwinden wieder. Schließlich hat deine Rache am Ende doch einen Mord verhindert.«

»Da hast du recht«, erwiderte sie und war doch recht stolz auf sich.

Eins, zwei, drei, Spitzel

VON CHRISTINE SYLVESTER

»Möönsch, Regina!« Nach der Umarmung mustert Peggy Regina anerkennend. »Gut siehst du aus! Komm rein!«

Regina lacht und hält Peggy ein Paket hin. »Alles Liebe zum Irgendwas-und-Vierzigsten«, verkündet sie lachend.

»Na, hoffentlich sind da keine Schallplatten drin.« Ein deutlich älterer Mann tritt hinzu und wirft einen skeptischen Blick auf das Geschenk. »Wir haben nämlich keinen Plattenspieler mehr.«

»Nein, nein«, entgegnet Regina.

»Das ist übrigens Holger, mein Mann«, erklärt Peggy. »Hast du den Grill schon angeworfen?«

»Habe ich. Die erste Runde ist fertig.« Holger nickt. »Ich hole nur Nachschub und beziehe wieder Posten auf dem Balkon.«

»Nun komm mal rein in die Stube, Regina! Wir haben nur noch auf dich gewartet.« Peggy geht voraus. »Leider können wir uns nicht raussetzen. Gibt immer Ärger mit den Nachbarn. Aber es wäre sowieso zu eng. Ich freue mich ja so, dass ihr alle kommen konntet. Na ja, fast alle.« Sie zieht Regina mit sich. »Schaut mal, wer da ist!«

Regina stolpert hinter Peggy her und fällt prompt einem braungebrannten Mann in die Arme. »Rico? Ich werd verrückt!«

»Regina!«, ruft er lachend. »Mein Gott, siehst du gut aus!« Er tätschelt ihren Rücken. »Du hast dich ja kaum verändert.«

»Im Gegensatz zu ihm«, wirft Peggy ein und deutet auf einen weiteren Gast, der sich höflich aus dem Sessel erhebt.

Regina bemerkt seinen eleganten Anzug, die glatt zurückgekämmten dunklen Haare und stutzt. Als er grinst und »Hallo, meine Schöne« sagt, erkennt sie ihn. »Ratze! Ach du liebe Güte!«

Sie fällt ihm in die Arme. Dann lacht sie. »Müssen wir dich jetzt Ralph nennen?«

»Sir Ralph bitte.« Ratze setzt eine blasierte Miene auf und beobachtet Peggy, die gerade mit einer Weinflasche kämpft. »Lass mich das machen!« Er greift nach dem Wein. »Mit Flaschen kenne ich mich aus ...« Er studiert das Etikett. »Oho! Ein Meißner Müller-Thurgau.«

»Ist das was Besonderes?«, fragt Regina.

Ratze grinst. »Nun ja, es ist ein Weißwein von 1989 ... DDR-Qualitätswein aus dem Elbtal. Woher hast du den denn?«

»Holger hat mir eine ganze Kiste zum Geburtstag geschenkt«, erklärt Peggy lächelnd. »Wir haben uns 1989 kennen gelernt.«

»Aber auf unserer letzten gemeinsamen Party damals war er noch nicht dabei, oder?«, fragt Regina.

»Nein, Holger habe ich erst später getroffen«, sagt Peggy und reicht jedem ein Glas. »Also Prost, meine Lieben! Auf das Wiedersehen!«

»Auf unser Peggylein!« Rico grinst verschmitzt. »Die uns nach über zwanzig Jahren wieder zusammengetrommelt hat ...«

»Auf Peggy!«, bestätigt Ratze und nimmt einen kräftigen Schluck.

»Was ist denn mit deinem Mann?«, fragt Regina. »Feiert er gar nicht mit uns?«

»Doch«, sagt Peggy. »Er kümmert sich ums Essen.« Dann deutet sie auf den Tisch. »Übrigens, greift zu, bevor Holger mit der nächsten Ladung kommt. Hier sind auch Salate, Bautzner Senf und Werder Ketchup.«

»Mach doch endlich mal das Geschenk auf«, verlangt Regina. »Ich bin so gespannt, wie du guckst!« Und während Peggy vorsichtig die Schleife und das Papier vom Geschenk löst, mustert Regina erneut Ratze. »Ich bin echt fassungslos ...«

»Wahnsinn! Ein Fotoalbum!«, kreischt Peggy und blättert zwischen den Seiten. »Hey, du hast ja Bilder von der Radtour ... und sogar von unserer letzten gemeinsamen Party!« Sie legt das

Album aufgeschlagen auf den Tisch. »Sommer 89! Guckt euch das an! Ratze spielt Luftgitarre.« Sie deutet auf ein Bild, auf dem ein originell aufgemachter Punk seltsame Verrenkungen macht.

Ratze grinst schief. »Aus der Hose da bin ich gar nicht mehr herausgekommen, weil die so eng war. Meine Schwester musste die Nähte auftrennen.«

»Die Stiefel sehen aber auch nicht gerade bequem aus.« Regina deutet lachend auf Ratzes Foto.

»Oh, das waren die guten DDR-Arbeitsstiefel ... Wie hießen die noch ... G5, glaube ich.« Ratze schmunzelt.

»Am schärfsten sind aber die Halsbänder«, wirft Peggy ein.

»Genau, die alte Klo-Kette!« Ratze grinst. »Meine Oma hat wie verrückt danach gesucht.«

»Hey, Rico ist auch nicht schlecht!«, ruft Regina und deutet auf ein weiteres Bild. »Er sieht aus wie Che Guevara!« Sie blättert die Seite um. »Hier habe ich ja gedacht, ich sehe nicht richtig ...«

»Oh, wie peinlich!« Peggy schlägt die Hände vors Gesicht. »Das bin ja ich!«

»Aber hallo!« Ratze lacht. »Ich wusste ja gar nicht, dass du was mit Rico hattest.«

»Hatte ich ja auch nicht«, sagt Peggy errötend.

»Und wer ist das da, mit dem du knutschst?«, feixt Regina. »Das ist doch Rico!«

Rico grinst verlegen. »Das war doch nur eine kurze Geschichte.«

»Stimmt! Bald darauf warst du plötzlich wie vom Erdboden verschluckt«, erinnert sich Regina. »Genau wie Thomas.« Ihr Gesicht verfinstert sich.

Peggy sieht Rico durchdringend an. »Thomas. Den habe ich bis heute nicht wiederfinden können.« Ihr Blick wandert zu Regina, die schnell weiterblättert. »Du weißt doch was«, bohrt Peggy nach. »Ihr wart doch –«

»Lass das!«, geht Rico dazwischen. Dann holt er tief Luft. »Thomas und ich sind abgehauen. Wir haben im Sommer 89 in Zinnwald über die Grenze gemacht.« Er wirft einen Blick auf

Regina, die ausdruckslos vor sich hin starrt. »Thomas ist weiter zur ungarischen Grenze und wollte über Österreich in den Westen.«

»Wusstest du davon?« Peggy sieht Regina argwöhnisch an. Die schüttelt nur den Kopf. »Und du?«, wendet sie sich an Rico.

»Ich bin in Prag in die BRD-Botschaft gegangen«, erzählt Rico. »Thomas war das zu langwierig. Na ja, und er hat ja recht behalten.« Rico kratzt sich nachdenklich am Kinn. »Es war schon tierisch voll und täglich kamen mehr Leute. Alle hatten Angst, dass die DDR auch die letzte Grenze noch dicht macht.«

»Wie lange warst du denn dort?«, fragt Ratze. »Wenn ich mich recht erinnere, durften doch damals erst im Oktober Leute aus Prag in den Westen ...«

Rico nickt. »Irgendwann im August waren wir so viele, dass Zelte auf dem Gelände aufgeschlagen wurden. Erst war das sogar noch richtig witzig. Viele große Zelte, darunter sogar ein Schulzelt. Zum September gab es eine Schuleinführung mit Zuckertüten.« Rico lächelt unwillkürlich. »Und es gab Wettbewerbe, welches Zelt am besten kocht.« Er legt die Stirn in Falten. »Allerdings wurde dann das Wetter mies, es goss in Strömen, und wir campierten quasi im Schlamm. Als wir schließlich mehr als vierhundert Flüchtlinge waren, traten die DDR-Unterhändler in Aktion. Vogel und Gysi konnten damals echt über die Hälfte der Leute zurücklotsen in die DDR.« Er schüttelt bei der Erinnerung den Kopf. »Und trotzdem wurden es immer mehr. Man musste sogar viele Pflanzen aus dem Botschaftspark entfernen, um Platz zu schaffen. Die Stimmung kippte bald, und die Leute haben sich gegenseitig als Stasispitzel verdächtigt ...«

»Echt?« Regina reißt die Augen weit auf. »Gab es denn wirklich Spitzel in der Botschaft?«

»Na klar«, sagt Peggy. »Gerade da! Ihr erinnert euch doch an die Montagsdemonstrationen. Da soll ein Viertel der Leute von der Stasi gewesen sein!« Sie mustert Ratze. »Du warst doch damals auch in Leipzig. Meinst du nicht auch, da waren viele Spitzel?«

Ratze nickt mit schiefem Grinsen. »Sicher, die haben immer und überall überwacht, dokumentiert und observiert, meist auch noch sich gegenseitig.« Er zieht eine amüsierte Fratze. »Ich glaube, das große Ziel war, dass endgültig jeder jeden bespitzelt, nach dem Schneeball-Prinzip, ein quasi selbstreferentielles System …« Er lacht spöttisch. »Rein strukturell gesehen gar nicht mal so doof. Ein bisschen wie Internet als Brettspiel!«

»Habt ihr denn tatsächlich Spitzel enttarnt?«, fragt Regina.

»Nein«, sagt Rico. »Allerdings ging das Gerücht, dass Stasileute Ausweise klauen, und angeblich sind wirklich Papiere verschwunden. Na ja, wenn Peggy recht hat, müsste ja jeder Vierte von der Stasi gewesen sein.«

»Klar, und einer von uns wäre dann rein rechnerisch auch ein Ex-Spitzel«, wirft Regina ein und zählt wie beim Auszählreim in die Runde. »Eins, zwei, drei, Spitzel, eins, zwei, drei, Spitzel, eins, zwei, drei …«

Peggy lacht laut auf. »Ich war jedenfalls im Herbst 89 zur Demo in Leipzig. Und Ratze hat mich völlig ignoriert!«

»Ich kann mich nicht erinnern«, erklärt Ratze nachdenklich. »Wieso hast du denn nichts gesagt?«

»Na, als ich dich an der ›Runden Ecke‹, dem alten Stasiquartier, gesehen habe, dachte ich, sie haben dich verhaftet«, erinnert sich Peggy. »Ich hatte Schiss.«

»Du und Schiss? Den Eindruck hatte ich aber nicht.« Rico grinst breit. »Ich habe dich nämlich auch gesehen.«

»Ich denke, du warst in Prag!« Regina sieht ihn stirnrunzelnd an.

»Sicher, aber nach Genschers Balkonansprache durften wir doch raus«, erklärt Rico. »Ich saß im Zug, als es hier auf dem Dresdner Bahnhof Tumult gab. Und da habe ich Peggy gesehen, mittendrin!«

Peggy nickt und ihre Augen funkeln abenteuerlustig. »Auf dem Bahnhof war damals echt was los! Ich wurde verhaftet, und als es dann im November richtig spannend wurde, saß ich in Bautzen ein und habe nichts mitbekommen.«

»Und was hast du damals gemacht?«, wendet sich Rico an Regina. »Westfernsehen war ja nicht, hier im Tal der Ahnungslosen!«

Regina grinst. »Oh, ich hatte damals andere Sorgen als Demos. Ich war hochschwanger und habe Ende 89 eine Tochter bekommen.«

»Wie bitte?«, fragt Peggy. »Und Thomas?«

Regina atmet tief durch. »Der war schon weg.«

»Hat er sich denn auch bei dir nie wieder gemeldet?«, fragt Rico ungläubig.

Regina schüttelt langsam den Kopf. »Erst dachte ich, der hat mich vergessen«, erklärt sie tonlos. »Vor einigen Jahren habe ich dann eher zufällig mit seiner Mutter gesprochen …«

»Dass ich darauf nicht gekommen bin!« Rico schlägt sich mit der flachen Hand vor die Stirn. »Na klar! Seine Mutter.«

»Und? Wo ist er abgeblieben?« Ratze klingt gereizt. »Ich habe selbst zwei Kinder. Man setzt doch nicht einfach so ein Kind in die Welt und verpisst sich!«

»Er wusste doch gar nichts von dem Kind.« Regina lächelt gequält. »Er hat wohl versucht, durch die Donau nach Ungarn zu schwimmen. Jedenfalls sagt das seine Mutter. Und dabei ist er jämmerlich ersoffen.«

»Oh, mein Gott!«, ruft Peggy aus.

»Wenn ich geahnt hätte, was er vorhat«, murmelt Rico. »Ich hätte ihn davon abhalten müssen.«

»Scheißleben! Scheißgrenze!«, schimpft Ratze. »Hätte der Scheißkerl nicht einfach abwarten können?« Er springt auf und beginnt im Raum auf und ab zu laufen. »Ich meine, wir haben doch alle ausgeharrt, du in der Botschaft, du im Knast, Regina sowieso … Ich bin auch erst nach der Öffnung rüber nach West-Berlin.«

»Und dann?«, fragt Regina. »Wie ist aus dir der schnieke Familienvater geworden?«

Ratze wirkt noch immer wütend. »Ach, Scheiß-Punkszene im Westen. Ich habe gejobbt, geheiratet und mache jetzt in Immobilien, bei Schwiegerpapa.« Er hält inne und grinst. »Voll der Spießer, wa?!«

»Ich war auch erst eine Weile im Westen«, berichtet Regina. »Ist aber alleine mit Kind nicht so dolle. Deshalb bin ich zurück nach Dresden.« Sie seufzt vernehmlich. »Erst war ich froh, wieder zu Hause zu sein. Aber dann habe ich sie überall wiederentdeckt, dieselben alten Säcke. Ausgerechnet bei der Jobagentur sitzt eine frühere Kollegin von mir: die größte Stasischlampe von allen – und sie ist meine Sachbearbeiterin!« Sie verzieht das Gesicht. »Grinst mich frech an, diese Ziege! Dabei müsste eine solche Begegnung doch *ihr* unangenehm sein und nicht mir!«

Die Balkontür fliegt auf. »Peggy, kannst du mal …?« Holger hält einen Teller mit Würstchen in der Hand. »Ich muss mich mit dem Grillen beeilen, der Fiedler von oben meckert schon wieder.«

Peggy nimmt ihm den Teller ab. »Ach, der Fiedler stänkert doch immer herum!«

»Das habe ich gehört«, ruft eine Männerstimme von draußen. »Es ist dreiviertel zehn. Um zehn ist Schluss. Das gilt nicht nur für Lärm, sondern auch Geruchsbelästigung!«

»Jaja, Herr Fiedler, wir kennen die Hausordnung.« Holger schließt die Tür wieder von außen.

»Na, kommt Kinder! Wir wollen doch heute nicht Trübsal blasen!« Peggy stellt die Würstchen ab, erhebt ihr Glas und prostet den anderen zu. »Rico, mein Guter, was ist eigentlich aus dir geworden? Von dir habe ich nicht mehr als eine E-Mail-Adresse. Aber die stimmt offenbar. Also, wohin hat es dich verschlagen?«

»Mal hierhin, mal dahin«, sagt Rico und leert sein Glas in einem Zuge. »Ich war ein paar Jahre in Australien, dann in den Staaten und schließlich in Südfrankreich.«

»Ein echter Weltenbummler«, stellt Ratze grinsend fest.

»Ein echter Heimatloser«, kontert Rico missmutig. »Ich habe Heimweh bekommen …« Er seufzt abgrundtief. »Aber ehrlich gesagt ist das hier nicht mehr das, was ich all die Jahre für meine Heimat gehalten habe.«

»Stimmt, man kann wieder ordentlich durchatmen, muss nicht verwelktes Gemüse kaufen, und die Sterblichkeit ist enorm gesunken.« Ratze schmunzelt und wendet sich an Peggy. »Na, dann erzähl du doch mal ein bisschen aus Bautzen! Da waren wir doch vorhin stehen geblieben.«

Peggy lächelt. »Nun ja, zuerst war ich ziemlich frustriert. Wir haben ja da drin nichts erfahren. Und der Knast war hoffnungslos überfüllt. Ich bin verhört worden, immer und immer wieder, von Woche zu Woche.« Sie nippt an ihrem Wein. »Im Dezember gab es dann diese Amnestie für die Politischen, aber auch davon wussten wir drinnen ja nichts. Ich wurde bei Nacht und Nebel abgeholt und mit verbundenen Augen in ein Auto gesetzt.«

»Wie bitte?« Regina sieht sie entsetzt an.

»Ja«, bestätigt Peggy. »Mein erster Gedanke war: Jetzt werde ich erschossen. Aber dann wurde ich nur ewig lange durch die Gegend gefahren und schließlich am Stadtrand von Dresden aus dem Auto geworfen.« Sie schüttelt sich. »Es war sowas von schweinekalt! Danach lag ich drei Wochen mit einer Lungenentzündung im Bett.« Peggy zuckt die Achseln. »Und dann stand er immer wieder vor der Tür, der Offizier, der mich zuvor die ganze Zeit verhört hatte.«

»Es geht doch nichts über ein paar gute alte Hausbesuche«, bemerkt Ratze lakonisch. »Die Jungs hatten wohl einfach nicht mehr genug zu tun, was!«

Peggy lächelt versonnen. »Ein halbes Jahr später, im Sommer 90, haben wir dann geheiratet.«

»Was?«, fragt Regina ungläubig.

In diesem Moment öffnet sich die Balkontür und Peggys Mann kommt herein. »So, und hier ist die letzte Runde frisch vom Rost.« Er stellt zwei Platten auf den Tisch. »Ihr habt ja noch nicht viel gegessen!«

»Wir kommen vor lauter Gequatsche gar nicht zum Essen«, wirft Rico schnell ein und lässt sich von Peggy Wein nachschenken. »Aber der Wein ist schon mal sehr gut.«

Peggy reicht Holger ein Glas. »Schatz, gerade habe ich erzählt, wie wir uns damals kennen gelernt haben.«

»Ja, das waren harte Zeiten«, erinnert sich Holger freimütig. »Den Gedanken, dass alles umsonst gewesen sein sollte, konnte ich kaum ertragen.« Er schüttelt den Kopf. »Und dann auch noch die Kündigung, just zum 40. Jahrestag des MfS.« Er nimmt einen Schluck Wein. »Vorher musste ich noch meine gesamte Arbeit der letzten zehn Jahre vernichten. Stellt euch das mal vor! Dabei waren diese sogenannten Bürgerkomitees, die unsere Zentrale stürmten, voll von ›Inoffiziellen Mitarbeitern‹! Und die wollten doch nur an die Akten, um nicht als Spitzel enttarnt zu werden!«

»Ach, lass doch, Holger«, sagt Peggy und füllt Reginas und Ratzes Gläser.

»Nee«, entgegnet Holger. »Wenn man so lange mit der Quelle Mensch gearbeitet hat wie ich, kennt man sich aus.« Er wirft einen Blick in das aufgeschlagene Fotoalbum. »Den da zum Beispiel, den habe *ich* angeheuert. IM Karussell ...« Er deutet auf das Bild, auf dem Ratze Luftgitarre spielt. »Mitte der 80er haben wir ihn verhaftet, weil er besoffen aus einem Kettenkarussell gekotzt hat. Eigentlich ein ganz vernünftiger Junge. Richtig guter Mann! Hat mich jahrelang prima über die Punks auf dem Laufenden gehalten.«

»Holger, da irrst du dich sicher!«, wirft Peggy energisch ein. »Das ist –«

»Ralph Degenhart«, unterbricht Holger. »Ich vergesse keinen Namen und kein Gesicht. In der Punk-Szene hieß er Ratze ...«

In das angespannte Schweigen schrillt die Türklingel.

»Erwartest du noch jemanden, meine Gute?«, fragt Holger und macht sich, ohne ein Antwort abzuwarten, auf den Weg zur Wohnungstür.

Alle trinken schweigend. Ratze vermeidet jeglichen Blickkontakt, bis Peggy ihm auf die Schulter klopft. »Das ist ja witzig!«, ruft sie betont fröhlich. »Dann kennst du meinen Mann also schon länger als ich und hast gar nichts verraten!«

Ratze lacht trocken. »Ich habe nichts preisgegeben, ich habe nur Fehlinformationen verwaltet.«

Regina zieht die Augenbrauen hoch. »Klar, nichts anderes als, sagen wir mal, Öffentlichkeitsarbeit …«

»Inoffizielle Öffentlichkeitsarbeit!« Rico klingt spöttisch. »Außerdem war es ein wichtiger Beschäftigungsansatz, nicht wahr?«

»Wie meinst du das denn?«, fragt Regina.

»Autos verpesten die Umwelt, wir rasen uns zu Tode – aber die Arbeitsplätze! Werbung kotzt uns alle an, weil wir uns nur die Hucke volllügen – aber ein riesiger Industriezweig.« Rico verzieht das Gesicht. »So meine ich das.«

Peggy macht eine abwehrende Handbewegung. »Irgendwas ist doch immer.«

In diesem Moment kommt Holger herein, wirft einen grimmigen Blick in die Runde und läuft schnurstracks auf den Balkon.

»Was hat er denn?«, fragt Regina leise und Peggy zuckt die Achseln.

Holger kommt mit dem Grill in der Hand herein. »Scheiße, der ist noch heiß.« Er stellt ihn scheppernd in die Stubenecke und knallt die Balkontür zu. Dann öffnet er das Barfach der Schrankwand, zieht eine Flasche und ein Glas heraus, schenkt ein und trinkt. »Uah!« Mit einem satten Seufzer setzt er sein Glas ab. »Dass dieser Arsch nichts Besseres zu tun hat als seine Nachbarn zu belauern!«

»Wer?«, fragt Peggy.

»Na, der Fiedler von oben.« Holger sieht zur Decke und hält dann die Flasche in die Runde. »Eine Runde Goldbrand auf die guten alten Zeiten, als man noch in Ruhe feiern konnte!« Er holt Gläser aus dem Schrank und gießt sie randvoll. »Trinkt! Ich habe noch zehn Flaschen davon!«

Ratze ergreift als Erster ein Glas. »Hipp Hopp, rin innen Kopp!«

Sie prosten sich zu.

»Da fällt mir gerade ein …« Regina stellt ihr Glas ab und kramt in ihrer Tasche. »Ich hatte doch noch …«

Es klingelt erneut und Holger läuft rot an. »So, Fiedler! Jetzt lernste mich kennen!«

Peggy hält ihn zurück. »Lass mal lieber. Ich geh schon.« Sie rennt zur Tür.

»Ich hatte noch eine Flasche von dem Ost-Wodka«, murmelt Regina.

Zwei Minuten später kommt Peggy mit einer jungen Frau und einer Flasche Wodka herein.

»Hallo allerseits, ich bin die …« Sie stutzt und reicht dann Holger die Hand. »Hallo, Herr Schwarz.«

»Lisa!« Regina springt auf.

»Hallo Lisa, na, das ist ja eine Überraschung!«, freut sich Holger.

»Ihr kennt euch?«, fragt Regina verblüfft. »Das ist sie übrigens, meine Tochter. Willst du mich jetzt schon abholen?«

»Nein, nein.« Lisa begrüßt nun auch die anderen per Handschlag. »Ich wollte nur schnell die Pulle da vorbeibringen, Mutti. Die hast du zu Hause stehen lassen.«

»Dresden ist wirklich ein Dorf.« Holger lacht. »Lisa ist meine neue Auszubildende. Wir haben heute erst den Vertrag gemacht. Sie fängt am Montag bei mir an.«

»Ach wie schön!« Peggy klatscht in die Hände. »Ihr müsst wissen, Holger hat eine Sicherheitsfirma.«

»Genau.« Holger grinst zufrieden und holt die nächste Flasche aus der Schrankwand. »Sicherheitssysteme aller Art, Alarmelektronik, Datenschutz, Objektschutz, Personenschutz, Virenschutz.«

»Na bestens.« Regina sieht ihre Tochter an.

»Ich bin ja so froh, dass ich endlich eine Lehrstelle habe!« Lisa strahlt übers ganze Gesicht.

»Du trinkst doch einen mit uns, mein Mädchen?« Holger füllt ein weiteres Glas.

»Nein, danke.« Lisa schüttelt den Kopf. »Ich komme dann später wieder und hole die Mutti ab.« Sie reicht erneut allen die Hand. »Also bis dann!«

Peggy bringt Lisa zur Tür. »Ein wirklich nettes Mädel! Und trägt der Mutti den Wodka hinterher ...«

»Den trinken wir später!« Holger macht die Gläser noch mal mit Goldbrand voll.

»Auf die Freundschaft«, sagt Rico.

»So schön, dass ihr alle hier seid!« Peggy seufzt zufrieden.

»Auf einem Bein kann man nicht stehen«, verkündet Holger und schenkt nach.

Ratze grinst breit. »Na, bald auch nicht mehr auf zweien.«

In diesem Moment klopft es lautstark von oben. Holger prostet der Deckenleuchte zu. »Darauf, dass wir immer einen Grund zum Feiern haben!«, grölt er.

Peggy trinkt hastig und kichert.

Regina öffnet den Wodka, trinkt direkt aus der Flasche und reicht sie an Rico weiter.

»Wisst ihr noch, wie die Russen sagen?« Rico hält die Flasche wie eine Trophäe in die Höhe.

»Skol!« Peggy unterdrückt ein Bäuerchen.

»Nee, das waren die anderen«, erklärt Regina.

Rico sieht zur Flasche auf. »Wodka ist Gift, Gift ist Tod, Tod ist Schlaf, Schlaf ist Gesundheit. Wollen wir auf unsere Gesundheit trinken!«

»Nastrovje!«, ruft Holger. »Kinder, lasst uns singen!«

Es ist schon fast drei Uhr morgens, als Lisa immer wieder die Türklingel drückt. Doch niemand öffnet ihr. Sie drückt anhaltend auf den Klingelknopf und beginnt, gegen die Tür zu klopfen – erst leise, dann immer lauter. Dann lauscht sie. Von drinnen ist kein Mucks zu vernehmen. Sie müssten doch mitbekommen, dass es klingelt.

In diesem Moment fliegt eine Etage höher eine Tür auf, und ein alter Mann eilt wild gestikulierend die Treppen herunter. »Was ist denn hier los? Sind Sie wahnsinnig? Was ist denn das für ein Krach?«

Lisa klingelt ungerührt weiter. »Ich weiß genau, dass jemand da ist! Hören Sie was?« Sie legt das Ohr an die Tür.

»Nein! Zum Glück!«, ruft der Alte mit erhobener Faust. »Erst dieser widerliche Gestank auf dem Balkon, und dann stundenlang das Gegröle von diesen, diesen, diesen ...« Er sieht sie grimmig an. »Und jetzt auch noch Sie!«

»Ich muss meine Mutter abholen.« Lisas Stimme zittert. »Sie muss doch morgen pünktlich zur Arbeit.« Sie hämmert gegen die Tür.

»Schluss jetzt!«, ruft der Alte erbost. »Mir reicht's! Ich rufe die Polizei!«

Lisa sieht ihm mit großen Augen nach, wie er die Treppe hinaufläuft. »Oh ja, bitte! Machen Sie das! Ich mache mir langsam Sorgen.« Sie bummert noch kräftiger gegen die Tür.

Die Wohnungstür gegenüber fliegt auf. »Was ist denn hier los?«, fragt eine Frau. »Ist etwas passiert? Bei Schwarzens?«

»Ich weiß es nicht«, jammert Lisa. »Ich soll doch die Mutti abholen, bei meinem neuen Chef ...«

»Na, Zustände sind das.« Die Frau schüttelt den Kopf.

In diesem Moment taucht der Alte wieder auf der Treppe auf. »So, die Polizei wird gleich hier sein! Dann haben wir endlich Ruhe!«

»Ich mache mir Sorgen.« Lisa klingelt wieder.

»Sorgen?«, höhnt der Alte. »Die sind alle so besoffen, dass sie umgefallen sind.«

Die Frau sieht ihn an. »Sie meinen, eine Orgie?«

»Wundern würd's mich nicht.« Der Alte verschränkt die Arme vor der Brust.

»Zustände sind das.« Die Frau sieht kopfschüttelnd über das Treppengeländer. »Da kommen die Polizisten. Da hat doch glatt wieder einer die Haustür unten offen stehen lassen.«

»Ach, der Herr Fiedler«, sagt einer der Uniformierten gedehnt. »Na, hören wir mal wieder die Kakerlaken husten?«

Die Frau sieht den Alten erschrocken an. »Haben wir etwa Ungeziefer im Haus?«

»Bitte, helfen Sie mir! Wir müssen da rein und nachsehen, ob etwas passiert ist«, fleht Lisa. »Es macht niemand auf.«

»Nachts um drei?« Einer der Beamten legt die Stirn in Falten. Dann wendet er sich an den Alten. »Rufen Sie uns jetzt auch, weil man nichts hört?«

»Die junge Frau hier macht doch den Radau«, schimpft Fiedler. »Sie will unbedingt in die Wohnung. Ich bin ja froh, dass da endlich Ruhe herrscht.«

»Was war denn los?«, fragt der andere Polizist.

»Na, was wohl! Grillparty«, motzt Fiedler. »Auf dem Balkon haben sie wieder gegrillt. Verbotenerweise! Und als der Gestank dann endlich weg war, ging drinnen das Gegröle los!«

»Wieso war der Gestank denn weg?«, fragt ein Polizist und wirft einen Blick auf Lisa.

»Na, sie haben den Mist halt weggeräumt«, sagt der Alte. »Aber natürlich musste ich erst wieder klingeln und Bescheid geben, dass es immer noch stinkt, nach 22 Uhr!«

Die Polizisten werfen sich misstrauische Blicke zu. »Gibt es einen Schlüssel?«

Die Nachbarsfrau nickt. »Ja, ich gieße manchmal die Blumen bei Schwarzens.« Sie geht in ihre Wohnung und kommt kurz darauf mit einem einzelnen Wohnungsschlüssel zurück.

»Machen Sie mal auf!«, verlangt einer der Polizisten.

Die Frau steckt zögernd den Schlüssel ins Türschloss. »Und wenn die jetzt da eine Orgie … Ich will das nicht sehen.« Sie öffnet und geht schnurstracks voran.

Die Polizisten folgen ihr. Gleich darauf schiebt ein Beamter die Frau zurück ins Treppenhaus. »Draußen bleiben!«

Sein Kollege tritt mit Handy am Ohr aus der Wohnung. »Ja, drei männliche, zwei weibliche Personen, vermutlich stark alkoholisiert, Verdacht auf Kohlenmonoxid-Vergiftung. Der Grill steht in der Wohnung. Schickt auf jeden Fall mehrere RTW.«

Lisa sackt langsam in sich zusammen. »Und noch eine weibliche Schockpatientin«, ergänzt der Uniformierte und greift Lisa unter die Arme. »Ende.«

»Also, Zustände sind das.« Die Nachbarin schüttelt den Kopf.

Fiedler sieht grimmig von einem zum anderen. »Jetzt auch noch die Rettung. Um die Zeit! Nie hat man hier mal ein bisschen Ruhe.«

Schwarzer Rauch

VON MARIO ULBRICH

Die Frau brannte.

So lauteten die Worte, die der Anrufer durchs Telefon brabbelte. Eine brennende Frau. Drüben in der Wochenendsiedlung auf dem Rabenberg. Polizeimeister Kevin Kowalek fiel beinahe der Hörer aus der Hand.

Kowalek saß an seinem Schreibtisch im Polizeiposten von Johanngeorgenstadt. Der Ort lag im tiefsten Erzgebirge, direkt an der tschechischen Grenze, ungefähr am Ende der Welt. Hier oben war praktisch nichts los. Ein paar Laubenknacker und jede Menge Jugendliche, die sich mit Drogen vom Vietnamesenmarkt im benachbarten Potucky zuballerten und dann nicht genug Durchblick hatten, um auf Tauchstation zu gehen, wenn ein Streifenwagen hinter ihnen aufkreuzte. Das war's im Großen und Ganzen. Es gab keine richtigen Fälle, die messerscharfes Kombinieren, wilde Verfolgungsfahrten und exzessiven Schusswaffengebrauch erforderlich machten.

Doch jetzt war da dieser Anruf.

Mein Nachbar verbrennt gerade seine Frau.

Kevin Kowalek war ein Spund von drei Dienst- und siebenundzwanzig Erdenjahren. Er hatte solch eine Nachricht herbeigesehnt. Trotzdem war er nicht im Geringsten vorbereitet. »Äh ... seine Ehefrau?«, stammelte er.

»Ja, natürlich, wen denn sonst«, kam es aus dem Hörer.

Polizeihauptmeister Dieter Unger, der zweite Beamte im Polizeiposten, wurde hellhörig. »Was erzählt der Kerl da?«

Kowalek berichtete in knappen Worten.

»Frag ihn, was ihn so sicher macht, dass sein Nachbar an der Frau rumkokelt.« Unger, ein Veteran, wusste, worauf es ankam. Er hatte vier Sterne auf der Schulter und bloß noch drei Jahre bis zur Pensionierung. Von einem verrückten Ferngespräch ließ er sich nicht aus der Ruhe bringen.

»Aus seinem Schornstein steigt schwarzer Rauch auf«, erklärte der Anrufer. »Schwarz – das ist doch verdächtig. Zumal wenn man bedenkt, dass es mitten im Sommer ist. Wer heizt denn schon um diese Jahreszeit?«

Kevin Kowalek gab das an seinen Kollegen weiter.

Dieser seufzte. »Lass dir die Adresse geben und sag ihm, dass wir vorbeikommen.«

Der Rabenberg lag in Breitenbrunn, einem Nachbarort von Johanngeorgenstadt. Bis zur Wochenendsiedlung waren es etwa zwölf Minuten, zehn mit Blaulicht, aber Unger befahl dem Polizeimeister, die Finger von der Sirene zu lassen.

»Erst mal sehen, was da wirklich los ist«, brummte er.

Die Siedlung bestand aus hübschen eingeschossigen Landhäusern mit viel Rasen drumherum und Sitzecken zum Eierschaukeln. Es gab ein paar Obstbäume und jede Menge Sonnenschirme. Sauber gestrichene Gartenzäune oder frisch getrimmte Hecken begrenzten die Grundstücke. Früher hatte man das Datschen genannt. Heute sagte man Wochenendhaus, obwohl viele der Besitzer die ganze Woche hier lebten.

Manche konnten sich das leisten.

Die meisten hatten nichts anderes zu tun.

Schon möglich, dass da einer auf die Idee kam, seine Ehefrau durch den Kamin zu jagen, dachte Kevin Kowalek.

Sie rochen den Rauch im selben Moment als sie ihn sahen. Schwarz und schwer waberte er aus dem Schornstein der Datsche. Es schien, als habe der Qualm Mühe, zum Himmel aufzusteigen, als sei er mit Partikeln überladen, die ihm Gewicht verliehen und ihn zu Boden drückten. In der Luft lag ein

Geruch, der ölig in die Nase kroch. Es stank nach altem Fleisch, das man vor Tagen auf dem Grill vergessen hatte.

Kevin Kowalek zog seine Dienstwaffe. Sein Kollege registrierte es schnaubend, ließ ihn aber machen. Er selbst legte nur die Hand auf's Pistolenholster, als sie durchs Gartentor auf das Haus zuliefen.

Es gab keine Klingel, also klopften sie. Schritte in der Diele, die Tür wurde geöffnet. Eine Frau starrte sie an. Sie sah nicht aus, als würde sie brennen. Aber vielleicht hatte der Nachbar falsch kombiniert, und die Frau verfeuerte ihren Mann. Kevin Kowalek behielt seine Waffe in der Hand.

»Oh«, machte die Frau. »Ist etwas passiert?«

»Der Rauch«, sagte Polizeihauptmeister Unger.

»Rauch?«

»Auf Ihrem Dach.« Unger stieß einen Wurstfinger nach oben – wie ein grimmiger Hausmeister, der einem undisziplinierten Mieter die Leviten liest.

»Ach so, *der* Rauch. Da reden Sie am besten mit meinem Mann.« Die Frau wandte sich um. »Rolf!«

Ihr Mann erschien. Ein dürrer Kerl in Freizeithosen, halb so schwer wie seine Gattin, für die er mit Sicherheit kein Gegner war. Nichtsdestotrotz erfreute auch er sich blühender Gesundheit. Polizeihauptmeister Unger kam auf den Rauch zu sprechen.

»Dumme Sache«, gestand der schmächtige Mann.

Im Gegensatz zu vielen anderen Wochenendhäusern verfügte dieses hier nicht über einen Kamin. Stattdessen besaß es eine Ölheizung, die nicht nur behagliche Wärme im Winter spendete, sondern im Sommer auch für fließend Warmwasser sorgte. Die Eheleute hatten die Datsche mehrere Jahre lang kaum benutzt, weil sie »beruflich stark eingebunden« waren, wie der Mann sich ausdrückte. Doch nun hatten sie ihre Firma den Kindern übergeben und wollten endlich genießen, was sie sich aufgebaut hatten. Bloß das Heizöl spielte nicht mit.

»Es ist alt geworden und stinkt, wenn es verbrennt«, sagte der Mann. »Ich hatte gehofft, dass wir um eine Tankreinigung herumkommen. Aber das scheint nicht der Fall zu sein. Tut mir leid, wenn wir gegen den Umweltschutz verstoßen haben.« Er wirkte aufrichtig zerknirscht, während er die Polizisten den Heizungsraum inspizieren ließ.

»Hmpf«, machte Polizeihauptmeister Unger.

Sie verließen das Ehepaar und statteten der Datsche nebenan einen Besuch ab. Haus Nummer fünf, Familie Schuhmacher. Das Haus bestand aus Brettern, die einen Anstrich vertragen konnten. Die Hecke, die das Grundstück wie ein Festungswall umschloss, hatte in diesem Sommer noch keine Bekanntschaft mit einer Gartenschere gemacht. Neben einem Hackklotz lag ein Haufen Scheite, geschlagen vor einer halben Ewigkeit. Das Holz war silbrig grau wie eine Parkbank kurz vor dem Zusammenbrechen. Ein Beil steckte im Klotz, der Stiel schartig, die Klinge voll porösem Rost.

»Sympathischer Zeitgenosse«, murmelte Unger.

Der Mann, der sie angerufen hatte, öffnete ihnen in Unterhemd und Turnhose. Er hatte ein Frettchengesicht, das sich hinter einem Vieltagebart versteckte. Der Look schien von einem Brombeergestrüpp inspiriert zu sein.

»Und?«, stieß er hervor. Seine Augen irrlichterten.

Polizeihauptmeister Unger klärte ihn darüber auf, dass bei seinem Nachbarn alles in bester Ordnung war. Der Mann nahm es kopfschüttelnd zur Kenntnis. »Aber da *ist* Rauch …«

Der alte Polizist erklärte es ihm.

»Komische Sache«, beharrte Schuhmacher.

Als sie sich zum Gehen wandten, vernahmen sie aus dem Haus die Stimme einer Frau: »Manfred, was waren das für Leute? Was wollen sie? Wir geben nichts, sag ihnen das.«

»Natürlich, Liebes«, murmelte der Mann.

Kevin Kowalek konnte sich ein Grinsen nicht verkneifen. »Das war also nichts«, meinte er, als sie im Streifenwagen saßen. »Keine brennende Frau. Bloß schwarzer Rauch.«

»Ich hab dem Braten gleich nicht getraut«, sagte Unger und gluckste, als ihm das Wortspiel bewusst wurde.

Schwarzer Rauch, Gestank in der Luft und eine brennende Frau. Kevin Kowalek hatte ein Déjà-vu, als er das Telefonat entgegennahm. Es war eine Woche nach dem ersten Anruf. Am Apparat war derselbe Mann. Manfred Schuhmacher aus der Datschensiedlung am Rabenberg. Er erzählte die gleiche Geschichte wie beim letzten Mal: Mein Nachbar verbrennt seine Frau. Kommen Sie schnell und verhaften Sie ihn!

»Sind Sie sicher?«, fragte Kowalek.

»Macht ihr das nicht so, wenn jemand seine Frau ermordet hat – ihn verhaften?«, kam es zurück.

»Doch. Ich meinte, ob Sie sicher sind, dass Ihr Nachbar wirklich seine Frau verbrennt. Sie haben das schon einmal geglaubt, und es war absolut nichts an der Sache dran.«

»Der Müller, links von mir, also der ist harmlos, da habe ich mich geirrt. Aber diesmal ist es mein anderer Nachbar, der Vieweg. Dem gehört das Haus rechts. Der hat auch keine Heizung mit ranzigem Öl, das qualmt. Er hat einen Kamin, das weiß ich genau. Ich hab's selber gesehen. Bloß seine Frau, die habe ich jetzt schon seit Tagen nicht mehr gesehen.«

Kevin Kowalek blickte seinen Kollegen fragend an. Polizeihauptmeister Unger starrte mit gerunzelter Stirn zurück. Er hatte genug von dem Gespräch mitbekommen, um sich zusammenzureimen, worum es ging. Der Spinner vom Rabenberg war wieder dran. Skepsis troff dem alten Beamten aus jeder Pore und wurde nur von seiner Unlust übertroffen, zur Mittagszeit den Polizeiposten zu verlassen. Er hatte sich gerade eine Dose Würstchen aufgemacht, verdammt!

Andererseits, wenn jemand am helllichten Tag mitten im Sommer ein stinkendes Feuer meldete, würden sie diesem Hinweis nachgehen müssen. Keiner sollte ihnen nachsagen können, sie hätten nicht versucht, die Frau zu retten oder, na ja, wenigstens genug von ihr zu retten, damit die Rechtsmediziner etwas hatten, womit sie arbeiten konnten.

Also ließ Unger seine Würstchen im Stich, wohl wissend, dass er es vermutlich bereuen würde.

Der Rauch war wirklich dick und schwarz und stank wie etwas, das zu lange in der Hölle gelegen hatte.

Kevin Kowalek zog auch diesmal seine Pistole, und der Polizeihauptmeister nickte ihm zu. Wenn etwas so abscheulich roch, konnte man nie wissen.

Das Grundstück war von einer Hecke umgeben, durch die sie nicht hindurchsehen konnten. Aber sie vernahmen das Knacken und Knistern des Feuers, in das sich ein Fauchen mischte, wann immer die Flammen aufloderten. Kowalek stellte sich vor, wie spröde Knochen in der Hitze barsten und Mark ins Feuer tropfte, wo es die Flammen zischend zum Tanzen brachte. Im nächsten Moment wurde ihm schlagartig klar, dass sie das Feuer *hören* konnten, was hieß, dass es sich nicht um eine Feuerstelle im Haus handelte. Es war gleich hinter der Hecke. Kein Kamin, sondern ein Scheiterhaufen.

Sie legten an Tempo zu, rannten um die Hecke, fanden das Gartentor. Kowalek trat mit dem Fuß dagegen, auch Unger zog jetzt seine Pistole. Sie hetzten über die Wiese, ließen das Haus links liegen. Der Rauch stieg aus dem hinteren Teil des Grundstücks auf. Ein Schuppen war dort, windschief, mit Moos auf dem Dach, und neben dem Schuppen stocherte ein Mann in einem Reisighaufen herum. Er trug eine Latzhose in schlosserblau und erstarrte, als er die Polizisten kommen sah.

»Keine Bewegung!«, brüllte Kevin Kowalek.

Der Mann, ein Rentner, ließ seine Mistgabel fallen. Er war aschfahl im Gesicht. Der leibhaftige Sensenmann hätte neben ihm wie ein Typ mit Sonnenbrand gewirkt.

»Ich mach's nie wieder«, versprach er mit zittriger Stimme.

Der Gestank nahm ihnen den Atem.

Während Kowalek den Frauenmörder mit der Waffe in Schach hielt, näherte sich sein Kollege dem Feuer. Der Polizeihauptmeister spähte in die Flammen. Dann presste er die Lippen zusammen und griff nach der Forke.

Zwischen altem Laub und morschen Ästen förderte er einen Autoreifen zutage. Der Gummi glühte und stank wie die Pest.

»Wirklich, ich mach's nie wieder«, jammerte der Mann.

»Was ist mit Ihrer Frau, Herr Vieweg?«, fragte Unger.

»Die hat nichts damit zu tun.«

»Schon klar. Aber wo ist sie?«

»Beim Bäcker, Kuchen holen.«

Kevin Kowalek steckte die Pistole ins Halfter zurück. Frauenverbrennung die Zweite, wieder ein Totalreinfall. Ganz toll. Ihr Tippgeber hatte sie doch nicht mehr alle.

»Was wird jetzt mit mir?«, wimmerte der Rentner.

»Nun bleiben Sie mal ruhig, Herr Vieweg«, sagte Polizeihauptmeister Unger. »Ist ja nichts passiert. Jedenfalls nichts, was sich nicht mit einem Stück Kuchen aus der Welt schaffen ließe.« Er zwinkerte dem konsternierten Rentner zu.

»Der Bachmann verbrennt seine Frau!«

Es war die dritte Woche, der dritte Anruf vom Rabenberg. Polizeimeister Kevin Kowalek verfluchte sich im Stillen dafür, dass er immer als Erster zum Hörer griff. Verflixter Diensteifer, nun musste er sich mit diesem Verrückten herumschlagen. Sein Kollege Unger war über solche Fehlgriffe hinaus. Saß seelenruhig am Schreibtisch, kippelte mit seinem Stuhl und mampfte eine Wurstsemmel.

Die Stimme ihres Tippgebers, den sie inzwischen *Manfred Panikmacher* nannten, klang wie immer gefasst und ruhig. Er schien kein hysterischer oder paranoider Typ zu sein. Trotzdem, der Kerl hatte eindeutig einen an der Waffel.

»Dem Bachmann gehört das Wochenendhaus hinter mir. Er und seine Frau kamen letzten Sonntag hier an. Er arbeitet jeden

Tag im Garten. Seine Frau habe ich seitdem nicht mehr gesehen. Zwei gehen rein, einer kommt raus, verstehen Sie? Seit heute Morgen raucht der Schornstein. Schwarzer Rauch, jede Menge Ruß, muss ich noch mehr sagen?«

Eindeutiger Fall von Hirnerweichung, dachte Kevin Kowalek. Dennoch war er unsicher. Was, wenn der Kerl diesmal Recht hatte. Auch ein Panikmacher fand mitunter ein Körnchen Wahrheit, oder?

Polizeihauptmeister Unger schluckte den letzten Bissen seiner Wurstsemmel hinunter. »Wer ist dran?«, fragte er. »Der Verrückte vom Rabenberg? Reich ran!«

Erleichtert, keine Entscheidung treffen zu müssen, gab Kowalek den Hörer an seinen Kollegen weiter. Der nahm ihn mit entschlossenem Griff entgegen – und legte auf.

»So«, brummte er. »Fall abgeschlossen.«

Aber er irrte sich.

Der vierte Anruf kam in der vierten Woche. Insgeheim hatte Kevin Kowalek darauf gewartet, und der Panikmacher vom Rabenberg enttäuschte ihn nicht.

»Lassen Sie mich raten, Sie wollen ein Verbrechen melden.« Der Polizeimeister gab sich Mühe, seine Stimme nicht gelangweilt klingen zu lassen. Den Bürger ernst nehmen, wenigstens so tun als ob, das hatte er auf der Polizeischule gelernt. In irgend so einem Psychokurs.

»Nein, ehrlich gesagt nicht«, kam es zurück.

Kevin Kowalek machte seinem Kollegen ein Zeichen, sich in das Gespräch einzuklinken. Polizeihauptmeister Unger legte widerstrebend eine angebissene Quarktasche zur Seite.

»Ich wollte bloß mal nachfragen, ob sich einer meiner Nachbarn bei Ihnen beschwert hat. Wegen schwarzem Rauch von meinem Grundstück und so weiter.«

Kevin Kowalek hob eine Braue. Was sollte *dieser Scheiß* jetzt schon wieder?

»Nein«, erwiderte er, »niemand hat uns angerufen.«

»Oh, na gut«, kam es zurück. »Aber falls sich doch noch jemand wegen des Gestanks meldet, sollten Sie wissen, dass ich gerade meine Frau verbrenne.«

Diesmal war es Kevin Kowalek, der den Hörer auf die Gabel schmiss. *Guter Versuch, Arschloch.*

Aber die Anrufe ließen ihm keine Ruhe. Was hatte der Panikmacher bezweckt? Die örtliche Polizeimacht in den Wahnsinn zu treiben? Zu testen, wie sich ihre Reaktionszeiten nach Fehlalarmen verlängerten? Kevin Kowalek nagte an der Unterlippe. Verdammt, verdammt, verdammt! Er kam einfach nicht dahinter. Möglicherweise lag das aber auch nur daran, dass er sich wünschte, es möge etwas dahinterstecken. Etwas Diabolisches. Wie in einem Kriminalroman, bei dem am Ende die Guten alle tot waren, und es keiner hatte kommen sehen.

Vielleicht hatten alle Männer, bei denen es in den zurückliegenden Wochen gequalmt hatte, in Wirklichkeit ja *zwei* Frauen gehabt. Jeweils eine Ehefrau und eine Geliebte. Die Frauen, die sie der Polizei präsentierten, waren ihre Geliebten gewesen. Die Ehefrauen hatten sie gemeinschaftlich verbrannt. Alle steckten unter einer Decke, und Manfred Panikmacher hatte sich diesen perfiden Plan ausgedacht.

»Junge, du spinnst«, schnaubte Polizeihauptmeister Unger.

Vermutlich ist das so, dachte Kevin Kowalek.

Trotzdem blieb das Gefühl, etwas Wichtiges übersehen zu haben, und so lenkte er den Streifenwagen einige Tage später wie zufällig zur Datschensiedlung auf den Rabenberg.

Sein Kollege brummte unwillig.

Sie fuhren zu Rolf und Gerda Müller, dem Ehepaar, dem der erste Anruf des Panikmachers gegolten hatte. Die Müllers waren zugängliche Leute. Man konnte ihnen ein paar weitergeholte Fragen stellen, ohne dass sie einen gleich ansahen wie einen Typ aus einem Polizistenwitz.

Bereits nach dem dritten Notruf hatte Kowalek bei ihnen angerufen, um zu erfahren, ob an dem Hinweis gegen ihren Nachbarn Bachmann unter Umständen doch etwas dran sein könnte. Aus Bachmanns Haus hatte es laut den Müllers zwar geraucht, aber es war bloß dünner Qualm gewesen. Als wenn jemand eine heiße Pfanne unter der Dunstabzugshaube stehen hatte. Mit Bratwurst drin. Ohne tote Frau.

Gerda Müller öffnete ihnen. »Rolf, ist wieder etwas mit der Heizung? Die Polizei ist da!«, rief sie.

Ihr Mann kam zur Tür und blinzelte irritiert. »Wir heizen heute nicht«, versicherte er.

»Keine Sorge«, knurrte Polizeihauptmeister Unger. »Es geht bloß noch mal um Ihre Nachbarn, die Schuhmachers. Aus deren Haus soll es vor ein paar Tagen geraucht haben?«

Das Ehepaar nickte. »Und schrecklich gestunken hat es! Aber wir wollen niemanden anzeigen. Wir sind nicht so.«

»Natürlich nicht. Ist Ihnen sonst vielleicht irgendetwas komisch vorgekommen?«

Die Müllers blickten sich fragend an. »Nein, eigentlich nicht«, sagte Rolf, und Gerda ergänzte: »Früher hatte der Manfred ja ab und zu Streit mit seiner Frau, in letzter Zeit sogar ziemlich häufig, wenn ich es mir recht überlege. Aber seit ein paar Tagen ist es da drüben totenstill. Da scheint also alles wieder in bester Ordnung zu sein.«

»Klar, danke«, meinte Polizeihauptmeister Unger. »Bitte entschuldigen Sie die Störung.«

Die beiden Beamten liefen zum Streifenwagen zurück. »Na, bist du jetzt zufrieden?«, brummte Unger.

Kevin Kowalek nickte geschlagen. Fast wirkte es, als wolle er sich ducken. Verfluchter Mist! Dabei hatte er so sehr auf einen großen Fall gehofft.

Zum Kukuk mit der Freundschaft!

VON AMREI THIESS

»Petra hat gesagt, sie hätten den auffälligsten Campingwagen auf dem ganzen Platz. Und dass wir keine Probleme bekämen, sie zu finden«, meinte Grit und tänzelte freudig auf den Zeltplatz zu. Hier, auf dem Campingplatz Kukuk am Klein Pritzer See, war sie seit zwanzig Jahren nicht mehr gewesen.

»Dann kann es ja nur dieser sein«, sagte Erik und zeigte nach links. Zwischen all den weißen Wohnmobilen und Anhängern gab es ein Fahrzeug, an dem einfach der Blick hängenblieb.

Es war über und über mit riesigen Fischen bemalt, witzig glotzenden Fischen, die Schmatzmäuler hatten, als wären es Scheibenputzerfische. Wenn man sie anguckte, hatte man das Gefühl, man würde gleich geknutscht.

»Der sieht toll aus«, sagte Grit und lief gleich schneller auf den bunten Kasten zu. Als sie herangekommen waren, hörten sie Stimmen aus dem Innern des Wagens.

»Ich erkenne Petras Stimme!« Grit war aufgeregt. Wie sehr sie sich auf das Wiedersehen freute! Schnell klopfte sie. Sofort wurde es leise im Wagen. Etwas knackte, nach einer kurzen Verzögerung ging die Tür ruckartig auf, und da war sie: Petra, Grits beste Freundin. Dass sie jetzt so weit entfernt wohnte, in der Schweiz nämlich, und sie sich so selten sahen, tat ihrer Freundschaft keinen Abbruch, sie telefonierten jeden Monat.

»Kuckuck!«, rief Petra und kicherte wie über einen besonders gelungenen Witz. Dann fiel sie Grit um den Hals und drückte sie, dass ihr fast die Luft wegblieb.

»Mensch, siehst du gut aus, so braun gebrannt und erholt«, sagte Grit. »Als wärst du schon zwei Wochen hier!«

»Habt ihr euch ein bisschen umgesehen?«, fragte Petra. »Ist alles ganz anders als früher in Kukuk! Haste gesehen?«

Grit befreite sich aus der engen Umklammerung und antwortete: »Nein, kein bisschen. Haben bloß den Wagen abgestellt und dann gleich nach euch gesucht. Aber ich hab im Internet gelesen, dass es einen Minigolfplatz gibt und ein Westernrestaurant und was nicht alles.«

»Da ist manchmal richtig Stimmung! Linedance kannste da gucken!«

»Ja, das hab ich auch im Internet gelesen. Muss ich sehen!«

Petra klopfte ihr auf die Schulter und grinste übers ganze Gesicht.

»Mensch, ich freu' mich so«, sagte sie.

Im Türrahmen tauchte jetzt Frank auf, mit dem Petra seit drei Jahren verheiratet war. Gut sah er aus, wie alle Männer, die Petra je gehabt hatte.

»Auf unser Wiedersehen müssen wir anstoßen. Rate mal, was wir trinken werden?«, fragte Petra und zeigte auffällig ins Innere des Wohnwagens. Grit sah auf dem Tisch eine Tüte Milch und daneben waren drei Flaschen aufgereiht: Zitronenlikör, Wodka und Weinbrand.

»Weißer Traum!«, rief sie aus. »Das hab ich seit Wismar nicht mehr getrunken. Oh, das ist gefährlich!«

»Eisgekühlt, hab ich eben erst rausgenommen«, sagte Petra und holte die Flaschen und die Milchtüte. Die Männer sahen zu, wie sie den Weißen Traum mixte.

»Milch mit Zitronenlikör, Wodka und Weinbrand?« Frank staunte. »Davon hast du noch nie erzählt.«

»Gab es in der Milchbar in Wismar«, erklärte Petra. »Wo Grit und ich uns kennen gelernt haben. In Wismar ist dieser Drink legendär. Auf die Freundschaft!«

Sie reichte allen ein Glas. Die Männer nippten vorsichtig. Grit wartete noch und beobachtete Petra, wie sie die Augen beim ersten Schluck schloss und lächelte. »Wie in alten Zeiten!«

Dann trank Grit selbst. Es war köstlich. »Wie konnte ich nur den Weißen Traum vergessen!«, rief sie aus.

Sie setzten sich auf die vor dem Wohnwagen stehenden Campingstühle und genossen den Cocktail, doch Petra erhob sich gleich wieder und zeigte auf einen Karton, der neben dem Wohnwagen stand.

»Weißt du, was ich dir mitgebracht hab?« Sie holte den Karton und öffnete ihn. »Denk mal nach. Was passt zum Ostalgietreffen in Kukuk? Na?« Sie hob einen Kochtopf aus dem Karton.

»Nein!«, rief Grit aus und hatte sofort einen Verdacht, was in dem Kochtopf sein könnte. Sie beugte sich vor und richtig: Drei leere Weckgläser standen darin, am Boden des Topfes lagen neue Weckringe.

»Weißt du noch, wie du immer Pilze eingeweckt hast?«

Natürlich, so etwas vergaß man doch nicht! Damals, in der DDR, hatte es keine Pilze in den Kaufhallen gegeben. Grit hatte im Urlaub welche gesammelt und sie direkt auf dem Campingplatz eingeweckt, auf dem Elektrokocher. Die Beute hatte sie dann nach Hause mitgenommen, in vielen Gläsern, gut verpackt im Kofferraum. Grit lächelte. »Ich kauf' meine Pilze jetzt im Laden. Im Urlaub möchte ich mich erholen und nicht Pilze putzen und in Gläser stecken!«

»Ach komm«, sagte Petra lachend. »Es sind nur drei Gläser. Das macht doch nicht viel Arbeit. Soll ja nur ein Gag sein. Wir wollten doch hier alles wie früher machen. Ostalgie-Camping! Da gehört das Kochen dazu.«

»Na gut«, sagte Grit. Pilzsammeln hatte ihr schon immer großen Spaß gemacht. Nur das Putzen der Pilze inklusive Einwecken hatte sie immer genervt. Aber die drei Gläser würden ja im Nu voll sein.

»Weißt du, wer auch hier ist?«, fragte Petra.

Grit hatte keine Ahnung.

»Inga ist da, stell dir vor!« Grit wäre vor Schreck beinahe das Glas aus der Hand gefallen, aber Petra bemerkte nichts und redete fröhlich weiter. »Sie fährt tatsächlich seit zehn Jahren wieder nach Kukuk. Ein richtiger Campingfreak ist sie geworden. Warte mal. Sie steht sogar genau neben euch. Der Wagen mit dem roten Streifen, siehst du?«

Grit schaute hinüber, war aber mehr damit beschäftigt, sich ihren Schreck nicht anmerken zu lassen. Hätte sie gewusst, dass Inga da war, wäre sie nicht gekommen. Verstohlen beobachtete sie Erik, ob er bei Ingas Namen reagierte.

Pokerface, er hatte ein Pokerface. Nichts zu sehen.

Grit lächelte und bemühte sich, die Fassung zu wahren. Hoffentlich sah man ihr nichts an. Sie würde ihre Hände festhalten müssen, wenn Inga auftauchte. Damit sie ihr nicht ins Gesicht schlug. Seit Jahrzehnten verfolgten sie die Bilder von damals: Der Bootssteg, wo ihr nackter Mann mit einer ebenso nackten Frau beschäftigt war. Kaum war Grit am Anfang des Stegs erschienen, war die Frau nixengleich im Wasser verschwunden. Inga!

Und jetzt tauchte die wirklich auf und nahm auch einen Weißen Traum. Wie schön sie immer noch aussah! Inga war einfach etwas Besonderes. Langes, lockiges Haar, um das Grit sie früher schon beneidet hatte. Gute Zähne, auch das etwas, wovon Grit nur träumen konnte. Gealtert war sie kaum! Nicht zu fassen! Und wieder schaute diese Schönheit Erik so fest in die Augen. Grit hatte nach jener Nacht nur eins gewollt: Niemand sollte davon erfahren! Nicht einmal Petra hatte sie es erzählt, obwohl sie sonst keine Geheimnisse voreinander hatten. Sie spürte, dass sie schlürfte, und im nächsten Moment fiel ihr auf, dass der Weiße Traum schon alle war. So schnell hatte sie getrunken?

Inga und Erik. Und es ging schon wieder los. Inga stand jetzt auf und beugte sich über Erik hinweg, um an eine Verlängerungsschnur zu gelangen, in die sie eine Partylichterkette einsteckte. Ihre Brust berührte kurz seine Stirn, und er schloss die Augen.

»Ist noch zu hell für die Lichterkette«, sagte Inga, beugte sich noch einmal über Erik und zog den Stecker der Lichterkette wieder heraus. Auch dieses Mal schloss er die Augen, als ihre Brust seine Stirn berührte. Diese unverschämte Inga! Und offenbar war sie alleine hier, ohne Mann. Also war sie auf der Jagd, so wie früher.

»Noch einen?«, fragte Petra und zeigte auf Grits leeres Glas.

»Lieber nicht«, sagte sie und ließ sich stattdessen etwas Wasser einschenken. In einem einzigen Weißen Traum waren immerhin drei Schnäpse. Sie starrte Inga an, die fast in Eriks Augen versank und mit den Brüsten wackelte und lachte.

Diese unverschämte Person hatte ihr damals Weckgläser gestohlen. Wie durch Zauberhand verschwand stets ein Drittel der eingeweckten Pilze. War die nicht überhaupt kleptoman gewesen? Natürlich! Ein edler West-Badeanzug war von der Leine der Nachbarn verschwunden, ein Paar Sandaletten von Petra aus dem »Exquisit«, Größe 36, und genau diese Größe hatte auch Inga. Damals waren Gold- und Silbergürtel modern gewesen, man bekam sie in Polen auf dem Markt. Grits Silbergürtel war aus dem Zelt verschwunden. Inga nahm sich eben immer alles, was sie haben wollte. Und Erik würde sie sich auch wieder schnappen, bestimmt. Blitzartig sah Grit die beiden in ihrer Fantasie vor sich, auf dem Steg im Mondlicht. Ihren Mann und Inga, nackt, aufeinander, ineinander.

Oh nein, dieses Mal würde sie es nicht wieder so weit kommen lassen! Bloß, was sollte sie tun? Abreisen? Wie sollte sie das Erik beibringen?

»Ich geh mal ein bisschen spazieren«, sagte sie, stellte das Glas weg und entfernte sich. Erik bekam schon gar nicht mehr mit, dass sie ging, er hatte nur noch Augen für Inga!

Grit fiel in einen wütenden, stampfenden Gang und zwang sich dann aber, ruhig zu gehen. Sie lief zuerst ziellos umher, links am Klein Pritzer See entlang, rechts am Klein Pritzer See entlang, nahm eine Pension wahr, an deren Fassade »Zum Kukuk« stand, und wurde immer wütender. Vergessen war, dass sie sich das Westernrestaurant und den Minigolfplatz ansehen wollte. Sie sah gar nichts und grübelte nur.

Als sie sich langsam wieder zum Wohnwagen mit den schmatzenden Fischen schlich, musste sie sehen, dass Inga inzwischen Eriks Hand in ihrer hielt und offenbar versuchte, aus den Linien darin zu lesen.

Grit setzte sich wieder und nahm ihr Wasserglas auf.

»Wo warst du so lange?«, fragte Petra.

»Ich vertrag' nichts mehr. Musste mir die Beine vertreten. Hab mich ein bisschen umgesehen. Und an die alten Zeiten gedacht. Mensch, das ist über zwanzig Jahre her, seit wir zuletzt hier waren.«

Petra nickte. »Jetzt kannst du hier reiten, und überhaupt ist mehr los. Morgen wollen wir nach Dabel. Kennst du das noch? Da steht doch diese Mühle, aus der sie immer im Radio die Plappermöhl gesendet haben.«

»Ich kann kein plattdeutsch«, sagte Grit. »Hab' das nie gehört. Aber ich würde mitkommen, klar.«

Später lag sie auf dem Bett und starrte zum verdunkelten Fenster. Sie ließ den Abend Revue passieren, hörte in Gedanken noch einmal das Lachen, mit dem Inga seit jeher die Männer in ihren Bann geschlagen hatte.

Und dann fiel ihr der Kochtopf wieder ein. Plötzlich wusste sie, was sie tun würde.

»Du willst echt nicht mitkommen?«, fragte Erik am nächsten Morgen.

»Ich geh' Pilze suchen. Ich hab' so große Lust dazu. Da muss ich früh los, sonst kommen mir andere Sammler zuvor. Sag Petra, ich nehm' ihr Fahrrad. Die schläft noch. Viel Spaß in Dabel!«

Erik schaute sie verwundert an. »Ich dachte, du hattest keine Lust, Pilze einzuwecken.«

»Das mit dem Einwecken stimmt«, sagte Grit. »Aber ich liebe das Sammeln. Und Petra hat ja extra die Gläser mitgebracht. Fährt Inga eigentlich mit nach Dabel?«

»Nein, sie hat gesagt, sie will ausschlafen.«

»Ach, na dann tschüss. Ich hab meinen Schlüssel mit, okay?«

Sie gab ihm einen Kuss und verließ den Wohnwagen. Jetzt war sie richtig beschwingt. Erik würde den Vormittag nicht mit Inga verbringen. Wunderbar! Sie ging zu dem Wohnwagen mit den aufgemalten Fischen und schnappte sich das Fahrrad, das dort an der Rückseite lehnte. Petra war seit jeher zu faul gewesen, ihr Rad anzuschließen, schon in Wismar hatte sie das nie getan. Seltsamerweise war es ihr nie geklaut worden.

Grit fuhr los, in die Richtung, wo sie das größte Waldgebiet vermutete. Es roch fast nach Herbst, jetzt, im Spätsommer, und natürlich gab es auch Pilze. Maronen und Pfifferlinge würde sie schon auftreiben. Aber einen Giftpilz? Sie trat in die Pedale und grübelte. Wovor war sie stets am meisten gewarnt worden? Dem Knollenblätterpilz natürlich. Aber der wirkte erst einen Tag später. Sollte sie Inga umbringen? Oder reichte es, wenn sie für die Zeit des Urlaubs aus dem Wege war?

Sie schlug jetzt einen Weg ein, der schmal und wenig betreten aussah. Ihre Blicke glitten über den Boden. Was war, wenn Inga die Pilze nicht stahl wie erhofft? Dann konnte sie sie ihr schenken. Natürlich konnte man dann vermuten, dass sie absichtlich einen Giftpilz daruntergemischt hatte. Aber beweisen konnte man es ihr nicht! Solange sie nichts zugab, war sie auf der sicheren Seite. Ob Erik ihr aber auch glauben würde? Sie wollte nicht, dass er hinter die Wahrheit kam. Sie seufzte. Hier am Weg wuchsen einfach keine Pilze. Sie musste sich ins Unterholz schlagen, wenn sie etwas finden wollte! Schnell schob sie das Fahrrad in ein Gebüsch und prägte sich die Stelle ein. Und nun ab in den Wald!

Einige Stunden später schaute sie den Gläsern im Kochtopf zu, die leise aneinanderklangen beim Einwecken. Sie hatte Pfifferlinge und sogar vier Steinpilze gefunden, dazu Maronen, Stockschwämmchen und Rotkappen. Sehr schön. Und einen Risspilz. Es sollte einer sein, von dem Inga sehr schnell schlecht werden würde. Nichts, was erst nach zwei oder drei Tagen wirkte wie beim Knollenblätterpilz. Als die Gläser fertig waren, trug sie sie nach draußen und stellte sie zum Abkühlen auf den Boden unter dem Wagen. Inga würde die Gläser von ihrem Fenster aus sehen können. Nun musste sie sie nur noch stehlen! Bislang hatte sich im Wagen gegenüber nichts gerührt. Grit spähte durch die Gardine. Aber Inga war schon immer viel zu gerissen gewesen, um sich erwischen zu lassen. Also verließ Grit möglichst lautstark den Wagen. Sie tat, als würde die Tür nicht richtig schließen, schlug sie heftig zu, schloss ab und ging zu den Toiletten. Da setzte sie sich auf einen Klodeckel und wartete. Wenn Inga doch nur zugreifen würde …

Aber sie griff nicht zu. Immer wieder schaute Grit auf die Gläser, doch stets waren alle vollzählig da. Erst am nächsten Morgen fehlte ein Glas!
Selbstverständlich gab es bei Grit an diesem Tag keine Pilze. Sie aß zusammen mit Erik eine Dose Kartoffelsuppe. Dann gingen sie Schwimmen, die letzten Augusttage hatten das Wasser noch einmal gewärmt.

»Was ist da denn los?«, fragte Erik und zeigte auf einen Krankenwagen, der auf dem Campingplatz stand.
»Keine Ahnung«, sagte Grit und tat uninteressiert. Doch Erik packte offenbar die Neugier, er schwamm an Grit vorbei Richtung Ufer, und ihr blieb nichts übrig, als ihm zu folgen.
»Der steht ja vor Ingas Wagen!«, rief Erik.
Da fuhr der Krankenwagen schon wieder ab. Mit Blaulicht.
»Vielleicht hat sie eine Gallenkolik«, sagte Petra, die plötzlich neben ihnen stand.

Gemeinsam schauten sie dem Krankenwagen nach, der kurz darauf aus ihrem Blickfeld verschwand. Eine Weile sagte niemand etwas.

»Sie hat überhaupt nicht gut ausgesehen«, meinte Petra kopfschüttelnd, es klang sorgenvoll. »Der Arzt hat ein sehr ernstes Gesicht gemacht.«

Ein ernstes Gesicht machte allerdings auch Erik. Oder war es nachdenklich? Ob er sich doch daran erinnerte, dass Inga früher immer Weckgläser gestohlen hatte? Eigentlich hatte Grit nicht groß darüber gesprochen. Es waren so viele gewesen, und es war ihr nur aufgefallen, weil sie sie beim Einpacken aus Langeweile gezählt hatte. Möglicherweise hatte sie es Erik gegenüber niemals erwähnt. Oder doch?

»Auf den Schreck muss ich einen trinken. Du auch?«, fragte Petra.

»Na klar«, antwortete Grit.

Ihr war ein bisschen mulmig zumute. War die Pilzvergiftung doch ernster als gedacht? Sie wollte nicht, dass Inga starb. Sie wollte sie nur ein paar Tage lang aus dem Weg haben. Petras Geplapper würde sie ablenken.

Doch Petra war zunächst seltsam einsilbig. Das besserte sich erst, nachdem sie zwei Weiße Träume intus hatte. Grit staunte. Zwei Drinks. Das waren sechs Schnäpse! Das Gefährliche am Weißen Traum war ja, dass er so gut schmeckte und man so leicht vergaß, wie viel Alkohol man da in sich hineinschüttete. Eigentlich genau wie heute bei den Alko-Pops.

Grit setzte sich zu Petra und legte ihr den Arm auf die Schulter. Petra war schon immer sehr mitfühlend gewesen. Sicher machte sie sich Sorgen um Inga! Grit strich Petra übers Haar und hörte zu, was ihre Freundin ihr mit schwerer Zunge erzählte. Sie redete von früher. Grit brauchte nur noch zu nicken. Was das doch für eine ulkige Mode gewesen war, damals in den Achtzigern, mit diesen Karottenhosen und den Schulterpolstern.

»Heute findet man das hässlich. Aber wir sahen damals trotzdem scharf aus!«, sagte Petra lachend.

»Du besonders«, erwiderte Grit lächelnd und strich weiter über Petras Haar.

Irgendwann kauerten Frank und Erik am Heck des Wohnwagens und bestaunten gegenseitig ihre Angeln und das Zubehör.

Petra redete und redete. Grit spürte plötzlich, wie sie innerlich verkrampfte und die Hand von Petra zurückzog.

»Das mit Erik und mir damals, das weißte doch längst, oder?« Petra redete irres Zeug! Grit wurde heiß. Sie beobachtete die Männer mit den Angeln. Täuschte sie sich oder sah Erik irgendwie angespannt aus, als würde er lauschen?

Jetzt redete Petra von der Nacht auf dem Steg!

»Is ja so lange her. Haste mir doch nicht mehr übel genommen, oder?«

Grits Hände waren eiskalt. Ihre beste Freundin! Unglaublich! Konnte sie sich so geirrt haben? Petra hatte damals genauso lange Haare wie Inga gehabt. Dunkel und glatt. Doch die Haare der Nixe waren nass gewesen, das Licht spärlich trotz des hellen Mondes, da konnte man sich schon mal täuschen. Petra, ihre beste Freundin.

»Möchtest du eigentlich eins von den Pilzgläsern haben? Die gehören ja doch eigentlich dir«, hörte sie sich sagen.

Petra lächelte.

»Biste mir nicht böse? Ich bin so erleichtert!« Sie hing plötzlich an Grits Hals, umarmte sie, heulte sogar und atmete ihr heiß ins Ohr.

»Willst du nun eins von den Gläsern haben? Beste Freundinnen teilen doch alles.«

Petra nickte. Grit stand auf und ging zum Wohnwagen. Sie bückte sich und nahm die beiden verbliebenen Gläser auf. Welches sollte sie nehmen? Das größere! Da kam Erik plötzlich ungelenk auf sie zu und stieß sie an. Grit stolperte und musste die Gläser loslassen. Sie knallten auf den harten Weg, der neben dem Wagen zu den Waschräumen führte.

»Was hast du getan?«, rief sie ärgerlich.

»Was hattest du vor?«, flüsterte er leise in ihr Ohr und hielt sie ganz fest. Dann zog er sie in den Wagen und schloss die Tür.

»Frank kann doch wirklich nichts dafür. Er hätte aber mitgegessen. Und ich … Ich bin doch jetzt ruhiger geworden. Ich will doch gar keine andere Frau. Du musst keine Angst mehr haben.« Als Grit ihn nur anstarrte, fuhr Erik fort: »Inga hat eben aus dem Krankenhaus angerufen und vor den giftigen Pilzen gewarnt.«

Grit atmete tief durch.

»Sie hat zugegeben, dass sie dir ein Glas geklaut hat. Und sie war so nett, dass sie dich warnen wollte. Damit du dich nicht auch vergiftest. Und dass sie durchkommt, wollte sie sagen.«

Grit war gar nicht erleichtert, im Gegenteil. Die Eifersucht ließ ihr Herz sofort wieder schneller schlagen. »Sie hat *dich* angerufen? Woher hat sie deine Handynummer?«

»Sie hat meine Handynummer nicht«, antwortete Erik. »Sie hat auf Franks Handy angerufen. Das war ihm gar nicht angenehm, das kannst du mir glauben. Aber Petra ist so betrunken, dass ihr das nicht aufgefallen ist.«

Grit schwieg. Mechanisch ging sie nach draußen, setzte sich neben Petra und strich ihr wieder übers Haar. Sie konnte einem wirklich leidtun, dachte Grit.

Heimaterde

VON FRANZISKA STEINHAUER

In der dunkelsten Stunde krochen sie aus ihren Häusern und versammelten sich.

Bewaffnet mit Äxten, Steinen, Motorsägen.

Hannah lag zitternd im Bett, die Decke bis über den Kopf gezogen.

Scherben klirrten, Äxte hackten auf das Tor ein und verschafften dem Mob Zutritt zum Garten, voller Entsetzen hörte sie, wie die Motorsäge arbeitete. Meine Linde, dachte sie verzweifelt, schluchzte bitter, meine wunderschöne Linde.

Gert saß aufrecht in seiner Hälfte des Bettes und telefonierte mit der Polizei.

Der Spuk war so plötzlich vorbei, wie er begonnen hatte.

Die Ruhe erschien Hannah fast unheimlicher, als der ohrenbetäubende Lärm zuvor.

»Los, steh auf! Lass uns nachsehen, was die Vandalen angerichtet haben!«, knurrte Gert und riss ihr erbarmungslos die Decke weg.

Das Erdgeschoss bot ein Bild der Verwüstung.

Unter Hannahs Schuhen knirschte es bei jedem Schritt.

Im Schein der Taschenlampe offenbarte sich, warum das Licht sich nicht einschalten ließ: Alle Lampen waren zu Bruch gegangen. Das Geschirr in den Einbauschränken der Küche – unbrauchbar. Die teure Espressomaschine hatte wohl ein gezielter Wurf zertrümmert und von der Arbeitsfläche gefegt.

Als die Polizei endlich eintraf, war Gert schon tot.

Hannah blieb einsam und verlassen im Chaos zurück.

Ein Schreiner sicherte die Fenster mit Holzplatten. Nun war es völlig dunkel im Erdgeschoss. So finster wie in Hannahs Seele. Sie wusste kaum, auf wen sie wütender sein sollte, auf den Mob oder auf Gert.

Wenige Tage später stand sie hasserfüllt an seinem Grab.

Am liebsten hätte sie ihm etwas Unfreundliches, ja Kränkendes hinterhergeschrien. Zwecklos.

Er hatte ja schon zu Lebzeiten nie auf sie gehört.

Herzinfarkt.

War ja eigentlich kein Wunder, bei dem Stress. Dass er den selbst angezettelt hatte, spielte keine Rolle, davon war die Schädlichkeit nicht abhängig. Als er ihr an jenem Nachmittag erklärt hatte, er würde das Haus verkaufen, traf sie das tief. Mehr als die Hälfte ihres Lebens lebte sie nun hier, hielt das Haus in Ordnung und den Garten in Schuss. Hegte ihre Lieblingspflanzen und genoss die Sommertage im Schatten ihrer schönen Linde, die sie vor dem Straßenbau gerettet hatte, als der Baum noch ein winziger Setzling war, dem man noch nicht einmal die Linde ansehen konnte.

Verkauft!

Ohne ihr Einverständnis.

Vom juristischen Standpunkt aus betrachtet, hatte Gert deutlich gemacht, sich lasziv zurückgelehnt, die Arme zu voller Spannweite auf der Rückenlehne der Couch ausgebreitet, brauche er das auch gar nicht. Er sei der alleinige Besitzer von Haus und Garten.

»Eine einmalige Gelegenheit! Die zahlen weit mehr, als das Gemäuer hier wert ist!«, hallte es noch immer in ihren Ohren nach. »Wir haben ausgesorgt.«

Gert hatte den Handel am Ende mit seinem Leben bezahlt.

Hannah seufzte.

Schüttelte unbeteiligt Hände der kondolierenden Brieskowitzer.

Heuchler! Schlimmer noch: Mörder!

Die Neuigkeit hatte sich in Windeseile im Ort herumgesprochen.

Hannah und Gert verkaufen.

Waren Verräter.

Als man Hannah beim Bäcker nicht mehr bediente, fauchte Gert: »Nicht mit mir! Ich bring die Brötchen nachher mit.«

Doch er brachte keine mit. An jenem Tag nicht und auch an keinem anderen mehr.

Das Leben wurde komplizierter.

Der vorläufige Gipfel war eine an die Garage gesprayte Nachricht: »Verräter verschwindet!«

Gert bearbeitete den Schriftzug mehrere Tage. Ganz zu entfernen waren die bösen Worte nicht mehr.

Weder von der Wand noch von der Seele.

Gert behauptete, die anderen plage nur der schiere Neid, denn ab dem Verkauf des ersten Hauses an den Energiekonzern war der Bann gebrochen, und die Grundstücks- und Hauspreise würden nun rapide sinken, mit jedem weiteren »Abtrünnigen« verfielen die möglichen Erlöse für die ewigen Zauderer.

Hannah litt schweigend.

Niedergeschlagen saß sie oft stundenlang im Wohnzimmer auf der Couch und starrte auf die Mattscheibe des Fernsehgeräts, das sie nicht eingeschaltet hatte.

Ihr Hausarzt riet zu Bewegung an der frischen Luft.

Ausgedehnte Spaziergänge mochte sie aber weder im Dorf noch in dessen Umgebung unternehmen, seit man vor kurzem einen schwarzen, riesigen Hund auf sie gehetzt hatte, der nur deshalb nicht gebissen hatte, weil er mit »Fass die Verräterin!« wohl nichts anzufangen wusste.

Gert, unerschütterlich wie ein Fels, verkündete, man dürfe sich nicht unterkriegen lassen. Sowie der Betrag auf seinem Konto eingegangen sei, würden sie sich eine gemütliche Wohnung suchen.

Aber es sollte anders kommen.

Gert klagte nun häufig über Schmerzen in der Brust.

»Das ist auch kein Wunder, bei dem Ärger.«

»Den hättest du uns ganz leicht ersparen können!«, erinnerte ihn Hannah wütend.

»Dieses Dorf wird abgebaggert! Alle, die es wollen, werden umgesiedelt oder entschädigt, den anderen frisst der Bagger das Land einfach unter dem Arsch weg! Es gab keine Alternative. Begreif das doch endlich!«

Und Hannah gab sich Mühe.

Wenn sie durch die Straßen fuhr, dachte sie daran, dass man nun bald all diese Häuser abreißen würde. Machte sich klar, dass niemand in Brieskowitz bleiben konnte.

Den Schmerz über den Verlust ihres eigenen Zuhauses half das nicht zu überwinden.

Ihre einzige Stütze in dieser Zeit war Julia.

Ein paar Tage nach Gerts Beisetzung brachte sie einen Stapel Fotos mit.

»Hier, sieh mal! Dieses Schmuckstück steht in Frauendorf. Nach Cottbus fährt man etwa zehn bis zwanzig Minuten. Sind nur sechs Kilometer.«

Julia blätterte die Bilder auf den Tisch.

Ein Häuschen, verwunschen, gerade groß genug für eine Person. Gelb gestrichen mit grünen Fensterläden.

Hannah blieb skeptisch.

»Und nun der Garten!«, verkündete die Freundin.

»Oh! Der ist ja wirklich unglaublich schön!«, seufzte die Witwe.

»Das Haus gehört einer Bekannten von mir.«

»Es gibt es doch sicher noch mehr Interessenten«, meinte Hannah und klang schon nicht mehr ganz so ablehnend.

»Sicher. Aber für dich wäre es perfekt.«

Hannah sagte weinerlich: »Ich wollte in Brieskowitz in Ruhe alt werden und irgendwann sterben.«

»Gert hat das Haus verkauft. Du bekommst Morddrohungen«, erinnerte sie Julia. »Du kannst nicht bleiben.«

»Er hat verkauft. Andere werden schon sehr bald seinem Beispiel folgen. Ich glaube nicht, dass Gert ahnen konnte, mit welch ungerechtfertigtem Hass ihm der Ort begegnen würde. Diese geldgierigen Heuchler!«, fauchte Hannah, bebend vor Zorn. »Brieskowitz hat meinen Mann umgebracht!«

Julia schüttelte energisch den Kopf. »Das war er schon selbst. Er war gierig und das wurde ihm zum Verhängnis.«

Hannah schluchzte. »Sie wollen mich auch am liebsten tot sehen! Diese Schweine haben mein Leben zerstört!«

Julia legte beruhigend ihre Hand auf Hannahs Arm. »Hör auf rumzusitzen. Nimm dein Leben in die Hand.«

Hannah seufzte ergeben.

Was wusste Julia schon vom Witwe sein.

Sie war ihr ganzes bisheriges Leben nur Tochter gewesen.

Nicht einmal zu einer Verlobung hatte es je gereicht.

»Wir könnten uns das Häuschen doch morgen mal ansehen? Ich hole dich ab und wir fahren zusammen hin.«

Zögernd stimmte die Witwe zu.

Als sie am nächsten Morgen zu Julia ins Auto stieg, spürte diese sofort den Schwall mieser Laune, der Hannah umwaberte.

»Der ganze Anrufbeantworter ist voll«, stöhnte sie. »Stirb! Warum bist du noch nicht tot? Spring vor einen Zug! Lauter tolle Ratschläge aus der Nachbarschaft.«

Je weiter sie sich von Brieskowitz entfernten, desto mehr hellte sich die Stimmung auf.

Das Häuschen hatte einen ganz eigenen Charme, dem sich die Witwe nicht entziehen konnte. Vier Räume von nahezu quadratischem Zuschnitt, Bad und Toilette getrennt, eine Küche mit moderner Ausstattung. Genau nach Hannahs Geschmack. Der Garten lockte mit romantischen Ecken und einer üppigen Linde, die fast so schön war wie die, die nun Opfer der sinnlosen Zerstörungswut der Brieskowitzer geworden war.

Drei Wochen später schon war der Kauf perfekt.

Und am Ende einer weiteren Woche konnte Hannah mit ihrer Freundin im neuen Wohnzimmer feierlich auf einen neuen Lebensabschnitt anstoßen.

Würde sich nun alles zum Guten wenden?

Das Schicksal hatte anderes vorgesehen.

»Kommen Sie doch heute zu meinem Kaffeekränzchen«, lud Heidelore Kantz Hannah ein. »So lernen sie gleich mit einem Schlag das halbe Dorf kennen – und den gesamten Dorftratsch!«

Die Nachbarin hatte nicht übertrieben.

Der Neuzuzug staunte nicht schlecht, als sich etwa zehn Frauen ihres Alters um die lange Kaffeetafel versammelten. Nach der allgemeinen Vorstellung kehrte man schnell zu den wichtigen Themen zurück.

»Meine Linda ist krank. Stellt euch nur vor, die Ärmste hustet! Ganz schrecklich sieht das aus. Sie kauert dann am Boden und reckt keuchend den Kopf weit vor. Das klingt so entsetzlich. Beim ersten Mal dachte ich schon, sie erstickt«, erzählte Claudia Anders aufgeregt, und ihre langen Ohrringe klimperten.

Hannah dachte an Asthma. Wie bei Gert.

Stellte sich ein blondes Mädchen vor, das in einer zugegebenermaßen eigenartigen Körperhaltung hustete. Wahrscheinlich handelte es sich um Claudias Enkelkind. Kleine Kinder konnten schon mal theatralische Gesten wählen.

»Oh! Bertram hatte das auch mal. Spuckt sie auch dabei?«, erkundigte sich die Gastgeberin.

»Nein, ich glaube nicht.« Claudia war verunsichert und strich sich mit ihren langen roten Fingernägeln eine blonde Strähne hinter das Ohr.

»Na, ich sage dir! Mit Bertram bin ich zum Arzt gefahren. Spulwürmer!«

»Spulwürmer?«, meldete sich Lisbeth pikiert zu Wort. »Ich hoffe, die sind weg und konnten nicht übergreifen!«

»Selbstverständlich konnten sie das nicht! Zu meiner Zeit hat man noch gelernt, sich gründlich die Hände zu waschen!«

Maria Planter steuerte eine Erläuterung über den Entwicklungsweg dieser speziellen Würmer bei: Über den Magen in die Lunge, dann abgehustet und wieder verschluckt, und der Kreislauf beginnt von vorn.

Hannah sah etwa ratlos von einer zur anderen.

Seltsame Themen wählte man hier für ein Kaffeekränzchen.

Inge lud sich schon das zweite Stück Torte auf den Teller während sie erklärte: »Wenn mein kleiner Schatz sich mal erbricht, kontrolliere ich immer!«

Die Neue schauderte.

Das war eben Frauendorf.

»Petra hatte eine Magenverstimmung.«

»Deine Petra ist zu dick! Wenn sie vor ihrer Zeit stirbt, liegt das an deiner Mästerei. Ich sage nur: Diabetes!«

»Was soll ich denn tun. Ihr glaubt ja gar nicht, was die alles anstellt, wenn sie Hunger hat.«

Hannah war plötzlich froh, keine Kinder zu haben – und keine Enkel.

Am nächsten Tag ging sie mit Julia spazieren.

»Hat dir schon jemand vom Schloss des Gutsherrn erzählt? Ich zeig dir die Geheimnisse deiner neuen Heimat!«

Julia führte sie in ein kleines Waldstück.

»Gestern war ich zum Kaffee eingeladen. Lauter Frauen in meinem Alter mit nur einem Thema: die Enkel.«

Julias Schritt stockte.

Sie kicherte. »Herrjeh. Das hast du falsch verstanden. Sie reden gern über ihre Katzen! Die Damen sind ganz vernarrt in ihre Lieblinge!«

Hannah war beinahe erleichtert. »Und ich dachte schon, was für eine komische Art haben die Menschen hier, über ihre Enkel zu sprechen!« Schweigend gingen sie weiter.

Lange hörte man nur ihre Schritte.

»Sieh mal! Hier war das Schloss von Franz Hitze. Er hat eine Bilderbuchkarriere gemacht, es mit seinen Weinverkäufen zum Millionär gebracht. Das Geld hat er hier investiert und ein tolles Schloss gebaut. Eine großzügige Anlage, sogar mit einem hohen Turm mit Spitze. Stallungen gab es ebenfalls, diesen Pavillon und noch mehr. Leider wurde das ›Rittergut‹ 1983 abgerissen.«

Hannah sah sich um.

Tatsächlich war vom Schloss nichts mehr zu erkennen.

»Der Teich wurde von ihm angelegt – und das dort«, Julia wies mit dem Finger auf ein ungewöhnliches Gebäude, »das ist der Teepavillon. Der Eiskeller ist auch noch erhalten.«

»Hu!« Hannah fuhr zusammen. »Bei Eiskeller muss ich immer an den Krimi von Minette Walters denken – mit einer Leiche in so einem Ding.«

Die Freundin lachte. »Lies doch mal eine gute Biografie! Dann schläfst du sicher auch wieder besser.«

Julia führte sie weiter.

Der Wald trat zurück.

Dominiert wurde die Lichtung von einem Rundbau ohne Fenster mit einer Kuppel, die von mit der Mauer verschmelzenden Säulen getragen wurde.

»Was ist das?«, hauchte Hannah beeindruckt.

»Das ist das Mausoleum der Hitzes.«

»Er ist dort bestattet?«

»Nein. Dennoch hält sich hartnäckig das Gerücht von Stöhnen, Wimmern und Jammern an diesem Ort. Gespensterglaube mit Gänsehautfaktor.«

In einem Rund waren große Steinplatten aufgestellt.

»Kann man es betreten?«, flüsterte die Witwe.

»Nein. Es ist abgeschlossen. Bestimmt fürchtet man Vandalismus!«

»Ich glaube, man ist so berührt von diesem Ort, weil man unerwartet auf ihn trifft. Mitten in dieser üppigen Vegetation, im

Zentrum der Vogelgesänge und dem Geschrei der Krähen ein Mausoleum!«

»›Stätte der Stille und des Schweigens‹ hat er diesen Ort genannt.«

»Und von diesem berühmten Frauendorfer ist kaum mehr etwas geblieben!«, seufzte Hannah.

»Den Pavillon zeige ich dir noch – und an manchen der Häuser sind noch seine Initialen zu sehen. An der Stallgebäuden. Na, komm!«

An jenem Nachmittag verschwand Lukas.

Simone Vogelsänger war untröstlich.

»Kommt es nicht öfter vor, dass Kater mal streunen?«, fragte Hannah. »Der steht sicher in ein paar Tagen wieder vor der Tür und hat einen Bärenhunger!«

Doch so war es nicht.

Zwei Tage später wurde auch Linda von ihrem Frauchen vermisst.

Gerüchte über einen fremden Kleintransporter machten die Runde. Katzenfänger! Zum Glück bestätigte sich dieser schreckliche Verdacht nicht. Es stellte sich sehr schnell heraus, dass die Familie Bresan wegen der Geburt des fünften Kindes ein neues Gefährt hatte anschaffen müssen.

Phillip wurde mit üblen Verletzungen tot am Straßenrand entdeckt.

Zur Bestattung des haarigen Lieblings im Garten der Planters fand sich das gesamte Kränzchen ein. Ein schlichtes Holzkreuz wurde errichtet, ein Kranz auf dem Grab abgelegt.

»Jemand bringt unsere Lieblinge um!«, stellte Heiderose mit Entschiedenheit fest. »Es gilt herausfinden, wer das ist!«

Beifälliges Gemurmel antwortete ihr.

»Irgendein Vogelfan wahrscheinlich. Der alte Postel kreischt auch immer durchs Dorf, unsere Katzen nähmen die Nester der einzigartigen Singvögel in seinem Garten aus!«

»Aufgehetzte Kinder? Ich kann mir nicht vorstellen, dass der alte Mann unseren Katzen nachschleicht.«

»Eben. Katzen spüren die Aura eines Menschen. Sie merken, wenn man Böses im Schilde führt!«

»Sind Sie sicher, dass Phillip nicht einfach von einem Auto überfahren wurde?«, fragte Hannah freundlich.

Ein giftiger Blick der Katzenmutter strafte sie für diese ketzerische Äußerung. »Er wurde gequält und dann getötet!«

»Tatsache ist, dass es von jeher die Katze war, die das Überleben der Zivilisation gewährleistet hat. Ohne ihre Künste im Mäusefang wäre die Menschheit verhungert«, dozierte Herr Planter grantig und schloss seine Frau tröstend in die Arme.

Es bildeten sich diskutierende Grüppchen, bei Grillsteak, Sekt und Bier.

Heiderose setzte sich zu Hannah und fragte: »Sie haben kein Haustier?«

»Nein, mein Gert war allergisch. Tierhaare auf dem Sofa waren ihm ein Gräuel. Irgendwann habe ich mich damit abgefunden.«

»Wenn Sie es sich anders überlegen, lassen Sie es mich wissen. Es ist gar nicht so einfach zu erkennen, welche Katze zu einem passt.«

»Dankeschön!« Dass sie sich im Zweifel lieber für einen Hund entschieden hätte, erwähnte sie wohlweißlich nicht.

Als am nächsten Nachmittag Lucinda die Chance nutzte, aus einem geöffneten Fenster in den Garten sprang und nicht nach Hause zurückkehrte, beschlossen die Damen, Kriegsrat zu halten.

»Wir können sie nicht einsperren! Jedenfalls nicht auf Dauer.«

»Meine Lucinda kommt nie mehr zurück zu mir«, jammerte das verzweifelte Frauchen, das immer an die Beisetzung von Phillip denken musste.

»Lucinda ist eine weiße Maine Coon. Die rennt nicht in ein Auto, und wehren kann sie sich auch«, meinte Heiderose tröstend und ahnte doch, dass die wunderschöne Katze verloren war.

»Ich werde sicher nicht abwarten, bis mein Liebling auch verschwunden ist!«, verkündete Jochens Frauchen kämpferisch. »Wir müssen unsere Nachbarn im Auge behalten und sofort Alarm geben, wenn ein Fremder auftaucht.«

»Wenn ich es mir genau überlege, habe ich da eine Idee«, begann Claudia zögernd.

Hannah fühlte sich beobachtet.

Sie hörte Schritte, die ihr folgten.

Glaubte einen Schatten um die Hausecke verschwinden zu sehen.

»Julia, mir schleicht jemand nach!«, informierte sie die Freundin.

»Rede dir nichts ein!«

»Brieskowitz ist hinter mir her!«

»Wie kommst du denn darauf?« Julia klang nun doch besorgt.

»Ein Auto. Mit diesem ›Wir sind keine Kohleopfer‹-Text.«

»Mein Auto parkt doch auch oft vor deiner Tür!«

»Seit Gert tot ist, sehe ich manchmal Gespenster«, lachte Hannah unsicher. »Einsame alte Frau eben.«

Das Unbehagen blieb.

Wenn sie nun von ihren Spaziergängen zurückkehrte, kontrollierte sie die Wege im Garten auf Spuren fremder Füße, ans Telefon ging sie nur noch, wenn Julias Nummer angezeigt wurde. Allerdings beteiligte sie sich an den Patrouillen der Frauendorfer Katzendamen – schon, um dabei selbst im Schutze der Gruppe die Umgebung im Auge behalten zu können.

Zu Gerts Grab zu fahren, traute sie sich nur selten.

Sie wählte ihre »Besuchszeiten« nach dem Fernsehprogramm.

Dann war sie auf dem Friedhof mit Gert allein.

Zu sagen hatte sie ihm nicht viel.

Eines Tages entdeckte sie ganz in der Nähe zwei neue Gräber. Frisch war die Erde aufgehäuft, die Holzkreuze glänzten in der untergehenden Sonne.

Sie dachte an die Vergänglichkeit des Seins und meinte damit das der anderen. »Wer mag da gestorben sein!«, murmelte sie im Hinübergehen. »Gleich zwei Gräber nebeneinander.«

Ein Ehepaar.

Es versetzte ihr einen schmerzhaften Stich, dass Julia mit keinem Wort den Tod ihrer Eltern erwähnt hatte.

»Im ewigen liebevollen Gedenken«, stand auf der Schleife des größten Kranzes. »Hier ruht ihr nun in eurer geliebten Heimaterde«.

»Fragt sich nur wie lang!«, sagte Hannah leise. »Julia verkauft euer Haus jedenfalls nicht, da könnt ihr sicher sein.«

Auf der Rückfahrt nach Frauendorf machte sie sich bittere Vorwürfe.

Gefangen in ihrer eigenen Bitterkeit, hatte sie vom Schmerz der Freundin nichts bemerkt!

Der Schuppen für die Gartengeräte war aufgebrochen.

Die Tür quietschte im Wind hin und her.

Rechen, Hacke und den grüne Liegestuhl hatte jemand herausgezerrt und auf den Rasen geworfen. Mit weichen Knien schlich Hannah sich näher.

»Brieskowitz gönnt mir keine Ruhe!«, fluchte sie vor sich hin. »Die haben sich durch den gesamten Schuppen gewühlt. Um was zu finden? Hier gibt es nichts. Nur Grassamen!«

Sie griff nach der Tür und wollte sie schließen.

Das Schloss war aus dem Rahmen gehebelt.

»Toll! Dabei geht die Tür schon auf, wenn man nur kräftig daran rüttelt! Typisch Brieskowitz! Lieber gleich mit Gewalt!«

Irgendwo knackte ein Ast.

Hannah fuhr elektrisiert herum.

Schlich der Einbrecher etwa noch ums Haus?

Schnell fischte das Mobiltelefon aus der Handtasche und wählte Julias Nummer.

»Bei mir ist eingebrochen worden. Und im Garten schleicht auch jemand rum. Solltest du von mir nichts mehr hören, hat Brieskowitz mich ermordet.«

»Hannah! Mach keinen Quatsch!«

Es war nicht Brieskowitz.

Frauendorf hatte den Schuppen geöffnet.

»Wir glaubten, eine der Katzen könnte sich hineinverirrt haben. Es waren ja auch so eigenartige Geräusche zu hören gewesen.«

»Nun gut. Jetzt wisst ihr, dass keine Katze drin war.«

»Wir haben was anderes gefunden«, säuselte Heiderose an ihr Ohr und schob sie ins Haus, drückte sie auf den Sessel, dem einzigen Stück aus ihrer Vergangenheit, an dem sie wirklich hing.

Irritiert sah Hannah von einer zu anderen. »Ihr seid alle bei mir eingebrochen?«, fragte sie eher erstaunt als verängstigt.

»Aber ja. Was blieb uns anderes übrig. Wir haben das Gift gefunden. Also mussten wir uns davon überzeugen.«

»Wovon überzeugen?« Die Neufrauendorferin begann ich zu ärgern.

»Unsere Katzen.«

»Sind nicht bei mir.«

»Das hat Julia uns auch gesagt.«

Julia? Was hatte das nun wieder mit Julia zu tun?

»Sie meinte, du würdest das nicht tun. Du habest zwar ihre Eltern getötet, aber an den Katzen vergreifst du dich nicht. Verschwindenlassen käme eher in Frage.«

»Ich? Was hätte ich wohl mit dem Tod von Julias Eltern zu tun? Heute habe ich überhaupt erst entdeckt, dass sie nicht mehr leben!«, wehrte sich Hannah und empfand nun doch so etwas wie Angst. »Und warum sollte ich die Katzen wegfangen?«

»So ein Unschuldslamm!«, höhnte Claudia.

»Du hast die alten Leutchen in den Selbstmord getrieben. Die beiden wollten ihre Heimat nicht verlassen, ihr größter Wunsch war, in Brieskowitz sterben zu dürfen. Durch den Verkauf des ersten Hauses wurde das unmöglich. Sie haben den Tod gewählt, um in Heimaterde bestattet zu werden!«

»Das ist doch Blödsinn! Wenn der Bagger kommt, zieht der Friedhof um!«

Empörung schlug ihr entgegen.

»Wir wissen genau, dass die Katzen erst weg sind, seit du hier wohnst. Du magst keine Tiere. Wo sind unsere Kleinen?«

Das ist nicht wahr, dachte Hannah, so etwas träume ich nur. Ich muss aufwachen, und der Spuk ist vorbei. Doch das funktionierte nicht.

Ratternd ließ jemand die Rollos herunter.

»Seht mal! Ein Dietrich«, triumphierend zog Lisbeth den Metallhaken aus Hannahs Jackentasche. Die Witwe staunte. »Das gehört mir nicht!«

»Hinter der Tür, zu der dieses Ding passt, hält sie unsere Katzen gefangen!«

»Julia hat mal erzählt, sie sei vom Mausoleum so begeistert gewesen! Vielleicht passt der dort.«

Alle redeten durcheinander. Man überließ die Gefangene der Obhut von Maria Planter, die sie mit einem Hammer in Schach halten sollte.

Julia stand am Grab und kämpfte gegen das Jauchzen an. Ihre dunkle Sonnenbrille verbarg das halbe Gesicht. Sie hoffte, so bliebe das glückliche Funkeln ihrer Augen unbemerkt.

Während sie schweigend auf den Sarg blickte, dachte sie voller Zufriedenheit darüber nach, wie perfekt ihr genialer Plan funktioniert hatte. Erst starb Gert. Dieser Mistkerl, der ihr versprochen hatte, nach dem Verkauf des Hauses Hannah an die frische Luft zu setzen und mit ihr ein neues Leben anzufangen! Jahrelang diese Heimlichtuerei, ein ganzes Leben in der Warteschleife, immer neue Versprechungen, immer wieder der Neid auf die Frau, die Gert zu jeder Zeit um sich haben durfte und das nicht einmal zu schätzen wusste! Damit sollte dann endlich Schluss sein! Schluss war auch – aber mit seiner Beziehung zu ihr! Sie stürzte ins Bodenlose. Wenn schon nicht mit ihm, so wollte sie wenigstens den Rest ihres Lebens sorgenfrei genießen. Dummerweise gehörte das Haus ihren Eltern. Kein unlösbares Problem – nur ein bisschen Entschlossenheit war nötig, ein Gashahn und eine tüchtige Prise Schlafmittel im Tee. Und Rache an Hannah. Frauendorf, das richtige Pflaster, um so etwas einzufädeln. Sie war sehr stolz auf ihre wunderbare Intrige. Das Schicksal half kräftig mit und steuerte einen überfahrenen Kater bei!

Hinter ihrem Rücken wurde getuschelt.

»Meine Lucinda hat sich prächtig erholt. Der Tierarzt meint, sie sei nur leicht betäubt gewesen. Gerade so viel, dass sie nicht randalieren konnte.«

»Genau wie bei meinem Lukas!«

»Tja, dabei hat die Frau erst einen ganz netten Eindruck gemacht. Ich hätte nie gedacht, dass sie zu solch einer Gemeinheit fähig ist«, hörte Julia Heiderose Stimme.

»Tja, Hannah, wer anderen das Liebste nimmt … Du nahmst mir Gert und mein Glück – ich sorgte dafür, dass Frauendorfs Katzendamen glaubten, du nähmest ihnen ihre Lieblinge. Jeder hat seine Rache bekommen!«, flüsterte sie leise, warf einen Bund roter Rosen in die Grube und trat zur Seite.

»Ein bisschen traurig ist es schon, nicht wahr?«, fragte Claudia, als sie neben sie trat. »Aber woher hätten wir denn wissen sollen, dass das Gift im Schuppen nicht ihr gehörte, sondern schon seit Jahren da rumgammelte?«

»Den Einbrecher wird man wohl nie finden«, gab Julia scheinbar zusammenhanglos zurück. »Solch eine brutale Vorgehensweise. Den Schädel gnadenlos eingeschlagen!«

Rasch löste sich die Gruppe auf.

Julia ging als Letzte.

Ganz mit dem Gedanken an die zerstörerische Kraft der Liebe beschäftigt. Schlimmer als Hass kann sie sein, vernichtender als Zorn, hartnäckiger als Rachedurst, erbarmungsloser als –

»Entschuldigen Sie bitte«, sprach ein großer Mann sie unvermittelt an. »Kriminalpolizei Cottbus. Würden Sie mich bitte begleiten. Ich glaube, wir müssen uns über einige Punkte unterhalten. Nach der Exhumierung ...«

Aus und vorbei, dachte Julia überrascht.

»Sehen Sie, dieses Schlafmittel. Es stammt aus Ihrem Bestand. Ihren Eltern wurde nie dergleichen verordnet. Vielleicht können Sie uns auch helfen herauszufinden, warum Ihre Mutter einer Freundin beichtete, sie habe Angst, Sie könnten ihr etwas antun?«

Schiller ist tot

VON ULRICH VÖLKEL

Egon rief an. Egon ruft selten an, weil er lieber mal längsseits kommt, wie er das nennt, denn er mag es, Seemännisches in sein Vokabular einzuspinnen. Aber er hat mich in den letzten drei Jahren nicht besucht und auch nur selten angerufen. Freundschaft pflegt man nicht dadurch, dass man alle naselang miteinander klönt. Egon ist viele Jahre zur See gefahren. Da kriegt man ein ganz anderes Zeitgefühl mit, sagt er.

Ich hatte es mir auf dem Balkon bequem gemacht. Tasse Kaffee, keine Zigarette mehr, ein Buch. Von meinem Balkon aus blicke ich direkt auf den Weimarer Jakobsfriedhof, der seit 1818 nicht mehr »in Betrieb« ist, aber auf dem viele Namhafte und manche Unbekannte ihre letzte Ruhe gefunden haben. Schiller auch. Gleich links von meinem Balkon. Ich kann die Ecke noch sehen. Da steht das Kassegewölbe, aus dem man Jahre nach seinem Tod, aber noch zu Goethes Zeiten, die Gebeine des Dichters Friedrich Schiller entnommen hatte, ohne genau zu wissen, ob es die Seinen tatsächlich sind. In dem zur Sakristei umfunktionierten Anbau am Ostende der Jakobskirche hatten sich Goethe und Christiane das Ja-Wort gegeben, sein Dank an sie, dass sie ihn so beherzt gegen die Franzosen herausgehauen hat. Also ein gemütlicher Platz bei Kaffee und nicht mehr Zigarette, aber Buch. Mein Gegenüber ist ein alter Spitzahorn mit flirrenden Blättern an den abenteuerlich verschränkten, knorrigen Ästen, der die Sonne davon abhält, ihre pralle Hitze auf meinem Balkon abzuladen.

Egon rief also an. Ist das Jahr doch schon wieder um, dachte ich und begrüßte ihn fröhlich, wie es unsere Art ist: »Na, alter Seebär!«

Aber er polterte laut und zunächst etwas wirr einige Sätze ins Telefon, wovon ich nur verstehen konnte: »Schiller ist tot!«

»Ja«, sagte ich, »seit über zweihundert Jahren.«

Das war eine Aufregung, als sich vor Kurzem herausstellte, dass die Gebeine, die in der Fürstengruft neben dem Sarkophag Goethes in dem Schiller zugedachten lagen, gar nicht die von Schiller waren, und man weitere Proben zum Vergleich heranziehen musste! Wahrscheinlich gehören beide untersuchten Schädel Schiller, fand ein Spötter.

Es muss mit Egons Seefahrerei zusammenhängen, dass er in anderen zeitlichen Dimensionen denkt als unsereiner. Die alten Griechen hatten eine Zeitform, die sie Aorist nannten: Vergangenheit, Gegenwart und Zukünftiges in einem. Schwer nachvollziehbar, aber so denkt Egon, gewissermaßen altgriechisch. Und manchmal schwant mir, dass solches Denken die Dinge viel besser begreifen lässt, obwohl es unbegreiflicher ist.

Egon war mir gelegentlich unheimlich: Er sah Ereignisse und Personen in verwirrenden Beziehungen, die sich mir nie erschlossen. Aber nach langen Jahren der Freundschaft schwante mir, dass man auch so denken konnte. Ein Denken in einer anderen Realität, falls die, in der ich denke, überhaupt eine Wirklichkeit ist und nicht nur eine gedachte, wie mich Egon gelegentlich wissen lässt. Aber in einem Punkt war ich sicher: Schiller ist seit mehr als 200 Jahren tot.

»Egon«, fragte ich, »geht es dir gut?«

»Es war Goethe!«, behauptete er. »Wegen Anna Amalia. *Sie* war Goethes Geliebte. Nix mit Frau von Stein! Ich bin da auf eine Sache gestoßen …«, sagte er. »Ich morse dich wieder an. Ahoi!« Und dann legte er auf. Ich wusste, er würde spätestens in einem Jahr wieder anrufen. Da saß ich nun mit meinem toten Schiller auf dem Balkon. Also eigentlich eher mit Goethe, denn ich las gerade in einem Buch, das dessen Verhältnis mit der Frau von Stein in Abrede stellte. Las Egon zufällig das gleiche Buch zur gleichen Zeit?

Seither bin ich am Grübeln. Wo sind Schillers Gebeine wirklich abgeblieben? Langsam und auf vertrackte, ich möchte mal sagen Egon'sche Weise entstand ein Verdacht, der so absurd ist wie das angebliche Verhältnis, das Goethe mit Anna Amalia und nicht mit der Frau von Stein gehabt haben soll. Obwohl Michael, ihr Ururenkel Michael, als ich ihn neulich im Park traf, gesagt hat: »Mein Gott, sie war eine junge Witwe!« Aber so etwas darf nur er sagen. Unsereiner hält sich gefälligst an die Standesunterschiede, Königliche Hoheit. Nein, Anna Amalia nicht! Es war die Frau von Stein, die Goethe liebte. Aber was ist mit Schillers Schädel, wenn die beiden infrage kommenden nicht mehr infrage kommen, weil sich durch die aufwendige Untersuchung ergeben hat, dass es weder der eine noch der andere war?

Freund Egon, neuerdings Detektiv jenseits der Gegenwart, hatte mich angesteckt.

Und drei Tage später rief er zu meiner größten Überraschung wieder an. »Ich komme nächste Woche längsseits«, sagte er.

»Nach Weimar?«, fragte ich ungläubig.

»Ja, bist du denn umgezogen?«, knurrte er zurück.

Und Egon kam. Nach drei Tagen, ohne sich noch einmal zu melden. Er war eben da. Und ich freute mich, den alten Seebären wiederzusehen. Früher, da haben wir richtige Schiffsuntergänge gefeiert, wenn er bei mir auftauchte. Meine Frau hat sogar einmal allen Schnaps unter ihrem Bett versteckt, weil sie unsere Schnarchwettbewerbe nicht ertragen konnte, wenn wir beide endlich im Wohnzimmer auf Couch und zusammengeschobenem Sessel eingeschlafen waren.

Also, Egon war da und etwas unruhig, wie mir schien. Es war die reine Freude, ihn zu sehen. Die Zeiten großer Schiffsuntergänge hatten wir längst hinter uns. Wir saßen auf meinem Balkon, Kaffee, ich ohne, er mit Zigarette, und wir blickten auf den schönen alten Friedhof. Wie gesagt, die kleine Sakristei und links das alte Kassegewölbe.

Egon schielte schräg nach links, stellte die Tasse ab und sagte: »Schiller ist tot.«

»Egon«, sagte ich sanft, »ich weiß.«

»Und es sind nicht seine Knochen in dieser Gruft.« Er meinte die Goethe-Schiller-Gruft auf dem Historischen Friedhof zu Weimar.

»Nein«, sagte ich, »das haben sie herausgefunden. Irgendwie komisch ist das schon. Da kommen seit fast zweihundert Jahren Leute aus aller Welt, um vor den beiden Särgen der großen Deutschen andächtig innezuhalten, und dann ist Schiller gar nicht Schiller, obwohl man denken müsste, wo Schiller dran steht, müsste auch … Aber tot ist er.«

»Es war Goethe«, sagte Egon grimmig.

»Was war Goethe?«

»Goethe hat Schiller umgebracht oder umbringen lassen. Schiller wusste zu viel. Würdest du an deine Geliebte einen Brief auf Französisch schreiben, wenn die gar nicht Französisch kann?« Er sprach den Kalauer nicht aus, den ich dachte. Nein, er schien seine Frage todernst zu meinen.

»Ich habe keine Geliebte, Egon. Und mein Französisch ist etwas schwach auf der Brust.«

Egon winkte ab. Er wollte auf etwas anderes hinaus. »Goethe hat Schiller auf dem Gewissen.«

Ich dachte, Egon trinkt vielleicht hin und wieder ein Glas Bier, aber sonst ist er trocken. Musste ich mir Sorgen machen? Oder was sollte das werden?

»Der Alte schreibt einen Liebesbrief auf Französisch an seine Geliebte doch nur, wenn sie die Sprache auch beherrscht. Vielleicht so gut wie Anna. Und das hat Schiller herausgefunden.« Er zog an seiner Zigarette wie Sherlock Holmes an der Pfeife. Kein Zweifel, Egon war ernsthaft einem Täter auf der Spur.

»Schiller wusste, dass eigentlich die Herzogin Goethes Geliebte war und die Stein nur eine Postbotin? Egon«, bat ich, »fang du nicht auch noch an mit dem Schmarren.«

Egon hörte gar nicht auf meinen Einwand. »Er hat es herausgefunden. Es wäre ein Skandal erster Güte geworden, wenn er das anderen erzählt hätte. Sie war eine ehrbare Witwe! Ich meine, heutzutage vögelt alles durcheinander, und es tun einem die Könige und Fürsten schon ein bisschen leid, die ein normales Eheleben führen. Aber damals? Ein Skandal, der hätte das Herzogtum bis ins Mark erschüttert. Das musste verhindert werden. Es gab nur eine Lösung. Wenn er es nicht selber war, hatte er eben seine Leute. Oder warum ist er nicht zu Schillers Begräbnis gekommen, he?«

»Goethe hatte von seiner Mutter eine panische Angst vor Toten und Begräbnissen geerbt. Er war nicht einmal bei Christiane dabei. Egon, was redest du da?«

»Dann erkläre mir, warum Schiller in der Fürstengruft nicht Schiller ist. Ich sage es dir: Er war es auch nicht im Kassegewölbe. Die hätten sämtliche Knochen von dort untersuchen lassen können und wären nie auf Schiller gestoßen. Wer weiß, wo der wirklich begraben wurde, um nicht zu sagen: verscharrt. *Er* hat ihn auf dem Gewissen.« Egon bekam wieder diesen Sherlock-Holmes-Blick. »Monate vor Schillers offiziellem Tod wurde er schon als verstorben gemeldet. Was meinst du, wessen Autorenschaft da zu vermuten steht? Ich sage dir: Da ist etwas faul!«

»Erinnerst du dich«, versuchte ich vorsichtig einen Einwand anzubringen, »dass Goethe sich sogar Schillers Schädel hat kommen lassen, um ihn zu vermessen? Wie soll er das, wenn er, wie du behauptest, Schiller an ganz anderer Stelle begraben weiß.«

»Das ist doch ganz einfach!« Egon schien mit mir als allzu skeptischem Watson langsam die Geduld zu verlieren. »Tarnung. Es gab Gerüchte. Die musste er zerstreuen. Da hatte er die Idee mit dem Vermessen des Schädels aus dem Kassegewölbe. Und dort gab es ja genug. Und keiner traute sich mehr laut zu sagen, was hinter vorgehaltener Hand überall erzählt wurde.«

Ich schenkte Kaffee nach und versuchte, das Thema zu wechseln. »Lass ihn ruhen, wo immer er ist. Wir verehren schließlich nicht den toten Dichter, sondern sein noch immer lebendiges Werk.«

»Wir gehen ins Schloss«, erklärte Egon.

Froh, dass nun auch er das Thema wechseln wollte, sagte ich: »Gute Idee. Hast du ein bestimmtes Ziel? Die Gemäldesammlung, die Prachträume oder einfach nur mal so? Was hältst du von morgen?«

»Jetzt. Sofort.« Egon stand auf. »Der Kapitän auf dem Dampfer ist ein alter Schulfreund von mir.«

»Professor Hellmuth ist ein Schulfreund von dir? Das wusste ich gar nicht.«

»Ist er. Oder haben die neuerdings mehrere Kapitäne an Bord?«

»Bin ich der Seemann?«, gab ich zurück. Da wusste ich, dass Egon die Sache mit der Ermordung Schillers durch Goethe oder in dessen Auftrag nicht aufgeben würde.

Wir gingen ins Schloss. Der Professor empfing uns mit großer Geste. Er war gerade dabei, eine Pizza zu verzehren, die er sich hatte kommen lassen. Und er erbot sich, auch für uns etwas durch seine Sekretärin holen zu lassen. Nein, dankten wir beide. Wir hatten schon zu Mittag gegessen.

Natürlich räumte er die Pizza weg. »Egon, alter Seebär! Ich freue mich, dich nach – mein Gott, wie viele Jahre ist das her? Unser letztes Klassentreffen liegt ein Dezennium zurück. Ich erinnere mich noch, Jochen hat doch damals gefilmt wie ein Kaputter. Hast du je etwas davon zu sehen bekommen?«

»Hei is dod blä'm«, sagte Egon, der immer, wenn er sentimental wurde oder besoffen war, in sein geliebtes Plattdeutsch verfiel. Er ist tot geblieben, sagt man im Norden.

»Jochen? Nein!«

Das muss dem Professor aber sehr nahe gehen, dachte ich.

»Unser Primus. Dat deit mie leed.«

Ich wusste gar nicht, dass der Präsident auch ein Fischkopf war, wie man hierzulande die Norddeutschen nennt. Aber klar, wenn die beiden Schulkameraden waren …

»Wie Schiller«, sagte Egon. »Der ist auch tot.«

Die heitere Miene des Präsidenten verfinsterte sich unmittelbar. »Erinnere mich nicht daran, Egon. Du kannst dir nicht vorstellen, was das für ein Schock war.«

»Seebestattung«, sagte Egon. »Das hätte alle Spuren beseitigt. Das Leben kommt aus dem Wasser, es soll auch wieder dorthin zurück, damit der Kreislauf nicht gestört wird.«

»Welche Spuren?«, fragte der Professor irritiert und offensichtlich mit einem leicht unguten Gefühl in der Magengegend.

Da entwickelte Egon seine abenteuerliche kriminalistische Theorie.

Der Professor hörte zu, nicht sonderlich begeistert, aber wenigstens höflich gegenüber seinem alten Schulfreund. Doch statt sich zur Sache zu äußern, fragte er unvermittelt: »Ist eigentlich mal wieder ein Klassentreffen geplant?«

Und ich, in der Hoffnung, das auch dem Professor unangenehme Thema endgültig abzuschließen, sagte: »Wenigstens Goethe ist echt. Hoffe ich.«

Da entgleisten dem Präsidenten der Stiftung Weimarer Klassik endgültig die Gesichtszüge. »Die Pizza«, sagte er gequält, »irgendwie habe ich sie nicht vertragen. Entschuldigt ihr mich, bitte? Ich glaube, das ist heute nicht mein Tag.« Er reichte Egon die Hand. Mir nickte er etwas unwillig zu. Ich ahnte doch nicht, dass ich mit beiden Füßen ins Fettnäpfchen getreten war.

Egon blieb noch drei Tage. Es war eine schöne Zeit mit ihm. Wir lachten viel. Wir redeten viel. Von Schiller und Goethe kein Wort mehr. Dann fuhr er nach Hause.

Ich hatte die Sache fast vergessen. Ein halbes Jahr später bekam ich einen Anruf vom Schloss. Der Präsident bat mich um einen Besuch, und ob ich die Freundlichkeit besäße, seiner Einladung zu einem gemeinsamen Essen zu folgen. Ich sagte zu und ging am nächsten Tag hin.

Noch im Vorzimmer kam der Professor mit weit ausgebreiteten Armen auf mich zu und begrüßte mich mit einer Herzlichkeit, die ich in Erinnerung an unsere letzte Begegnung so gar nicht einordnen konnte. Er legte den rechten Arm um meine Schultern und führte mich in sein großes Präsidentenzimmer. Auf einem gesonderten Tisch war schon gedeckt. Er hatte zwei Pizzen kommen lassen.

»Greifen Sie zu, mein Bester, greifen Sie zu! Sie wissen ja gar nicht, was Sie der Wissenschaft für einen großartigen Dienst erwiesen haben! Und Sie sollen der Erste sein, der davon erfährt.«

Hier wurde ein Stück gespielt, das ich nicht kannte. Ich nahm auf dem mir zugewiesenen Stuhl Platz. Die Pizza duftete verführerisch.

»Wir haben Goethe untersuchen lassen«, erklärte der Professor triumphierend.

Da kriegte ich den Mund nicht zu und das Stück Pizza nicht rein, das ich auf der Gabel hatte. War er doch der Täter? Hatte Egon recht? Goethe ein Mörder? Mir schwante Böses.

»Der Goethe in der Fürstengruft ist nicht Goethe!«, trompetete der Professor. »Und das haben wir Ihnen zu verdanken. Großartig!«

Was daran so großartig war, und warum ich der Retter der Nation sein sollte, erschloss sich mir nicht.

»Goethe ist nicht Goethe und Schiller nicht Schiller. Ist das nicht fantastisch?«

»Na, ich weiß ja nicht …«, versuchte ich es ganz vorsichtig. Egons Theorie war ja schon verschroben, aber dass der Gralshüter der Weimarer Fürstengruft begeistert sein konnte, wenn Goethe nicht Goethe und Schiller nicht Schiller ist, und dennoch Millionen Besucher aus aller Welt vor getürkten Sarkophagen gestanden und andächtig geschwiegen hatten, das begriff ich nicht.

Dabei war es ganz einfach.

»Sie haben mich auf die Idee gebracht, als Sie mit Egon hier waren. Ich habe noch am gleichen Tag veranlasst, dass auch Goethe untersucht wird. Der Minister hat getobt wegen der Kosten. Aber er hat es genehmigt. Gestern bekam ich das Ergebnis.«

»Und?«

»Goethe ist nicht Goethe!« Als verkünde er, dass die Erde doch eine Scheibe sei.

»Sondern?«

»Schiller.«

»Das weiß man aber doch schon länger, dass Schillers Gebeine gar nicht die von Schiller sind.«

»Können sie auch gar nicht. Sie gehören Goethe.«

Ich sah ihn mit leeren Augen an. Ich begriff nicht.

Der Professor nahm meine Pizza auf seine Seite und schob die seine zu mir. »Verstehen Sie?«

»Ich weiß nicht«, sagte ich unsicher. Vielleicht konnte Charlotte von Stein immerhin so viel Französisch, dass sie mit Goethes Briefen etwas anzufangen wusste. Oder eine Zofe hat sie ihr übersetzt. Aber das war ein ganz anderes Thema.

»Vertauscht«, sagte der Professor. »Die haben in den Wirren des Krieges bei der Evakuierung einfach die Särge vertauscht und später auf die falschen Stellen gesetzt. Verstehen Sie? Goethe ist Schiller und Schiller ist Goethe. Wir tauschen nur die Plätze wie unsere Pizzen, und alles ist wieder in bester Ordnung. Ohne Sie wäre ich nie auf die Idee gekommen, die Untersuchung anstellen zu lassen. Ich habe Sie, im Vertrauen«, dabei beugte er sich zu mir und flüsterte, »für das Bundesverdienstkreuz vorgeschlagen. Das ist mir eine Pizza wert!«

Egon kam zur Verleihung. »Wofür hast du das Dings eigentlich bekommen?«

»Goethe ist tot, Egon. Ich war es.«

»Na«, sagte Egon, »einer musste den Schiller schließlich rächen.«

Die Autoren

Ulf Annel geboren 1955, Geburtstag mit Hitchcock, Jauch, Liebknecht, Castro und dem Erfinder des Wankelmotors. Ulf Annel ist seit seiner Alphabetisierung Autor, später lernte er Journalist und wurde Kabarettist. Letzteres praktiziert er seit 1981 mit kurzer Unterbrechung (1989) erfolgreich beim Kabarett »Die Arche« in Erfurt. Annel liebt seine Frau, seine drei Kinder und seine vielfältige Arbeit, wobei er das Wort Arbeit zumeist durch Vergnügen ersetzt. In den letzten Jahren hat er auch sein Herz für den Kurzkrimi entdeckt, von denen schon mehrere veröffentlicht wurden. Annel lebt seit 1955 hauptsächlich in Erfurt.

Matthias Biskupek, geboren 1950 in Chemnitz, aufgewachsen in Mittweida, Abitur, Lehre als Maschinenbauer, Studium der Technischen Kybernetik in Magdeburg, Diplomingenieur, Systemanalytiker, Regieassistent am Theater, Dramaturg und Autor am Kabarett, freier Schriftsteller. Literaturkolumnist beim »Eulenspiegel«, Berlin. Bisher drei Dutzend Bücher u. a. eine Biografie über Karl Valentin, Essays, Satiren, Romane und ein Krimi (»Schloss Zockendorf – eine Mordsgeschichte«). Kurzkrimis in mehreren Anthologien. Lebt in Rudolstadt und Berlin. Fast alles weitere unter www.matthias-biskupek.de

Ruth Borcherding-Witzke ist immer auf der der Suche nach mörderisch guten Geschichten. Sie wurde 1959 in Hamburg geboren und ist dort aufgewachsen. Nach dem Abitur folgte ein Jurastudium. Danach absolvierte sie dann das Referendariat in Hamburg. Nach der Wiedervereinigung schwamm sie gegen den Strom und zog nach Sachsenburg, einem kleinen idyllischen Ort in der Nähe von Chemnitz. Hier lebt und arbeitet die Autorin und Herausgeberin mit Mann und zwei Kindern. Sie hat zahlreiche Kurzgeschichten veröffentlicht und mehrere Krimianthologien herausgegeben. Ihr Motto lautet: Spannung ist weiblich. Weitere Informationen unter: www.ruth-borcherding-witzke.de Sie ist Mitglied bei den Mörderischen Schwestern.

In Rostock geboren, studierte **Dorle Gelbhaar** Kulturwissenschaften an der Humboldt-Universität zu Berlin, promovierte zur Kriminalliteratur der DDR, arbeitete u. a. als Lehrbeauftragte an den Sprachenzentren der Humboldt-Universität und der Stiftung Europa-Universität Viadrina Frankfurt (Oder) sowie in Projekten für benachteiligte Berliner Jugendliche. Mit »Der Fremde am Telefon« (1998) sowie »Anders und die Duisburger Mafia« (2009) hat sie bisher zwei Kriminalromane vorgelegt, außerdem in Berlin und am Niederrhein handelnde Kurzkrimis. In »Alle Ossis sächseln« zieht es sie an die Küste zurück.

Birgit Herkula wurde 1960 in Magdeburg geboren. Sie arbeitete als Facharbeiterin in der chemischen Produktion und schrieb erste literarische Texte. Während ihrer Studien der Verfahrenstechnik und der Literatur veröffentlichte sie in Anthologien. 1988 erschien ihr erstes eigenes Buch mit Geschichten für Kinder. Es wurde mit dem Sally-Bleistift-Preis für junge Literatur ausgezeichnet. Ab 1990 arbeitete Birgit Herkula als Mitarbeiterin für Öffentlichkeitsarbeit, Dozentin und Geschäftsführerin in verschiedenen sozialen und kulturellen Bereichen. Jetzt als Autorin in Magdeburg lebend, schreibt sie für Kinder und Erwachsene Prosa, Lyrik sowie Sachbücher. Mit Kinder- und Jugendgruppen führt sie zeitgeschichtliche Projekte in der Region durch.

Jutta Maria Herrmann ist gebürtige Saarländerin, gelernte Buchhändlerin, studierte Germanistin. Vor einigen Jahren hat sie Berlin den Rücken gekehrt und sich mit ihrem Mann, dem Autor Thomas Nommensen, an den nordöstlichen Stadtrand ins brandenburgische Zepernick zurückgezogen. Ihre Kurzkrimis wurden in verschiedenen Anthologien veröffentlicht. Ihr Beitrag zum renommierten MDR-Literaturwettbewerb schaffte es 2010 unter über 2000 Einsendungen in die Top 25. Zurzeit arbeitet sie an einem Thriller. Sie ist Mitglied bei den Mörderischen Schwestern und im Syndikat. Mehr unter: www.jutta-maria-herrmann.de

Henner Kotte, geboren 1963 in Wolgast, aufgewachsen in Dresden. Studium der Germanistik in Leipzig, Moskau und Stuttgart. Wissenschaftlicher Assistent, Dozent, Arbeitsloser, Theaterkritiker, Redakteur, seit 2002 freiberuflicher Autor. Stadtführer. Kurator der Ausstellung »Leipzigs große Kriminalfälle«, 2012. Veröffentlichungen u. a. »Natürlich tot!« (2000, 2010), »Vergessene Akten« (2003, 2007), »Abriss Leipzig« (2005, 2008), »Frederikes Höllenfahrt« (2008), »Augen für den Fuchs« (2009), »Die Zähne von Schwarzen Gruhl« (2010). 1997 mdr-Literaturpreis.

Thomas Nommensen wurde in Schleswig-Holstein geboren und zog rechtzeitig vor dem Fall der Mauer nach Berlin. Er arbeitete als Musiker, Toningenieur, Dozent und Software-Entwickler. 2010 gewann er den Freiburger Krimipreis (1. Platz).

2011 wurde er mit dem Agatha-Christie-Preis (3. Platz) ausgezeichnet, für den er bereits zum zweiten Mal nominiert war. Er ist Mitglied im Syndikat und lebt inzwischen mit seiner Frau, der Autorin Jutta Maria Herrmann, vor den Toren von Berlin im brandenburgischen Zepernick. Weitere Informationen unter: www.thomas-nommensen.de.

Ethel Scheffler lebt und arbeitet als waschechte Leipzigerin noch heute in ihrer Geburtsstadt. Sie studierte Finanzwirtschaft. Bei ihrer Arbeit als Chefin eines Haus- und Grundstücksservices mit Innenausstattung findet sie genügend Anregungen für ihre Kriminalfälle. 2005 schob sie den Wunsch, endlich zu schreiben, nicht länger auf. Seit 2006 veröffentlichte sie mehrere Kurzkrimis in Anthologien, wie in der Reihe »TatortOst« und in den Mords-Sachsen-Anthologien. Sie ist Mitglied bei den Mörderischen Schwestern und im Friedrich-Bödecker-Kreis e.V. Mehr unter: www.scheffler-stories.de

Uwe Schimunek, geboren 1969 in Erfurt, hat seit 2004 einen Kriminalroman, eine Novelle und gut zwei Dutzend Kurzgeschichten veröffentlicht. Zuletzt erschienen die Kurzgeschichtensammlung »13 kleine Thriller plus drei« (fhl, 2010) und der historische Krimi »Katzmann und die Dämonen des Krieges« (Jaron, 2011). Uwe Schimunek nimmt seit 2006 mit Lesungen an den jährlich stattfindenden Ostdeutschen Krimitagen teil. Mit dem Krimi-Kleinkunst-Programm »Killer-Kantate« ist er auf der Bühne zu sehen. Schimunek lebt mit Frau und zwei Kindern als Journalist und Autor in Leipzig. Mehr unter: www.uwe-schimunek.de

Franziska Steinhauer wurde in Freiburg geboren und lebt seit 1993 in Cottbus. Sie studierte Pädagogik mit den Schwerpunkten Psychologie und Philosophie. Ihre psychologisch fundierten und ausgefeilten Kriminalromane ermöglichen dem Leser tiefe Einblicke in pathologisches Denken und Agieren. Mit besonderem Geschick verknüpft sie dabei mörderisches Handeln, Lokalkolorit und Kritik an aktuellen gesellschaftlichen Entwicklungen. Um ihr Wissen im Bereich der Kriminaltechnik auf eine breitere Basis zu stellen, absolvierte sie im Jahr 2010 den practical part des European postgraduate Mastercourse in Forensik an der Technischen Universität in Cottbus.

Christine Sylvester hat Journalistik und Philosophie studiert und liebt es buchstäblich. Seit 2005 ballen sich die Buchstaben immer häufiger zu Büchern zusammen. Und wenn sie nicht mit Kommissarin Lale Petersen durch das Elbtal ermittelt, lässt sie in Familie meucheln (»Der Verlobte«, Sutton 2011) oder kriminalisiert gerne mal kurz und knapp. Auch für Nicht-Kriminelles klappert ihre Tastatur, jedoch: Spannung muss sein. 1969 in Bielefeld geboren, lebt die Autorin, Dozentin und Journalistin heute mit Kindern, Mann und Hund in Dresden. Mehr unter: www.sylvester-artikel.de

Amrei Thieß wurde in Mecklenburg geboren und wuchs dort auf, liebt das Meer und den weiten Himmel der Küsten. Nach kurzen Stationen in Sachsen-Anhalt und Baden-Württemberg fühlt sie sich mit ihrer Familie wieder im Norden heimisch. Liest am liebsten Spannendes. Kurzkrimis veröffentlichte sie u.a. in »Friesisches Mordkompott – süßer Nachschlag« im Leda-Verlag (2010), »Tödliches von Haff und Hering« im Mitteldeutschen Verlag (2008), »Böser die Glocken nie klingen« im Karo Verlag Berlin (2008), »Was wäre, wenn ... 2, mörderische Geschichten aus Nordfriesland« im Verlag Ahead and Amazing (2007).

Simone Trieder, 1959 in Quedlinburg geboren, lebt in Halle an der Saale. Studierte Sonderpädagogik in Rostock. Arbeitete als Regieassistentin an Theatern in Zwickau, Karl-Marx-Stadt und Halle und als Regisseurin in Puppentheatern in Halle und Naumburg. Ist seit 1992 freiberuflich als Autorin tätig: Kinderbücher, Theaterstücke, Funkessays, Sachbücher im kulturhistorischen Bereich, Biografien. »Die halbe Nachtigall«, Kurzprosa mit Illustrationen befreundeter Künstler, wurde 2003 von der Stiftung Buchkunst Frankfurt am Main als »Eines der schönsten Bücher Deutschlands« ausgezeichnet. Die Erzählung »Im Prinzip lieb« erschien 2007 im Mitteldeutschen Verlag Halle. 2012 erscheint ein Jugendbuch im Thienemann Verlag Stuttgart.

Mario Ulbrich, Jahrgang 1964, arbeitet als Reporter bei einer großen Tageszeitung in Sachsen, erfindet aber auch ganz gerne eigene Geschichten, etwa die haarsträubenden Abenteuer aus dem »Polizeirevier Tief-Ost«. Neben 100 Kurzgeschichten, die in der »Freien Presse« Chemnitz erschienen sind, gehören die Romane »Die Männer vom Revier Tief-Ost« und »Die Pyramiden von Tief-Ost« in diese Serie. Neben der humoristischen hat er auch eine dunkle Seite – wie seine Kriminalgeschichten in diversen Anthologien beweisen.

Ulrich Völkel, 1940 in Plauen geboren. Abitur, NVA, Kulturfunktionär in Saßnitz und Schwerin, Studium am Literaturinstitut in Leipzig, Dramaturg in Schwerin und Rostock, freier Schriftsteller in Rostock ab 1975. 1988 Umzug nach Arnstadt. 1993 Gründung des RhinoVerlags (verkauft 2005). Seit 2001 in Weimar als Verleger, freier Schriftsteller und Lektor. Veröffentlichungen: Romane, Sachbücher, Kinderbücher, Gedichte, Nachdichtungen, Erzählungen, Schauspiel, Hörspiele, Kurzfilme.

Veröffentlichungen 2010/2011: »Zwei Riesen im Sund« (Sagen), »Bonjour citoyen« (Roman), »Heimische Pflanzen« (3 Bde., Sachbuch).

Bitte beachten Sie auch die folgenden Buchhinweise.

Buchhinweise

ISBN 978-3-86680-678-8 | 12,00 € [D]

Für alle Leser/innen, die sich für die Geschichte des Dritten Reiches interessieren, ist »Die Göring-Verschwörung« eine interessante und gleichzeitig nachdenklich stimmende Lektüre, von einem jungen Autor, der hoffentlich noch weitere Romane alsbald folgen lassen wird.

WWW.HISTO-COUCH.DE

Buchhinweise

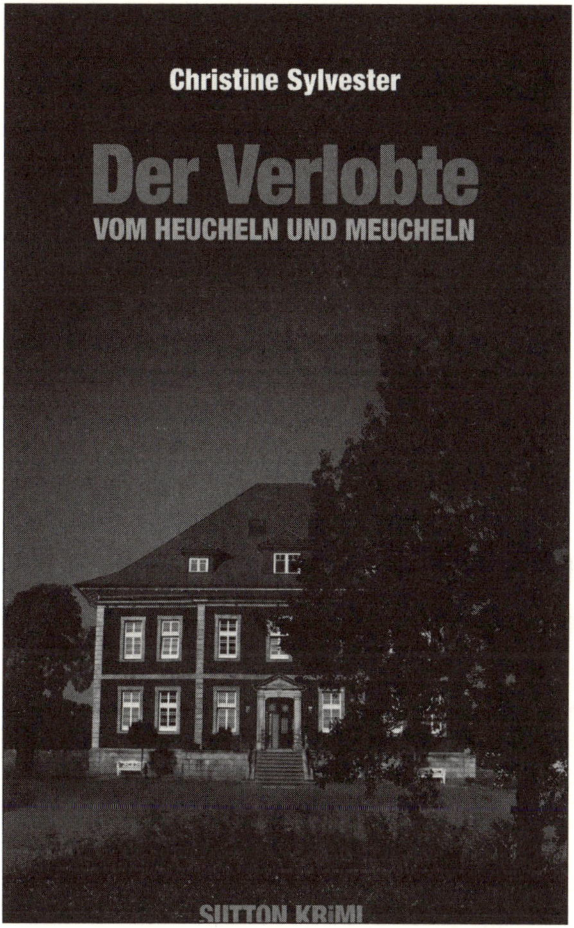
Christine Sylvester
Der Verlobte
VOM HEUCHELN UND MEUCHELN
SUTTON KRIMI

ISBN 978-3-86680-757-0 | 9,90 € [D]

Kurz, knapp und voller Spannung hat man mit diesem Buch einen kurzweiligen Krimi in der Hand, in dem auch der Humor nicht zu kurz kommt.

Suite101.de

Buchhinweise

ISBN 978-3-86680-868-3 | 12,00 € [D]

»Ich werde verfolgt«– »Wo sind sie Sie? Ich komme sofort!« – »Nein, nicht jetzt, ich werde am Telefon belästigt.« Na dann, glaubt Pawel Höchst, der alte Seebär, der sich in Rostock als Privatdetektiv niedergelassen hat, ist es auch nicht so eilig. Da kann er auch erst einmal mit der Suche nach einem anständigen French 75 weitermachen. Nur schade, dass seine hübsche Klientin wenig später tot ist.

ISBN 978-3-86680-755-6 | 12,00 € [D]

Kaum aus dem Urlaub heimgekehrt, steht Kommissar Ralf Zell im heimischen Nieselregen am Schauplatz eines ungewöhnlichen Verbrechens. An einer verlassenen Bushaltestelle liegt die Leiche des Schwiegersohns des größten Baulöwen von Braunschweig. »Schwarze Dame Tod« waren seine letzten Worte.

… ein vielversprechender einheimischer Krimi.

LOVELYBOOKS

ISBN 978-3-86680-751-8 | 12,00 € [D]

Es läuft gut in Hanna Hemlokks Leben. Die Autorin von abgeschlossenen Liebesromanen ist nicht nur frisch verliebt, nein, auch in ihrem eigentlichen Traumjob als private eye tut sich etwas: der erste Auftrag, um den sie nicht vorher betteln musste – auch wenn es nur um das geklaute Brennholz von Bauer Plattmann geht.

Ute Haese hat nicht nur ihren eigenen Stil, sondern schreibt erfreulicherweise »neben« dem Mainstream, also wesentlich interessanter, schräger und hinterlistiger – und ebenso unkonventionell, wie sich die Methoden ihrer Figur der schreibenden Privatdetektivin gestalten.

QUERBLATT.COM

Weitere Krimis und Romane finden Sie unter:
www.sutton-belletristik.de